DE LA NON-PHILOSOPHIE AUX NON-POLITIQUES

Nietzsche, Freud, Laruelle

5-7, rue de l'École-polytechnique ; 75005 Paris

http://www.librairieharmattan.com
diffusion.harmattan@wanadoo.fr
harmattan1@wanadoo.fr

ISBN : 978-2-296-99194-1
EAN : 9782296991941

LEE CHIEN-CHANG

DE LA NON-PHILOSOPHIE AUX NON-POLITIQUES

Nietzsche, Freud, Laruelle

L'Harmattan

Nous, les sans-philosophie

Collection dirigée par Ray Brassier, Gilles Grelet et François Laruelle

L'appel constant à la philosophie, à sa défense, à sa dignité, ne peut faire oublier qu'elle-même appelle les humains à se ranger à l'ordre du Monde, à se rendre conformes à ses fins, bonheur, intelligence, dialogue et correction. Nous, les sans-philosophie, ne participons pas de cette entreprise de mondanisation : nous cherchons une discipline de rébellion à la philosophie et au monde dont la philosophie est la forme éternitaire, pas un remaniement de plus ou un simple doute sur leurs valeurs et leurs vérités. Nous sommes en attente d'une seule régularisation : celle du « génie », par la méthode. Plutôt que les propriétaires de la pensée, nous sommes les prolétaires de la théorie, en lutte avec la suffisance des maîtres-philosophes. Qu'on la dise gnostique, matérialiste, non-philosophique, théoriste, seule importe sa puissance de désaliénation, c'est-à-dire d'invention. Il y a de la philosophie, mais la philosophie n'est pas (réelle). Nous, les sans-philosophie, faisons acte d'ultimatum.

Dernières parutions :

Patrice GUILLAMAUD, *Qu'est-ce que vivre ? Renonciation et accomplissement*, 2008.
Patrick FONTAINE, *Platon autrement dit*, 2007.
François LARUELLE (éd.), *Fabriques de l'insécurité*, 2007.
François LARUELLE, *Mystique non-philosophique à l'usage des contemporains*, 2007.
Jacques FRADIN, *La science des pauvres, traité de la richesse mortelle*, 2005.
François LARUELLE (sous la direction de), *Homo ex machina*, 2005.
Gilles GRELET (sous la direction de), *Théorie et rébellion*, 2005.

Abréviations

Les titres des ouvrages cités souvent dans cette thèse sont abrégés par les sigles suivants :

Ouvrages de Sigmund Freud

AI : *L'avenir d'une illusion* (1927), tr. Anne Balseinte, Jean-Gibert Delabre et Daniel Hartmann, éd. PUF, Paris, 1995.

CAGM : *Considérations actuelles sur la guerre et sur la mort* (1915) in *Essais de psychanalyse*, tr. André Bourguinon et Alice Cherki, éd. Payot/Rivages, Paris, 2001.

LMÇ : *Le moi et le ça* (1923), in *Essais de psychanalyse*, tr., Jean Laplanche, éd. Payot/Rivages, Paris, 2001.

MC : *Le malaise dans la culture* (1930), tr. Pierre Cotet, René Lainé, Johanna Stute-Cadiot, éd. PUF, Paris, 1995.

PFAM : *Psychologie des foules et analyse du moi* (1921), in *Essais de psychanalyse*, tr. Pierre Cotet, André Bourguinon, Jeanne Altounian, Odile Bourguinon et Alain Rauzy ; éd. Payot/Rivages, Paris, 2001.

TT : *Totem et tabou* (1913), tr. Samuel Jankélévitch, éd., Payot, Paris, 2001.

Ouvrages de François Laruelle

APP : *Au-delà du principe de pouvoir*, éd. Payot, Paris, 1978.

BHO : *Une biographie de l'homme ordinaire – des Autorités et des Minorités*, éd. Aubier Montaigne, Paris, 1985.

DE : *Le déclin de l'écriture*, éd. Aubier Montaigne, Paris, 1977.

ETU : *En tant qu'un*, éd. Aubier, 1991.

NCH : *Nietzsche contre Heidegger*, éd. Payot, Paris, 1977.

INM : *Introduction au non-marxisme*, éd. Puf, Paris, 2000

PM : *Le principe de minorité*, éd. Aubier, Paris, 1981.

PNP : *Principe de la non-philosophie*, éd. PUF, Paris, 1996.

PSNP : *Pour une science non-politique du pouvoir* (article), *Revue de Métaphysique et de Morale*, Numéro : 4/2008. p 473-487.
TE : *Théories des Etrangers*, éd. Kimé, Paris, 1995.

Ouvrages de Friedrich Nietzsche
CDI : *Le Crépuscule des idoles*, tr. Henri Albert, in *Friedrich Nietzsche : œuvres*, éd. Flammarion, 2003.
GS : *Le Gai savoir*, tr. Patrick Wotling, in *Friedrich Nietzsche : œuvres*, éd. Flammarion, 2003.
GM : *Généalogie de la morale*, tr. Eric Blondel, Ole Hansen-Love, Théo Leydenbach et Pierre Pénisson, in *Friedrich Nietzsche : œuvres*, éd. Flammarion, 2003.
FP : *Fragments posthumes*, textes établies et annotés par Giogio Colli et Mazzino Montinari, éd. Gallimard, Paris.
HTH : *Humain, trop humain*, tr. A.-M. Dersousseaux et Henri Albert, in *Friedrich Nietzsche : œuvres*, éd. Robert Laffont, Paris, 1993.
PBM : *Par-delà bien et mal*, tr. Patrick Wotling, in *Friedrich Nietzsche : œuvres*, éd. Flammarion, 2003.
Z : *Ainsi parlait Zarathoustra*, tr. Geneviève Bianquis, in *Friedrich Nietzsche : œuvres*, éd. Flammarion, 2003.

Introduction

Nous voulons retravailler la philosophie politique occidentale par une perspective inédite : la notion de la « non-politique ». Cette expression ou ce « néologisme » semble étrange, flou, voire confus. Mais nous voulons justifier que cette notion est partout présente dans l'histoire de la philosophie politique : des Anciens jusqu'aux Contemporains, en passant par les Modernes.

Il faut souligner tout de suite que cette hypothèse interprétative ne jouit pas d'un statut de « vérité » cachée — quelque chose comme l'essence de la « philosophie politique » occidentale. Bien au contraire, cette interprétation n'est qu'une hypothèse et une poursuite de ses conséquences. Plus précisément, nous travaillons à partir des axiomes non-philosophiques découverts par François Laruelle. Nous voulons surtout « pratiquer » la philosophie politique « autrement ». Cependant, ce n'est pas une « *application* » de la non-philosophie dans la philosophie politique. Ce geste d'application est injustifiable dans la mesure où il présuppose qu'il y a deux domaines plus ou moins distincts et ainsi une relation d'appliquer ou de greffer — au moins un mouvement de « transport ». Notre hypothèse de travail est exactement le contraire -- nous en dirons plus tard la raison.

C'est une tentative de retravailler la philosophie politique occidentale à partir de la découverte de la non-philosophie. Cet essai est influencé par l'« esprit » de la non-philosophie et une « thèse » particulièrement chère au fondateur de la non-philosophie : la philosophie politique est essentiellement une mécanique de la « Différence anthropologique ».

Que cette tentative soit selon l'esprit de la non-philosophie veut dire tout d'abord que nous élaborons deux formules en tant qu'hypothèses interprétatives qui n'ont pas d'équivalent dans la théorie non-philosophique proprement dite. C'est une manière de « pratiquer » les axiomes non-philosophiques, car de notre point de vue, une pratique réelle et radicale est le propre de la pensée laruellienne. D'où la tentative de cette recherche ici présente.

En second lieu, l'esprit de cette tentative s'explique bien dans une citation de Laruelle dans *Principes de non-philosophie*, mais paraphrasée par nous en substituant le mot de « politique » à celui de « philosophie ». Le résultat est le suivant :

« *Quels philosophes ne demandent pas, pour finir ou pour commencer : qu'est-ce que la politique ? Lesquels maintenant ne prétendent pas avancer leur concept d'une "non-politique" ? Les uns toutefois ignorent le plus souvent le problème de* ***la*** *politique, de son identité comme de sa multiplicité et pratiquent circulairement son auto-légitimation. Et les autres – les mêmes — élaborent une non-politique* ***ad hoc*** *conforme au niveau de leurs prétentions et la ré-intègrent dans la politique. Il est donc urgent de proposer une pensée "non — politique" et de dissiper les équivoques.* [1]»

Ce geste de paraphraser ou de substituer est justifié avec une raison rigoureuse. Car, à partir de Nietzsche qui établit une identité entre la philosophie et la politique, la ligne de démarcation entre ces deux disciplines nous apparaît douteuse. De plus, Laruelle, à sa manière, élabore aussi une identité entre la philosophie et la politique qui a un lien intime avec Nietzsche. En ce qui concerne la tâche urgente de « *proposer une pensée – non-politique et de dissiper les équivoques* », il finit par proposer une « science politique » pour le pouvoir de la philosophie.

Cette recherche est donc une tentative de réappropriation de la « non-philosophie » dans le terrain de la philosophie politique. Cette recherche peut être considérée comme une étude qui fouille la pensée « politique » de Laruelle.

---

[1] PNP, p.1.

Autrement exprimé : il s'agit de situer la pensée laruellienne dans l'histoire de la philosophie politique pour trouver son sens et sa nouveauté. Mais il ne s'agit pas simplement d'une mise en rapport entre la non-philosophie et Nietzsche, Freud, Marx, Rousseau… etc. C'est plus une « création de nouvelle valeur » qu'une simple application non-philosophique à la politique. Et pour saisir le sens de la pensée politique de Laruelle, il faut la regarder depuis le contexte panoramique de la tradition de la philosophie politique. Bref, c'est une étude élargie de la non-politique laruellienne.

En troisième lieu, nos hypothèses de travail sont entièrement formées par la découverte de la non-philosophie – notamment la « thèse » selon laquelle la structure invariante de la philosophie est une structure « triangulaire ».

Cette structure que Laruelle nomme « la Décision philosophique » – est représentée par les trois termes : d'une part le *Deux* (les deux termes opposés et le caractère antinomique de leur relation) et d'autre part l'*Un* comme une synthèse qui joue le rôle d'« unité » en surmontant les deux termes opposés et leur opposition. C'est une structure de « circulation » et de « réciprocité » – l'Un est à la fois « immanent » et « transcendant » au Deux. Bref, c'est une « hiérarchie » qui est structurée comme « *l'unité des contraires* ».

On peut représenter cette structure triangulaire par les deux simples schémas suivants :

Schéma 1 :

Un (unité)

Deux (deux termes des contraires)

Schéma 2 :

Un (Synthèse)

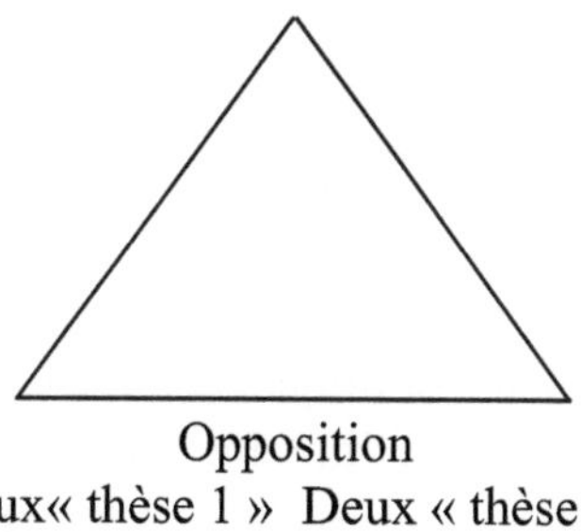

Opposition

Deux« thèse 1 » Deux « thèse 2 »

Selon cet « esprit » et selon cette « thèse » de la non-philosophie, nous proposons deux formules en tant que fil conducteur pour retravailler l'histoire de la philosophie politique occidentale : d'une part, « *penser la politique depuis la non-politique* » et d'autre part « *l'homme (n')est un animal politique* ».

Concernant la première formule, nous pensons que la notion de « non-politique » est toujours présente dans la philosophie politique. L'« Universel » chez les Anciens, l'« état de nature » chez les Modernes(les théoriciens de contrat social), la « bête blonde » chez Nietzsche, la « pulsion » chez Freud, et finalement l'Un comme « immanence radicale » chez Laruelle. Dans les chapitres suivants, nous analyserons ce que signifie la « non-politique » pour eux et l'articulation entre la politique et la non-politique.

Quant à la deuxième formule, cette inspiration vient de ce que Laruelle appelle la mécanique de la « *Différence anthropologique* ». Pour le dire simplement, le discours de philosophie politique commence toujours à diviser l'homme entre le « sous-humain » (représenté par l'homme « ordinaire ») et le « sur-humain » (représenté par le « philosophe ») selon un Logos. Concrètement, l'homme est divisé par un « *attribut* » (anthropologique) donné d'une manière idéaliste. C'est toujours un « prédicat » (entendu comme « *pré*-dit-cat »). Et le projet de la « philosophie politique » est essentiellement le « devenir-identique » entre le « sous-humain » et le « sur-humain ». La philosophie est toujours un projet de transformation forcée de l'homme. C'est là l'invariant de l'« humanisme » philosophique.

Prise de ce point de vue, nous estimons que l'attribut le plus naturel et le plus fondamental dans cette mécanique est sans doute l'attribut tout simplement de « *politique* ».

Dans la « philosophie politique », les philosophes, les Anciens et les Modernes, pensent naturellement et automatiquement la politique à partir de la « naturalité » du politique. Le philosophe politique commence à présupposer un lien entre l'essence de l'homme et la politique -- ce geste est une démarche tout à fait mécanique et banale. Il est presque automatique et spontané de penser le phénomène politique à partir de l'attribut « politique » donné dans l'humanité. C'est justement par cette perspective que nous nous intéressons à la thèse d'Aristote selon laquelle l'homme est naturellement un animal politique.

Autrement dit, il est presque instinctif pour les philosophes politiques de penser la politique à partir de la présupposition selon laquelle il y a un lien immanent entre l'essence de l'homme et la politique. Cette présupposition se concrétise par la thèse aristotélicienne et elle ne cesse de se reformuler et se réaffirmer même chez les philosophes contemporains. Même si cette présupposition est violemment critiquée par Nietzsche et par Freud, cette présupposition persiste encore chez ceux qui démarchent leurs théories à partir de la présupposition qui est exactement le contraire de la thèse aristotélicienne. Cela montre que la tâche d'échapper à cette présupposition n'est jamais facile, sinon « impossible » dans « la » philosophie politique occidentale.

Il faut encore approfondir ces deux formules interprétatives, car la chose n'est pas si simple que cela. Comme nous venons de le dire, la structure fondamentale de la philosophie est l'« unité des contraires » : les deux termes opposés sont survolés et synthétisés par le troisième terme qui les unie. C'est toujours une identité entre l'identité et de la différence. Donc, pour saisir le sens de cette investigation de la philosophie politique occidentale, il faut compliquer un peu nos deux formules.

Si nous pensons qu'il y a une notion de non-politique dans la pensée politique et que l'histoire de la philosophie politique occidentale est une interprétation incessante de cette formule, il n'est jamais simplement question de « dualisme » entre « la politique » et la « non-politique ». Dans la philosophie politique, les philosophes pensent *politiquement* cette formule. En d'autres termes, c'est *une dualité (plus justement une « duplicité ») de « politique/non-politique » surmontée ou synthétisée par un primat de politique*. C'est-à-dire que c'est encore une « unité des contraires » -- un circuit de « politique-non politique » en tant que Deux *plus* un Un qui est en dernière analyse le discours de la « philosophie politique ». La politique intervient toujours deux fois, jamais une seule fois.

Il en va de même dans l'analyse de notre deuxième formule.

S'il y a une thèse selon laquelle l'homme est naturellement un animal politique, il y a nécessairement une seconde thèse selon laquelle l'homme n'est pas, d'abord ou pas encore authentiquement, un animal politique. Cette thèse implique nécessairement une anti-thèse. Puis, il y a également et invariablement une « synthèse » et un primat de la politique qui finit toujours par l'emporter sur ce circuit de « animal politique/ animal non-politique ». *L'importance de la thèse d'Aristote n'est pas par rapport à son rôle de présupposition, mais par rapport à sa « ré-affirmation » au niveau de 3e terme.*

Procédant ainsi, au niveau structural, la « philosophie politique » est le « devenir-identique de la politique et de la non-politique » (la première formule directrice) ou le « devenir de l'animal politique à partir de la « circularité de l'animal politique/animal non politique » (la seconde formule directrice).

De plus, l'ensemble est finalement un projet « politique ». Le primat de la « politique » triomphe dans l'une et l'autre des deux formules. C'est pourquoi nous pouvons donner les deux autres schémas pour illustrer nos hypothèses méthodiques de ce travail :

Schéma 3 :

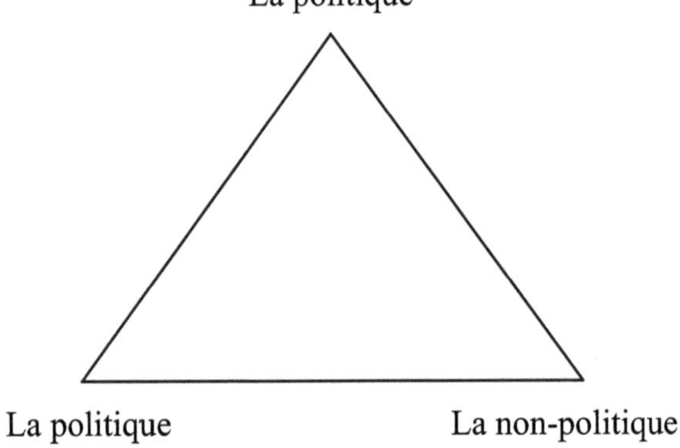

Schéma 4 :

L'homme est un animal politique

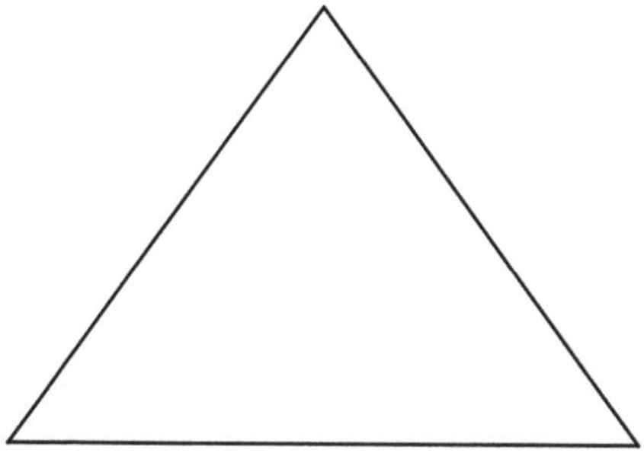

L'homme est un animal politique

L'homme n'est pas un animal politique

De tout ce qui se précède, la tâche que nous proposons est d'examiner le devenir de ces deux formules qui sont la thèse de « *l'homme (n')est un animal politique* » et le complexe projet de « *penser la politique depuis la non-politique* ». Le projet *politique* de « penser la politique depuis la non-politique » est le fil conducteur de la structure invariante de la méditation politique occidentale et la thèse aristotélicienne sert à nos yeux d'« opérateur concret » tout au long de notre investigation pour rendre visible ce projet politique. Donc, ces deux formules sont intrinsèquement liées.

Ensuite, même si ce qui doit être examiné semble immense, notre ambition est moins prétentieuse qu'il n'apparaît, parce que l'on se concentre sur la période de l'« après »-modernité et que nous n'étudions que les trois théories : la philosophie de l'avenir chez Nietzsche, la psychanalyse chez Freud et la non-philosophie chez Laruelle.

Donc, d'une part, cette recherche est composée de trois analyses distinctes consacrées aux trois penseurs différents. Elle est une étude approfondie de la pensée « politique » chez ces trois maîtres et notre centre d'intérêt serait l'observation de l'articulation de la conception de la non-politique avec la politique.

En d'autres termes, c'est une analyse des trois grands penseurs de l'« immanence ». Ce sont les trois théoriciens de l'immanence, mais ils sont également trois grands penseurs de la non-politique. Trois manières différentes, mais trois manières décisives et révolutionnaires.

Même s'ils sont reconnus sans aucune contestation possible dans leurs propres domaines (la philosophie et la psychanalyse), leurs pensées politiques demeurent très peu étudiées. De notre point de vue, ces trois penseurs sont parmi les plus remarquables théoriciens politiques dans l'histoire de la philosophie politique occidentale. C'est donc une façon de leur rendre hommage.

D'autre part, ce sont non seulement trois manières de méditer la non-politique, mais c'est aussi un devenir historique de la notion de la non-politique chez ces trois penseurs d'immanence. Ainsi entendu, c'est une même enquête à la triple dimension.

De ce point de vue, Nietzsche, Freud et Laruelle ne sont pas que trois « noms propres », car ils peuvent être considérés comme les « noms génétiques », ou plus exactement, les trois attitudes possibles envers l'idée de la non-politique. Or s'il y a sans cesse une certaine persistance de l'idée de non-politique, Nietzsche est celui qui pense que la non-politique finit toujours par être surmontée et être absorbée par le primat de la politique ; Freud est celui qui pense qu'il y a une ambivalence et une différence irréductible entre la politique et la non-politique ; Laruelle est celui qui pense que c'est la non-politique qui détermine en dernière instance la politique. C'est ce que nous allons démontrer et défendre dans les pages suivantes.

Avant d'entrer dans les détails de ces trois théories politiques, il est nécessaire de préciser que notre point de départ est la modernité et la théorie du contrat social.

Pourquoi devons-nous évoquer la théorie du contrat social ? Il est évident que c'est un des traits principaux de la modernité dont les grands maîtres modernes tel Hobbes, Locke, Rousseau, Kant… etc. sont tous les théoriciens du pacte social.

Or l'importance de cette théorie est fondamentale pour nous. Pourquoi ? Trois remarques peuvent être faites. D'abord, dans la théorie du pacte social, la notion de l'« état de nature » est une idée sans aucun doute non-politique. Donc, l'idée de la non-politique est capitale pour la pensée politique moderne. Ensuite, cette théorie est caractérisée par une manière de « penser la politique depuis la non-politique », dans la mesure où l'on doit justifier l'état social à partir des conditions dans l'état de nature. En d'autres termes, c'est une théorie où les philosophes tentent d'articuler la non-politique avec la politique. Enfin, il y a une ambivalence anthropologique dans cette théorie - c'est-à-dire que, structuralement parlé, l'homme est à la fois un animal politique et un animal non-politique.[2]

Tous ces trois points prouvent que notre démarche est légitime dans la mesure où les Modernes utilisent déjà la notion de la non-politique et où nos deux formules directrices ont une quasi-équivalence (ou au moins une racine) dans la théorie du contrat social.

Il faudrait s'interroger un peu plus sur le sens de cette théorie.

Pour nous, la modalité de « penser la politique depuis la non-politique » est déjà présente chez les Anciens. Les « idéalités universelles » peuvent être considérées comme les premières inventions de non-politique, les « principes régulateurs » en quelque sorte pour penser la politique. Cette façon de penser est nécessairement une méthode « méta-physique » et « duelle », déjà très visible chez Platon.

Or c'est Laruelle qui est le premier à rendre clair ce caractère crucial dans la métaphysique et dans la philosophie politique : une production de généralités non-politiques en tant que « médiation » pour penser le politique :

---

[2] Dans la théorie du contrat social, l'homme dans l'état de nature est évidemment un animal apolitique. Mais afin d'« entrer » et de « rester » dans l'état civil, l'homme doit se transformer nécessairement en devenant un animal politique. De plus, il y a toujours une possibilité de retour à l'état de nature, suite à la dissolution d'un gouvernement. Ainsi entendue, la présupposition anthropologique dans cette théorie est forcément ambiguë, dans la mesure où l'ambivalence de la thèse de « l'homme (n')est un animal politique » est irréductible.

« Toute philosophie politique [...] si elle s'est toujours donné « le pouvoir », se l'est donné sous une forme médiatisée et à travers des intermédiaires non-politiques. Elle a subordonné le pouvoir à l'élément indifférent de généralités économiques, linguistiques, "politiques", psychanalytiques, etc. » (APP, p.15)

Autrement dit, « toute philosophie subordonne le pouvoir à des généralités a-politiques » (APP, p.17). Cependant, il ne faut pas se tromper sur ce point fondamental : ces généralités non-politiques sont par nature « politiques ». C'est pourquoi il dit que « toutes les généralités a-politiques qui neutralisent, indifférencient les Rapports de force » ou la « substance neutre ou un tout statistiques et a-politiques » ne sont que « trop "politiques" » (APP, p.20). La thèse d'Aristote selon laquelle l'homme est un animal politique en témoigne et le confirme.

Toutefois, un déplacement de taille se fait dans la modernité. Ce sont les Modernes, surtout les penseurs du contrat social, qui accentuent et conceptualisent considérablement la présence de l'idée non-politique en prenant le contre-pied de la thèse aristotélicienne :

« Au début du XVIIe s., avec Grotius d'abord puis avec Hobbes, la philosophie politique moderne se bâtit autour de deux concepts clés : l'état de nature et le contrat social. Envisageant d'abord les hommes tel qu'ils sont dans la condition où la nature les a mis, les théoriciens affirment que les institutions politiques sont absentes d'un état où règne une parfaite égalité : il n'y a donc pas de subordination naturelle et l'homme n'est pas un animal naturellement politique.[3] »

L'apparition de l'idée de l'état de nature signifie que l'on ne croit plus le mythe d'une naturalité politique dans l'humanité comme chez Aristote. Comme le dit Jean Terrel, *« La théorie moderne de l'état de nature présuppose que l'on abandonne cette définition de l'homme comme animal politique [4]».*

---

[3] Jean-Fabien Spitz, l'article d'*état de nature et contrat social*, in *Dictionnaire de philosophie politique*, éd., PUF, 2003, p 255.

[4] J. Terrel, *Les théories du pacte social : droit naturel, souveraineté et contrat social de Bodin à Rousseau*, éd., Seuil, Paris, 2001, p. 135.

Et J.-F. Spitz a raison de préciser l'esprit révolutionnaire des Modernes :

« On ne peut pas comprendre le sens de cette reconstruction intellectuelle si l'on ne part pas de son opposition décidée à la thèse aristotélicienne : pour l'âge moderne, l'humanité de l'homme ne dépend pas essentiellement de son rapport à autrui dans la construction d'un ordre juste ; antérieure à la construction de ce rapport et indépendante de lui, cette humanité est donnée dans cet homme isolé qu'étudie le concept d'état de nature, et la réflexion politique aura seulement pour objet de montrer la façon dont la création des sociétés civiles peut restituer cette humanité solitaire sans l'affecter essentiellement. [5]»

D'une certaine manière, même si Nietzsche, Freud et Laruelle tentent de ne pas répéter ces gestes non seulement traditionnels, mais problématiques de philosophie politique, l'esprit de modernité - c'est-à-dire une certaine élaboration de non-politique en tant que condition première de l'humanité - est relayé, voire radicalisé chez eux.

Donc, dans cette optique, il est essentiel de s'aviser que c'est à cause de cette invention moderne de l'état de nature, qui est une conception de non-politique par excellence, que la triple entreprise de « Nietzsche-Freud-Laruelle » a un sens et une intelligibilité. Ce sont en conséquence les trois tentatives « non-modernes », au sens de Laruelle, dans la pensée politique.

En somme, cette exploration est une autre façon de regarder la philosophie politique occidentale. Nous voulons retravailler la philosophie politique avec une autre hypothèse et voir jusqu'où ces hypothèses peuvent nous amener.

---

[5] J.-F. Spitz, *État de nature et contrat social*, *op.cit.*, p 255.

CHAPITRE I

Nietzsche

PREMIÈRE SECTION
La méthode et l'objectif d'une interprétation de la politique nietzschéenne

Chez un penseur comme Nietzsche, il est facile de trouver des citations qui prouvent que l'homme n'est pas naturellement politique et qu'il est même, par nature, contre l'État :

« *Tout ce qu'un homme **fait** au service de l'État répugne à sa nature. De même, tout ce qu'il **apprend** en vue du futur service de l'État répugne à sa nature.*[6] »

Ou bien ce passage célèbre d'*Ainsi parlait Zarathoustra* :

« *L'État ? Qu'est-ce à dire ? Allons ! Ouvrez vos oreilles et je vais vous parler de la morte des peuples. L'État, c'est le plus froid des monstres froids. Il est froid même quand il ment ; et voici le mensonge qui s'échappe de sa bouche : « Moi, l'État, je suis le peuple.» [...] Mais des destructeurs ont tendu des pièges à la multitude, c'est ce qu'ils appellent l'État ; ils ont suspendu au-dessus de leurs têtes un glaive et cent appétits. Si tant est qu'il y ait encore un peuple, il ne comprend rien à l'État et le hait comme le mauvais œil*[7]».

Pourtant, trouver les citations dans les œuvres nietzschéennes ne règle pas tout — il est toujours facile de trouver les passages qui confirme « notre » interprétation chez Nietzsche.

---

[6] Nietzsche, *La volonté de puissance*, tome 1, tr. Geneviève Bianquis, éd. Gallimard, Paris, 1995, chapitre 2, section 493, page 404.

[7] Nietzsche, Z, *De la Nouvelle Idole*, p. 361.

Et il est aussi facile de trouver des contre-exemples chez lui. Ce qu'il faut faire, c'est une « interprétation » de son originalité concernant le problème de la politique.

Or notre interprétation est fondée sur les trois propositions majeures concernant l'ensemble du travail nietzschéen :

(1) Heidegger : Nietzsche est la « fin » ou la réalisation totale de la métaphysique ;

(2) Deleuze : Nietzsche met la « valeur » et la « différence » au centre de la philosophie.

D'une part, Deleuze souligne l'importance de la « valeur » dans la philosophie de Nietzsche. Dès ses premières lignes dans *Nietzsche et la philosophie*, Deleuze écrit :

« *Le projet le plus général de Nietzsche consiste en ceci — introduire en philosophie les concepts de sens et de valeur. [...] Nietzsche n'a jamais caché que la philosophie du sens et des valeurs dût être une critique. Que Kant n'a pas mené la vraie critique, parce qu'il n'a pas su en poser le problème en termes de valeurs [...] la philosophie des valeurs [...] est la vraie réalisation de la critique, la seule manière de réaliser la critique totale.*[8] »

D'autre part, Deleuze pense que l'auteur d'*Ainsi parlait Zarathoustra* met la « différence » au cœur de la philosophie, c'est pourquoi l'interprétation de la volonté de puissance et de l'éternel retour chez Deleuze se centre sur l'idée de la « force différentielle ».

(3) F. Laruelle : chez Nietzsche, la politique devient la « détermination première[9] ».

Nous faisons l'hypothèse que, d'une part, *une interprétation de l'ensemble de la philosophie nietzschéenne est du même coup une interprétation de la pensée « politique » chez Nietzsche* et d'autre part, ces trois interprétations maîtres ne

[8] G. Deleuze, *Nietzsche et la philosophie*, éd., PUF, Paris, 2003, p1.

[9] Dans la période de « philosophie I » chez Laruelle, surtout NCH.

sont pas trois jugements en contradiction l'une contre l'autre et pourraient, en fait, être *unifiés* en une seule interprétation.

Pour le dire synthétiquement, Nietzsche réalise la « fin » de la philosophie occidentale en transformant la philosophie en une pratique de part en part politique. Et le lien intime entre la philosophie et la politique est articulé par l'introduction de la « différence » et la « valeur » au centre de la philosophie. C'est-à-dire que si Nietzsche met la « valeur » et la « différence » au centre de la philosophie, il insère simultanément la politique au cœur de la philosophie comme un pré-requis dans la mesure où il ne peut y avoir qu'un Multiple qui soit organisé.

Nous allons expliquer ces points importants dans les sections suivantes.

DEUXIÈME SECTION
Il n'y a pas de lien social « originaire » et il y a un animal radicalement non-politique

Si la transcendance qui est le Dieu s'effondre et si dans la métaphysique, le « devenir » d'une chose est systématiquement oublié, il faut lancer une véritable généalogie pour expliquer le lien social.

Pour Nietzsche, le résultat de la généalogie est clair : il n'y a pas de « lien social originaire ». Car l'homme est un animal solitaire qui n'est pas prédestiné à vivre en société. C'est une thèse audacieuse et révolutionnaire. Il convient de citer assez longuement ce passage de *La généalogie de la morale*, puisqu'il est décisif dans notre interprétation :

« *je tiens la mauvaise conscience pour cette maladie grave à laquelle l'homme a dû succomber à la suite de la transformation la plus profonde qu'il ait jamais vécue ; - cette transformation qui s'est opérée lorsqu'il se retrouva définitivement captif sous le joug de la société et de la paix. Tout comme pour les animaux marins qui se virent contraints, soit de devenir terrestres, soit de disparaître, ces êtres demi-animaux qui s'étaient adaptés avec succès au monde sauvage, à la guerre, à l'aventure, -- d'un coup, tous leurs instincts furent dévalorisés et « suspendus ». Il leur fallait désormais se tenir sur leurs pieds et « se porter eux-mêmes », alors que jusqu'ici l'eau les portait : une pesanteur terrible les accablait. Ils se sentaient gauches dans les mouvements les plus simples, ils n'avaient plus leurs anciens repères dans ce nouveau monde inconnu, à savoir les pulsions régulatrices qui les guidaient en toute sécurité et inconscience ; ils en étaient réduits à penser, à inférer, à calculer, à combiner les causes et les effets, ces malheureux, réduits à leur « conscience », leur organe le plus misérable, le plus trompeur ! Je crois qu'il n'y eut jamais sur terre un tel sentiment de détresse, un malaise si pesant -- et cependant les vieux instincts n'avaient pas tout d'un coup cessé de poser leurs exigences ! Mais il était dorénavant difficile et rarement possible de les suivre : pour l'essentiel, il leur fallait chercher des satisfactions nouvelles et en quelque sorte souterraines. Tous les instincts qui ne se déchargent pas vers l'extérieur se tournent vers l'intérieur - c'est là ce que j'appelle l'intériorisation de l'homme [...]Ces bastions effrayants, au moyen desquels l'organisation étatique se protégeait contre les antiques instincts de la liberté - les châtiments sont les premiers de ces bastions -, ont fait que tous ces instincts de l'homme sauvage, libre et nomade se sont retournés* ***contre l'homme lui-même*** *[...]* ***voilà*** *l'origine de la mauvaise conscience.*[10] »

Concernant le sens de cette citation, quatre remarques peuvent être faites.

Premièrement, il donne une histoire cruelle du « devenir-animal politique ». Non seulement ce processus est totalement contre la nature humaine, mais l'expression de « transformation » signifie que d'une part, c'est un « événement » et d'autre part, il y a une période et une nature humaine « vierge » - si l'on puisse dire - qui sont situés dans une temporalité de pré-événement.

Or ici il dit clairement que la cause de la « mauvaise conscience » est « *le joug de la société et de la paix* », c'est-à-dire le fait que l'homme doit vivre avec son prochain. Prenons un peu de recul et relions ce passage d'Aristote : « *Il est manifeste [...] que la cité fait partie des choses naturelles, et que l'homme est par nature un animal politique, et que celui qui est hors cité, naturellement bien sûr et non par le hasard des circonstances, est soit un être dégradé soit un être surhumain.*[11] »

Le contraste est vertigineux. Le simple fait de vivre ensemble est pour Aristote le bonheur suprême, alors que ce paradis grec est pour Nietzsche un enfer épouvantable par rapport à l'essence de l'homme.

Nietzsche radicalise en fait la découverte proprement moderne selon laquelle, au départ ou dès l'origine, l'homme est un animal non politique. Même s'il ne pense pas cette thèse par

---

[10] Nietzsche, GM : II : 16, p. 903-4. Souligné par nous. La même idée se voit aussi dans CDI, section 45, *Le Criminel et ses analogues*, p 1110-1112.
[11] Aristote, *Les politiques*, 1252a3-4, éd., Flammarion, 1993, p 90.

le terme de l'« état de nature », mais il y a indéniablement une anthropologie nietzschéenne selon laquelle la « naturalité » de l'humanité est radicalement asociale et apolitique.

Ce faisant, nous pouvons regarder l'ensemble de la philosophie nietzschéenne sous cet angle. Nous pouvons appeler l'ensemble de son travail comme un projet de « *Renaturaliser l'homme et déshumaniser la nature* [12]». Dans cette perspective, c'est la « *bête blonde* » qui a pour fonction de jouer le rôle de la naturalité de l'être humain. En d'autres termes, cette hypothèse de « bête blonde » peut être considérée comme un « état de nature »[13] et c'est à travers de cette optique que Nietzsche s'interroge sur le problème de « décadence » et de « christianisme » : il faut considérer l'histoire de l'humanité comme une histoire de « devenir-faible » de l'homme depuis un point de vue d'un état de nature. Par le contraste entre les Forts sauvages et les maladifs –les conséquences inévitables des idéalismes religieux et philosophiques, il montre le prix que l'humanité a payé par ces remèdes imaginaires proposés par les prêtres. Cette hypothèse de « bête blonde » est aussi un moyen qui sert à montrer la perversion de la modernité et la violence infligée à l'homme par toutes les mesures culturelles.

Les lecteurs de « Humain, trop humain » sont peut-être frappés d'effroi par cette doctrine de l'« animalisation » et de « barbarie » chez Nietzsche, mais il ne faut pas l'interpréter littéralement. Il s'agit plutôt d'un retour à l'état de nature :

« *Cette étonnante apologie d'une barbarie supérieure doit être entendue comme une invitation à la* ***renaturalisation*** *de l'homme dénaturé par les valeurs ascétiques du christianisme et au renforcement de sa volonté rendu malade.*[14] »

En un mot, il faut saisir le sens de cette longue citation à partir d'un état de nature où l'homme est une « bête blonde ».

[12] Cette formule, qui n'est pas moyennée en citation, vient de Madame Michèle Cohen-Halimi, une spécialiste de Nietzsche. Elle fut prononcée pendant son séminaire sur Nietzsche.

[13] L'idée selon laquelle la « bête blonde » est une hypothèse de l'état de nature vient également de Madame Michèle Cohen-Halimi.

[14] Y. Constantinidès, *Le nihilisme extatique comme moyen de grande politique*, in *Nietzsche et le temps des nihilismes*, éd., PUF, Paris, 2005, p 62

Deuxièmement, il faut comprendre le sens de cette hypothèse anthropologique et la complexité de la temporalité de cet événement.

Comme tous les théoriciens de contrat social, cette hypothèse de l'état de nature est pour Nietzsche, d'une certaine manière, une « fiction » dans la mesure où il est déjà passé et les hommes se trouvent déjà dans la politique. C'est la raison pour laquelle il dit qu'« *il* [l'homme] *se trouva définitivement captif sous le joug de la société et de la paix* [15]». Mais contrairement aux théoriciens du contrat social, l'état de nature n'est pas inventé pour « *souligner les bienfaits de la société civile* [16]», mais pour montrer le « prix » trop élevé de la civilisation et la vie politique.

Pour être plus exact, cette hypothèse de l'état de nature est essentiellement conçue comme une optique d'observation pour souligner le processus féroce et sanguinaire de la « socialisation » : à nouveau, la comparaison avec les Anciens/les Modernes est vertigineuse :

« *La tâche de dresser un animal qui ose promettre inclut, on l'a déjà compris, à titre de condition et de préparation, le travail préliminaire qui consiste à* ***faire*** *un homme qui soit pour commencer jusqu'à un certain point nécessaire, uniforme, conforme à ses semblables, réguliers, et par suite prévisible. L'énorme travail de ce que j'appelle la « moralité des mœurs » [...] le véritable travail de l'homme sur lui-même durant la plus longue période du genre humain, tout son travail préhistorique trouve là son sens, sa grande justification, quelle soient la dureté, la tyrannie, la stupidité et l'idiotie qu'il contient : c'est au moyen de la moralité des mœurs et de la camisole de force sociale que l'homme a été réellement* ***fait*** *prévisible.* [17] »

---

[15] Souligné par nous.

[16] J.F. Spitz, *état de nature et contrat social*, *op.cit.*, p 256.

[17] Nietzsche, GM : II : 2, p 880-881. Ce passage rappelle de l'idée freudienne de l' « enfance ». On sait que l'enfance est justement une telle préhistoire où l'enfant doit apprendre le « dehors », l'« objet »... etc., par rapport à une totalité initiale qui est la fusion de l'enfant et la mère. Freud souligne la difficulté extrême de cette période.

La vie commune et la socialisation ne sont plus pensées comme une naturalité voire un bonheur total, mais elles sont considérées littéralement comme le dressage d'un animal sauvage. C'est pourquoi nous constatons l'occurrence du verbe « faire » - deux fois souligné par lui - pour signaler la même situation : d'une part, cette tâche de dressage et éventuellement d'un « auto-dressage » est une mécanique « anonyme » et « impersonnelle » qui consiste à « faire » naître un animal social et d'autre part, le but de cette programmation est que l'homme doit être « fait » comme un « animal politique » pour que le contrat et la société soient possibles. Sans cette préhistoire apolitique et asociale, l'essence sanglante de l'histoire de la sociabilité reste invisible -- et tout ce « travail préhistorique » n'est pas visible au niveau conscient ou invisible au moins aux yeux des philosophes traditionnels[18].

Même si l'auteur de *Pour une généalogie de la morale* conteste une explication de l'autorité politique à partir du contrat social[19], il cherche, en quelque sorte, la « condition de possibilité » de l'acte de faire un contrat social. Cet acte d'approuver un contrat et, après l'avoir accepté, de s'y soumettre est simplement présupposé par les théoriciens du contrat social. Mais dans cette généalogie nietzschéenne, cette simple présupposition n'est que le résultat d'un long (auto-)dressage psychophysiologique.

Par ailleurs, il faut comprendre correctement cet état de nature nietzschéen. Ce n'est pas une recherche de vérité de l'origine de l'homme. Justifier une véritable origine de l'homme n'a aucun sens chez Nietzsche. Cette « origine » passée n'est conçue que, d'une part, pour montrer la perversité de la présence et, d'autre part, pour se projeter vers un avenir possible. S'il le croit et trouve quelques traces à l'époque

---

[18] C'est également la même approche chez Freud. Cette mécanique est précisée par Freud comme le renoncement pulsionnel et la sublimation et c'est en gros un processus du « principe de plaisir » au « principe de réalité ».

[19] « *j'estime qu'on s'est défait de l'idée exaltée qui l'a* [l'État] *fait commence par un « contrat ». Celui qui peut commencer, qui est « maître » par nature, qui s'avance dans son œuvre et son attitude avec violence – qu'a-t-il à faire de contrats !* », GM : II : 17, p 905.

tragique des Grecs et si il cherche un « retour », cela n'est pas un retour à l'identique ou à un âge d'or perdu, mais c'est un retour qui dé-construit la présence et qui possibilise ou potentialise vers le futur.

Donc, l'état de nature comme un « passé » est donné du même coup avec la « présence » et le « futur ». La référence majeure, à ce propos, est l'analyse pertinente de Wolfgang Müller-Lauter, qui saisit parfaitement le sens de la temporalité dans cette construction de l'histoire humaine :

« *nous retrouvons de nouveau le cercle lorsque Nietzsche formule l'hypothèse d'une « période pré-morale de l'humanité » englobant la préhistoire, et immédiatement suivie par la période morale. Nous sommes ici face à une construction de l'« histoire » humaine qui, en renvoyant à ce qui a dû exister à l'origine, doit fonder la nécessité d'une force à venir à une époque post-morale.*[20] »

Troisièmement, en fait, dans ses œuvres, la cause et la genèse de la « conscience », de la « langue », la description des Forts témoignent et confirment notre interprétation d'un état de nature nietzschéen. La formation de la « conscience » est à ce propos un exemple très parlant :

« ***la conscience en général ne s'est développée que sous la pression du besoin de communication****, – elle ne fut dès le début nécessaire, utile, que d'homme à homme (en particulier entre celui qui commande et celui qui obéit), et elle ne s'est également développée qu'en rapport avec le degré de cette utilité. La conscience n'est proprement qu'un réseau de relations d'homme à homme, – et c'est seulement en tant que telle qu'elle a dû développer [...] c'est la conséquence d'un « il faut » ayant exercé sur l'homme une autorité terrible et prolongée : il* ***avait besoin****, étant l'animal le plus exposé au danger, d'aide, de protection, il avait besoin de son semblable, il fallait qu'il sache exprimer sa détresse, se faire comprendre – et pour tout cela, il avait d'abord besoin de « conscience »,*

[20] W. Müller-Lauter, *Nietzsche : physiologique de volonté de puissance*, éd. Allia, Paris, 1998, p 96. Doublement souligné par nous.

même, donc, pour « savoir » ce qui lui manque, pour « savoir » ce qu'il éprouve, pour « savoir » ce qu'il pense.[21] »

Cela prouve que dans la « préhistoire », l'homme est totalement étranger à ces relations interhumaines. La « conscience », la « raison », la « causalité » sont introuvables dans l'état de nature où l'homme agit instinctivement et inconsciemment. C'est seulement quand ces animaux apolitiques et asociaux entretiennent les rapports interhumains sous la pression de la société qu'« *ils en étaient réduits à penser, à inférer, à calculer, à combiner les causes et les effets, ces malheureux, réduits à leur « conscience ».*[22] »

Cette citation explique aussi partiellement pourquoi l'homme doit subir la transformation la plus terrible, du fait que l'homme est pensé par Nietzsche comme un être faible qui a besoin de l'aide de ses semblables.

Enfin, quatrièmement, s'il est acquis qu'il y a une idée de l'état de nature chez Nietzsche, ce n'est pas là la nouveauté. La rupture se manifeste par une intuition nietzschéenne selon laquelle l'homme reste un animal non-politique jusqu'au bout. Cette partie « sauvage » de l'homme n'est pas transformable ou aliénable et c'est pourquoi il y a toujours une altérité qui échappe et se soustrait à la synthèse sociale : si l'homme est au départ un animal politique, le (auto-)dressage n'est que « partiel ». C'est pourquoi à la fin de cette longue citation, il considère que les vieux instincts ne disparaissent pas et se retournent contre la personne propre en formant une « mauvaise conscience ».

Or ici nous touchons un point aveugle occulté par tous les penseurs du contrat social. En général, Hobbes et Rousseau ont une version très simplifiée concernant le rapport entre la tendance politique et la tendance non-politique. Au départ, l'homme est un animal non-politique dans l'état de nature et il peut finir par devenir un animal politique dans l'état civil. Mais à la lumière de l'anthropologie chez Nietzsche (et chez Freud), la position des Modernes semble très réductrice et simpliste. Il

---

[21] Nietzsche, GS : 354, p 269.
[22] Nietzsche, GM : II : 16, p 903.

serait plus juste de dire que ce travail de l'« intériorisation » (Nietzsche) ou de la « sublimation » (Freud) est toujours « fragmentaire » et « inachevable ». À la fin de notre citation de ce paragraphe 16 du second traité de *Pour une généalogie de la morale*, il souligne que les anciens instincts ne disparaissent pas et qu'ils agissent quand même en cherchant de nouvelles voies de satisfaction.

Ce serait, par conséquent, un simple mythe de prétendre que l'on pourrait transformer l'essence humaine jusqu'à son contraire. Cette hypothèse n'est pas en soi impossible, mais il faudrait donner une explication et une analyse détaillée. Malheureusement, les théoriciens du contrat social le considèrent comme un simple acquis. En tout cas, nous sommes persuadés qu'au moins, la position chez Nietzsche (et Freud) est plus réaliste et plus convaincante que celle de la théorie du contrat social.

Après avoir expliqué ces quatre remarques, il faut reconnaître qu'il y a une ambiguïté de cet état de nature chez Nietzsche.

Dans le long passage cité où il explique la genèse de la « mauvaise conscience », il faut remarquer que l'homme se trouve déjà dans la société. L'idée de l'état de nature n'est jamais pensée comme une « origine » historique et véritable et cette thèse de « bête blonde » insiste sur le fait que l'on est un animal non politique dans la société. Le résultat : d'un côté, l'homme est par nature un animal apolitique et il reste comme cela et d'un autre côté, l'idée d'un homme hors de la société est impensable.

Mais comment conjuguer ces deux tendances radicalement différentes ? C'est exactement cette difficulté de conjugaison qui fait échouer les théoriciens du contrat social. Le secret de son originalité, nous semble-t-il, est qu'il ne pense pas la réalité par les termes de la « sociabilité » ou de l'« insociabilité », mais à partir de la « différence » entre les deux. La « sociabilité » et l'« insociabilité » ne sont plus considérées comme deux entités autonomes et séparées et il serait insensé de parler d'un mélange. Par contre, il faut dès le début les considérer comme deux dimensions ou plus justement comme un « rapport différentiel ». En langue freudienne, il faut le penser comme une « imbrication » des deux pulsions différentes.

Cela étant, il faut comprendre cette interpénétration entre les deux tendances différentes à partir de l'amphibologie fondamentale selon laquelle l'homme est à la fois « dans » et « hors » de la société : à tous les moments, l'homme est *à la fois et en même temps* un animal politique et un animal non politique. Si, à propos de la relation entre ces deux tendances, les vocabulaires de la théorie du contrat social sont autour de l'« accès », le « retour », l'« aliénation » ou le projet de « transformer », le commencement de la pensée nietzschéenne est la « coexistence », la « juxtaposition », la « superposition » et la « contemporanéité ». C'est ce « pathos de différence » qui sépare/relie les deux tendances opposées et qui fait avancer l'évolution et les nouvelles combinaisons possibles.

La nouveauté nietzschéenne est le fait qu'il dépasse la version « substantielle » et « dualiste » de l'articulation entre la politique et la notion de la non-politique. Il n'y a plus deux côtés dont l'une est politique et l'autre est non politique. Il faut les concevoir comme deux « forces » différentes au sein d'une même personne.

Pour mieux comprendre cette position singulière, il faut que nous proposions une interprétation générale de la philosophie nietzschéenne. La piste que nous proposons d'examiner est la suivante : (1) il y a une « identité » entre la politique et la philosophie et il donne un nom commun, la « Morale » ; (2) concernant la découverte de la pensée « politique » nietzschéenne, il y a une double opération : d'une part, toutes les présuppositions soi-disant non politiques sont en réalité des projets « politiques » et d'autre part, toutes les politiques sont des pratiques « non-politiques ». Ces deux points sont intrinsèquement liés.

TROISIÈME SECTION
L'identité de la politique et la philosophie

Le questionnement philosophique est intrinsèquement une pratique politique. Pour Nietzsche, certains discours déguisés comme la « métaphysique » et l'« ontologie » sont non seulement une « distorsion » du point de vue de la « probité », mais ils sont souvent des projets purement et simplement politiques. Prenons un exemple privilégié qui est le christianisme :

« *Partout où l'on cherche des responsabilités, c'est généralement l'instinct de* ***punir*** *et de* ***juger*** *qui est à l'œuvre. [...] la doctrine de la volonté a été principalement inventée à fin de punir, c'est-à-dire avec* ***l'intention de trouver coupable****. Toute l'ancienne psychologie, la psychologie de la volonté n'existe que par le fait que ses inventeurs, les prêtres, chefs des communautés anciennes, voulurent se créer le* ***droit*** *d'infliger une peine*[23]»

Et il nous donne une conclusion extrêmement maligne : « *Le christianisme est une métaphysique du bourreau...*[24]».

Néanmoins, il faut éviter d'interpréter la politique nietzschéenne en recueillant les textes concernant le domaine social et politique. Il faudrait au contraire s'interroger sur la raison profonde qui se trouve derrière ces passages consacrés à la politique. C'est ce que nous voudrions essayer de faire maintenant.

Synthétiquement parlant, nous voulons montrer que *l'introduction de dimension politique est nécessairement impliquée dans son « épistémologie » et sa conception de la « métaphysique »*. Il ne faut pas considérer le domaine politique comme une sphère à part et autonome dans la pensée nietzschéenne. Il ne faut pas non plus effectuer au préalable une distinction entre sa philosophie et sa politique. Ce serait une erreur fatale et un contresens total. Dans notre interprétation, sa philosophie est en même temps sa politique.

---

[23] Nietzsche, CDI, *Les quatre grandes erreurs*, section 6, p 1061.
[24] Ibid., p 1062.

En premier lieu, sur le versant de l'épistémologie, chez Nietzsche, le « connaître » n'est pas une activité de l'ordre « théorique », il est de part en part une « pratique ».

L'activité de « connaître » est une activité vitale conçue comme une « appropriation ». Elle n'est pas considérée comme une recherche de la vérité ou une pratique désintéressée, comme c'est toujours le cas dans la tradition de la philosophie. On sait que la « connaissance » en tant qu'appropriation est fondamentalement une manifestation de la « volonté de puissance ». « Connaître », c'est essentiellement une création d'un monde vivable. Dans un tel cadre, Nietzsche ne cesse de mobiliser la métaphore de la « politique » pour soutenir cette perspective.

En fin de compte, le « connaître » doit être compris comme une « législation » chez lui. À ce propos, Henri Birault est une de ces personnes qui saisissent profondément le sens de métaphore politique dans l'épistémologie nietzschéenne. Comme il le remarque bien, il y a une « ***essence impériale*** » de la connaissance[25] et il nous explique de façon convaincante qu'il y a un lien intrinsèque entre la « pratique » et la « poésie » et la « politique » : il y a une non-distinction entre « *poièsis* », « *praxis* » et« *Homo politicus* ». Ce trait provient en fait d'une transformation nietzschéenne de l'héritage de Kant :

« *C'est Kant, en effet, le premier, qui découvre cette essence poético-pratique du connaître que Nietzsche parachèvera, si l'on peut dire, en faisant de la connaissance une forme de domination, une forme artificielle, fictive et fausse de la volonté de puissance elle-même conçue comme volonté politique de législation et de constitution.*[26] »

La « connaissance » n'est jamais une activité « neutre », car elle est toujours un phénomène de « volonté de puissance »[27].

---

[25] H. Birault, *En quoi, nous aussi, nous sommes encore pieux*, in *Lectures de Nietzsche*, sous la direction de Jean-François Balaudé et Patrick Wolting, éd. Librairie Générale Française, 2000, Paris, p 431.

[26]. Ibid., p 437.

[27] Madame M. Cohen-Halimi nous souligne justement que dans le français comme dans l'allemand (*greifen/begreifen* ; *fassen/auffassen*), le mot « comprendre » indique déjà cette dimension de « forçage ». La signification de

C'est pourquoi H. Birault estime que Nietzsche considère qu'il y a un « *caractère profondément coercitif de la disposition à connaître* » :

« *Cette image est celle de **l'empire de la connaissance**. Cet empire est un empire autoritaire et policier [...] **le produit d'une certaine volonté politique*** [28]».

Malgré la justesse de son interprétation, nous regrettons que H. Birault introduise une confusion quand il explique que la connaissance est le produit d'une certaine « *volonté politique* ». Puisque l'expression de la « volonté politique » n'est qu'une tautologie.

La référence majeure de l'interprétation nietzschéenne de la « volonté » est sans doute le paragraphe 19 de *Par de-là bien et mal* où il explique le fonctionnement de la volonté comme le commandement, l'émission d'un ordre, le triomphe sur la résistance et l'efficacité de l'obéissance — tout en utilisant sans cesse la métaphore politique :

« *notre corps n'est en effet qu'une structure sociale composée de nombreuses âmes [...]* ***L'effet, c'est moi*** *: il se produit ici ce qui se produit dans toute communauté bien construite et heureuse, la classe dirigeante s'identifie aux succès de la communauté. Dans tout vouloir, on a affaire purement et simplement à du commandement et de l'obéissance, sur le fond, comme on l'a dit, d'une structure sociale composée de nombreuses « âmes »* [29]»

Autrement dit, pour lui, la « volonté » est intrinsèquement un « agencement politique ». Lorsque l'on utilise l'expression de « volonté politique », on dit deux fois la même chose. Un fragment posthume confirme pleinement cette direction interprétative :

« prendre » et l'image de « griffe » sont impliquées dans la composition de ce mot.

[28] H. Birault, *En quoi, nous aussi, nous sommes encore pieux*, *op.cit.*, p 430.

[29] Nietzsche, PBM : 19, p 642.

« *Il faut que les DERNIERS* ***organismes*** *dont nous voyons la formation (peuples, États, sociétés) servent à nous instruire sur la formation des premiers.*[30] »

Or le fait de comprendre la société politique par la métaphore « biologique » ou « organique » est une analogie la plus longue et la plus tenace dans l'histoire de la philosophie politique. Mais par ce fragment posthume, il effectue une inversion qui est lourde d'implications : *il faut comprendre le vivant ou plus exactement l'Être par la politique et non pas l'inverse.*

H. Birault voit très clairement cette inversion métaphorique chez Nietzsche et cette dimension constitutive de la politique dans tous les êtres vivants :

« *C'est qu'en définitive, mieux vaut, en effet, penser le corps vivant comme une société politique que cette société elle-même comme un corps, parce que les mouvements artificiels et violents de la volonté créatrice des États expliquent sans doute mieux les mouvements naturels de la vie qu'ils ne peuvent être expliqués par eux. [...] la biologie devrait se mettre à l'école de la politique afin d'élaborer un concept non directement biologique du biologique lui-même.* [31]»

C'est là que l'on constate qu'il y a une généralisation de la politique chez Nietzsche.

Cependant, même s'il constate ce « *caractère foncièrement politique du projet de connaître* [32]», H. Birault se contente d'une identité entre la « politique » et l'« épistémologie » chez Nietzsche. Or ce qu'il faut faire, c'est radicaliser cette thèse : généraliser cette identité entre la politique et la théorie de connaissance comme une identité entre toute « LA » philosophie et la politique. En d'autres termes, il y a un caractère foncièrement politique dans tous les questionnements philosophiques.

---

[30] Nietzsche, FP de GS, 11 [316], p 428.

[31] H. Birault, *En quoi, nous aussi, nous sommes encore pieux*, *op.cit.*, p 433-434.

[32] Ibid., p 433.

Revenons un instant à cet usage de la métaphore politique chez le créateur de la « volonté de puissance ». Nous pouvons facilement imaginer une objection possible : « ce n'est qu'une métaphore ». Le fait que l'activité de « connaître » est pensée comme un acte politique n'autorise pas une identité entre le « connaître » et la politique. Il serait encore moins évident si l'on veut effectuer une identité généralisée entre la philosophie et la politique[33].

Nous ne partageons pas cette position, dans la mesure où cette « métaphore » politique est plus qu'un simple choix personnel. Elle a un sens profond dans sa pensée. S'agissant de ce problème, il faut étudier la relation entre la philosophie nietzschéenne et la biologie, car la biologie a un impact direct et profond sur sa pensée.

Beaucoup de commentateurs ont souligné l'importance du « corps » chez Nietzsche. À partir de 1884, en fait, il utilise pour la première fois l'expression de « *fil conducteur du corps* ». Didier Franck a raison de souligner que « *La détermination d'un fil conducteur est un choix de méthode relatif à un projet de connaissance.* [34]»

Mais pourquoi ce privilégie accordé au « corps » dans l'épistémologie ? Dans l'ouvrage magnifique de Barbara Stiegler intitulé *Nietzsche et la biologie*, elle nous explique que l'intérêt nietzschéen quant à la biologie n'est pas un hasard et que la science du vivant laisse une trace décisive dans sa pensée. En termes exacts, privilégier le corps est un choix méthodologique et épistémologique. Selon B. Stigler, la question de « sujet » est centrale chez Nietzsche, mais pour comprendre exactement le sujet, il faut l'étudier à partir du corps, car c'est le corps qui nous donne une représentation juste du sujet par rapport à l'« esprit ». C'est la raison pour laquelle elle écrit ceci :

---

[33] En effet, P. Wotling pense qu'il y a cinq métaphores majeures dans les œuvres nietzschéennes, dont la politique. Il serait, selon lui, abusif de considérer une de ces métaphores plus importantes que les autres. Voir *Nietzsche et le problème de civilisation*, éd., PUF, Paris, 1995.

[34] Didier Franck, *Nietzsche et l'ombre de Dieu*, éd., PUF, Paris, 1998, p 175.

« La philosophie doit rester le chemin méthodique par lequel la subjectivité s'efforce de se saisir elle-même le plus exactement possible : « Partir du corps et de la physiologie : pourquoi ? – Nous gagnons ainsi la représentation exacte de notre unité subjective. » [...] s'il [Nietzsche] *s'adresse au corps, c'est en vue de « questionner le sujet ».*[35] »

Mais qu'est-ce que un corps ? Sa réponse est simple : le corps est une « communauté politique ». Comme nous venons d'évoquer que, d'une part, la fin de la citation de paragraphe 19 de « *Par-delà bien et mal* » nous indique que « *notre corps n'est en effet qu'une structure sociale composée de nombreuses âmes* » et d'autre part, le fragment posthume cité souligne le point de vue selon lequel il faut comprendre la première formation par les derniers organismes - c'est-à-dire par l'« état » ou par la « communauté politique ».

Or les scientifiques les plus importants dans ces époques-là sont sans doute Rudolf Virchow et son élève Wilhelm Roux[36].

En ce qui concerne l'influence de R. Virchow, il faut citer longuement un passage de B. Stiegler pour comprendre que la métaphore politique dépasse largement un choix anodin :

« Le microcosme cellulaire, bien que minuscule, est un « énorme rassemblement ». Ce paradoxe pousse Virchow à prêter au monde cellulaire des repères et des structures tirés du macrocosme politique et social. <u>Le corps que décrit la théorie cellulaire, c'est une société ou une république de cellules, c'est un État cellulaire</u>. Cette image virchowienne a laissé des traces profondes dans les textes de Nietzsche. Lorsque Nietzsche écrit que « l'homme libre est un État et une société d'individus », il reprend littéralement Virchow : « L'individu humain, lui aussi est une société. ». [37]»

---

[35] B. Stiegler, *Nietzsche et la biologie*, éd., PUF, Paris, 2001, p 17.

[36] Sur ce point voir *Nietzsche et la biologie*, *op.cit.*, p 22 et l'article magnifique de W. Müller-Lauter, *L'organisme comme lutte intérieure : l'influence de Wilhem Roux sur Friedrich Nietzsche*, in *Nietzsche : physiologie de la volonté de puissance*, *op.cit.*

[37] Ibid., p 24-25. Souligné par nous. Le nom de R. Virchow apparaît même dans *La généalogie de la morale* (premier traité, section 5).

Avec cette citation, on comprend non seulement que la métaphore politique est plus qu'une simple métaphore, mais que Nietzsche tente sincèrement et littéralement de comprendre l'Un, l'Être ou les grands concepts métaphysiques par la politique.

Quant à W. Roux, il influence Nietzsche sur un point précis : il conçoit fondamentalement l'organisme comme une « lutte intérieure ». D'une part, c'est Roux qui « *fait de l'inégalité des parties le fondement de la lutte* » et d'autre part, « *La lutte devient ici* « un principe régulateur *», principe de* l'« autostructuration » fonctionnelle des rapports de force les plus appropriés. ». *L'idée d'autorégulation organique dénuée de toute fonctionnalité préalablement donnée, que défend Roux, passera elle aussi dans l'interprétation nietzschéenne de la corporéité.* [38]»

Il est facile de constater que cette notion de Roux de « lutte intérieure » est décisive pour la formation du concept de « volonté de puissance » chez Nietzsche. Et cela veut dire que l'Être où l'Un est non seulement une « communauté politique », mais ils sont organisés selon un principe de « lutte » - en particulier l'alternative entre le « commandement » et l'« obéissance ». À nouveau, l'utilisation de la « métaphore » politique vient d'une intention rigoureuse et bien méditée[39].

En somme, on peut conclure que, à travers l'étude de l'épistémologie nietzschéenne, il semble justifié d'identifier d'une part la « politique » et la « théorie de connaissance » et d'autre part, plus déterminant, la « politique » et la « philosophie » tout court.

En second lieu, sur le versant métaphysique, son interprétation de la métaphysique nécessite une introduction du politique dans l'Un ou dans l'Être. L'identité entre la politique

---

[38] W. Müller-Lauter, *Nietzsche : physiologie de la volonté de puissance*, *op.cit.*, p 131.

[39] B. Stiegler estime aussi que « *la biologie représentait pour Nietzsche bien plus qu'une simple réserve de métaphores, et qu'il y a avait bien un concept proprement nietzschéen du vivant biologique* ». Cf., *Nietzsche et la biologie*, *op.cit.*, p 7-8. Et comme nous l'avons évoqué, il faut comprendre l'être vivant à partir du modèle de la « communauté politique ».

et la philosophie est inévitable après la destruction nietzschéenne de la métaphysique.

H. Birault compare les gestes fondamentaux concernant la métaphysique chez Kant et chez Nietzsche en disant que :

« *Pour Kant, il s'agissait de* ***réaliser*** *la Métaphysique comme Morale ; pour Nietzsche, au contraire, il s'agit de* ***déréaliser*** *la Métaphysique en la faisant paraître comme Morale, c'est-à-dire comme Valeur et comme Non-vérité* [40]».

Nous savons qu'« *une morale est avant tout pour Nietzsche une interprétation adossée à un système précis de valeurs exprimant les conditions de vie d'un type d'homme particulier. Elle n'est donc pas un donné, mais le produit d'une élaboration de la réalité effectuée par le corps et ses processus constitutifs, instinct et affects* [41]». Cet argument revient à dire que la métaphysique, la Vérité objective, l'Être permanent et immobile n'est que le « tenir pour vrai », comme le dit Heidegger, afin d'émettre un ordre vital pour certains hommes — essentiellement les « philosophes ». La métaphysique est moins une recherche de la vérité qu'une « législation » ou une création d'un monde particulier. Cette opération nietzschéenne consiste à amener l'ontologie et la métaphysique à l'« axiologie » ou à la théorie des valeurs (par exemple, l'« essence » est une « valeur »).

L'essentiel est de s'aviser que la « valeur » ou l'activité d'« évaluation » doit aussi être comprise à partir de la « métaphore » politique. L'évaluation est d'émettre l'ordre ou choisir d'obéir, hiérarchiser la réalité, légiférer un monde vivable…etc. bref, c'est une « configuration de domination ». Elle est de part en part une pratique « politique ». P. Wotling a bien expliqué cet aspect de « valeur » :

« *La valeur s'oppose chez Nietzsche à la simple représentation. Il n'y a en effet de partage réel entre la théorie et la pratique : les valeurs sont des croyances intériorisées traduisant les préférences fondamentales d'un type de vivant*

---

[40] H. Birault, *En quoi, nous aussi, nous sommes encore pieux*, *op.cit.*, p 456.

[41] P. Wotling, *le vocabulaire de Friedrich Nietzsche*, éd., ellipses, Paris, 2001, p 36.

donné, la manière dont il hiérarchise la réalité en fixant ce qu'il éprouve (éventuellement à tort) comme prioritaire, nécessaire, bénéfique, ou au contraire nuisible. C'est ce travail d'appréciation que souligne plus nettement le terme d'évaluation ou d'appréciation de valeur. [42]»

On sait que la « valeur » est intimement liée à l'idée de « pulsion », à l'« interprétation » et éventuellement à « la volonté de puissance » chez lui. La « valeur », l'« axiologie », l'« évaluation » et l'« assimilation » sont en dernière analyse un geste de « poser au-devant » par le sujet. Il est en fin de compte une « législation », un « commandement », une « hiérarchisation » -- en tout cas une organisation politique.. S'il appréhende tous les étants ou l'Être par la perspective de « valeur », l'introduction de la dimension politique est inévitable. C'est pourquoi chez les philosophes nietzschéens, la dimension politique devient toujours première — par exemple chez Foucault (tout est constitué par les rapports de pouvoir et il n'y a rien derrière les rapports de pouvoir) et chez Deleuze (l'investissement de libido est immédiatement social).

Cependant, cette interprétation ne règle pas tout le problème. Il faut situer la théorie de « valeur » et l'activité d'évaluation dans un contexte plus large : la conception nietzschéenne de la métaphysique dans l'ère de nihilisme.

Cette dimension « législatrice » ou « poético-pratique » de la métaphysique vient d'une double constatation : d'une part, la mort de Dieu et l'essence nihiliste de la métaphysique et d'autre part, la réalité conçue comme la volonté de puissance. Essayons d'illustrer et de préciser chacun des deux points corrélativement liés.

D'abord, il faut correctement comprendre la formule de « la mort de Dieu ». De notre point de vue, Nietzsche n'est pas un athée ou, pour être plus précis, il ne conteste pas a priori la religion. Il y a une dimension à la fois « humaniste » et « *théocentrice* » dans son interprétation.

Pour que le dieu soit mort, il faut qu'il *ait* eu une vie. Ce qui est mort dans la formule « la mort de dieu », c'est le dieu

---

[42] Ibid., p51.

« humanisé » et non pas LE Dieu en tant que tel. C'est là le sens profond de la première moitié de la formule de « déshumaniser la nature et renaturaliser l'homme »[43].

De plus, on sait que la formule de « la mort de dieu » ne fut pas inventée par Nietzsche, mais par Hegel. L'originalité de Nietzsche fut plutôt que le dieu « reste » mort. C'est-à-dire que l'Universel s'effondre et qu'il n'y eut pas de substitution. C'est dans cette direction que l'on comprend mieux les incessants travaux chez lui qui récusent toutes sortes de remplacement insidieux : la science, la loi morale, le socialisme, la démocratie et l'idée de l'égalité... etc. Concernant le Dieu déshumanisé, nous nous limitons à dire que ce n'est pas le souci premier de Nietzsche et pour lui, comme pour Kant, c'est un problème de frontière et de limite. Ce qu'il cherche, c'est le sens de la « Terre » sans Dieu humanisé.

Si le Dieu humanisé est mort et il reste mort, qu'est-ce que cela signifie ? Cela veut dire que le « chaos » s'installe et la tâche de la politique devient incontournable.

Lorsque le Dieu est mort, le nihilisme s'avance, la valeur suprême est dévalorisée, le « Vide » s'installe et le « Chaos » est omniprésent. Dans ce contexte, l'introduction de la « politique » est tout simplement inévitable et urgente. En d'autres termes, si la Transcendance s'effondre, il faut une nouvelle configuration de la Terre : c'est-à-dire d'organiser le vide et de hiérarchiser le chaos. Bref, il faut introduire la dimension de la « politique » afin de (re) configurer le monde. C'est donc une série d'événements qui sont intrinsèquement liés : « la mort de dieu » - « l'arrivée du nihilisme » - « le vide et le chaos s'installent dans le monde ici bas » - « la grande politique ». C'est seulement dans cette circonstance que nous pouvons comprendre le texte explicitement social et politique chez Nietzsche, comme « la grande politique », la nouvelle hiérarchie, le problème de « dressage » et de l'« élevage ».

---

[43] Dans son interprétation de Nietzsche, Heidegger voit très bien cette dimension anthropocentrique de la métaphysique, c'est-à-dire le sujet de l'« *humanisation de l'étant.* » Cf. Martin Heidegger, *Nietzsche*, tome 1, tr. Pierre Klossowski, éd. Gallimard, 1971, p 279 et sq.

Pour le dire autrement, une fois que le Dieu humanisé est mort et une fois que le Dieu déshumanisé est laissé à côté, il y a une réelle urgence de poser le problème de la politique, qu'on le veuille ou pas. Une fois que la place est vide et que le monde encore chaotique est laissé aux mains des hommes, la question d'« organisation » est immédiatement présente. Il faut une « transvaluation de toutes les valeurs » et cela veut dire exactement une « grande politique ».

Georges Bataille voit très bien qu'avec la mort de Dieu s'ensuit obligatoirement et logiquement la question de la « *souveraineté humaine*[44] ». Autrement dit, quand Nietzsche dit que le Dieu est mort, il dit *du même coup* que le projet de la « grande politique » est inévitable - la formule de « Dieu est mort » impliquant une « *gestion totale de l'économie de la Terre*[45] » est intrinsèquement une formule politique.

Nous arguons donc que la mort de Dieu introduit nécessairement la dimension politique dans la configuration de l'Être et l'étant. Il en va de même que si le Dieu reste mort, le projet politique reste aussi une tâche permanente ou bien, mieux encore, la dimension politique devient immanente à toute configuration de l'Être. Le problème de nihilisme – du nihilisme passif au nihilisme actif - entraîne nécessairement vers une organisation et une configuration continuelle. Si, « *Le nihilisme précède ou tient lieu d'ontologie chez Nietzsche*[46] », comme le dit M. Kessler, la nécessité d'un projet politique qui se distingue de celui du christianisme s'installe fatalement. Ainsi peut-on conclure en disant que « la politique tient lieu du nihilisme chez Nietzsche ».

Deuxièmement, le problème de « Dieu est mort » conduit Nietzsche à concevoir la réalité comme « volonté de puissance ». Pour « déshumaniser la nature » et innocenter le devenir, il tente de comprendre la réalité comme le processus

---

[44] Par exemple, « *la mort de Dieu pose le problème de la souveraineté humaine sur le plan spirituel* ». in *Mémorandum*, in, *Œuvres complètes*, tombe VI, éd. Gallimard, 1945, p 132.

[45] Nietzsche, FP : tome XIII : 10 [17], p 116.

[46] M. L. Kessler, *Le nihilisme et la nostalgie de l'être*, *op.cit.*, p 29.

des interprétations, un jeu des forces conflictuelles - bref, comme « la volonté de puissance ». C'est pourquoi Blaise Benoit dit que :

« *C'est pour tenter de mettre au jour la dynamique propre à cette réalité-devenir que l'hypothèse de la volonté de puissance est conçue.* [47]»

La réalité comme « volonté de puissance » signifie que la réalité est un jeu des forces différentielles, c'est pourquoi selon Deleuze, Nietzsche introduit la « différence » en remplaçant l'« identité » au centre de la philosophie. Dans son livre magistral de *Nietzsche et la philosophie*, l'axe de l'interprétation deleuzienne est que la pensée transcendante de l'Absolu est remplacée par la pensée pluraliste des valeurs et de leurs organisations hiérarchiques. La conséquence la plus importante est que, *dès lors que le centre de gravité n'est plus l'Un/Identité, mais plutôt la Différence/Multiple, le problème de politique, comme l'« organisation », est à nouveau inévitable.* Puisqu'il n'y a de Multiple que par l'organisation, l'Être n'est qu'un « chaos ». Cette opération d'organiser est conçue comme une « législation » et une « lutte ».

Or dans l'analyse précédente consacrée au problème de la biologie chez Nietzsche, on constate qu'il conçoit tous les êtres vivants comme une « pluralité » ou une « multiplicité » et l'inégalité des parties est exactement la cause de « lutte », c'est là la leçon de W. Roux :

« *Roux précise que c'est la « non-identité », la différence des parties, qui est le fondement de la lutte interne à l'organisme.* [48]»

Si bien que toute unité, même minimale, est encore une multitude considérée comme une communauté politique ». En d'autres termes, si « *L'**unité** amibienne de l'individu vient en dernier ! Et les philosophes y sont pris leur point de départ, comme si elle existait dans chaque individu !* [49]», autrement dit,

---

[47] Blaise Benoit, *La réalité selon Nietzsche*, in *Revue philosophique*, N°4/2006, p 404.
[48] B. Stiegler, *Nietzsche et la biologie*, *op.cit.*, p 54.
[49] Nietzsche, FP de GS : 11 [189], p 383.

si « *la différence règne dans les plus petites choses*[50]», le phénomène politique comme la « lutte », le « commandement », l'« obéissance » et la « hiérarchie » est présent dans les plus petites choses. C'est pourquoi Nietzsche et R. Virchow sont convaincus qu'une « cellule » est aussi un « État » malgré sa minimalité.

On sait également que l'auteur de *Par-delà bien et mal* ne conteste pas la « vérité » ou l'« unité » en soi, il nous explique que la vérité est une non-vérité « devenue » et que l'unité est une multiplicité « organisée ». En conséquence, si la différence ou le multiple devient le centre de la réflexion nietzschéenne, il est forcé d'expliquer la nature de l'« unité » et la connexion entre les forces multipliées. Et Nietzsche ne peut l'expliquer qu'en utilisant la métaphore politique : l'Un est toujours une pluralité organisée. Comme W. Müller-Lauter l'a très bien précisé :

« *Que signifie donc l'unité pour Nietzsche ? Sa réponse est la suivant : « Toute unité **n'est** unité **que** comme **organisation** et jeu mutuel : de la même manière qu'une communauté humaine est une unité.».*[51] »

Notre interprétation revient à dire que si Nietzsche pense la réalité à partir du Multiple, la dimension politique devint nécessairement immanente à toutes les configurations possibles de l'Être, vu que « *Seul ce qui est divers peut être organisé sous forme d'unité.* [52]». Pour le dire encore une fois, « *chaque unité ainsi constituée ne fait que **signifier** l'« un » comme « **configuration de domination** »* [53] ».

Donc, si Deleuze a raison de dire que Nietzsche met la différence au centre de la philosophie, il ne mentionne pas explicitement une conséquence inéluctable : du même coup, il introduit la politique au centre de la philosophie.

---

[50] Nietzsche, FP de GS : 11 [132], p 359.

[51] W. Müller-Lauter, *Nietzsche : physiologie de la volonté de puissance*, *op.cit.*, p 47.

[52] Ibid.

[53] Ibid., p 48.

Après avoir examiné la théorie de la connaissance et le sens métaphysique de la mort de Dieu, nous pouvons conclure qu'il y a une identité entre la politique et la philosophie -- c'est-à-dire que « la grande politique » et « la philosophie de l'avenir » sont identiques.

Si l'Universel s'effondre et reste effondré - c'est-à-dire que si « *L'un n'**est** pas* [54]» - il n'y a plus aucune raison suffisante de distinguer la politique et la philosophie.

Avec l'expression de « l'identité entre la philosophie et la politique », nous ne tentons pas de « *dévaloriser* » la philosophie comme une pure recherche des intérêts personnels sans pudeur, un simple combat sans merci ou une belle langue diplomatique bien déguisée comme dans le monde politique actuel. Cette formule ne veut pas dire que la philosophie n'est qu'une sorte de machiavélisme déguisé. Pour nous, cette expression est plutôt « neutre ». Elle n'est ni une sur-estimation de la politique ni une sous-estimation de la philosophie, mais elle vient d'une contrainte interprétative après avoir effectué une longue généalogie concernant le questionnement philosophique.

Ainsi entendu, avec cette expression de l'« identité entre la politique et la philosophie », nous pouvons regarder les systèmes philosophiques avec un œil totalement différent : d'une part, la philosophie n'est qu'un projet politique et toutes les politiques sont guidées par une Transcendance philosophiquement idéalisée et d'autre part, plus fondamentalement, la politique devient ainsi presque un « horizon » ou une « condition de possibilité » pour toutes activités philosophiques - même pour les branches de la philosophie qui n'étudient pas directement la société politique.

C'est exactement dans ce contexte que l'on peut mieux comprendre le sens de l'interprétation de la philosophie nietzschéenne par Laruelle - en particulier dans *Nietzsche contre Heidegger : thèse pour une politique nietzschéenne* où il a bien saisi le noyau dans la philosophie nietzschéenne : la politique devient une détermination intrinsèque et première :

---

[54] Ibid.

« *Par lecture à l'effet intrinsèquement politiques ou à bénéfice politique primaire, j'entends que l'effet politique défini plus haut entre en considération, à la fois comme matériau, moyen et produit, non pas dans la « motivation » de cette lecture, mais dans son fonctionnement et dans l'effet d'un affect intrinsèquement politique. Il n'y a pas une pensée esthétique, énergétique, psychologique, sociologique, etc. de Nietzsche, qui recevrait un complément de sens politique produit par une autre instance qui serait, elle, déterminée comme* ***spécialement*** *politique. La politique n'est plus une instance, ni un objet, ni une pratique, c'est un Continent, voilà la bonne nouvelle de Nietzsche : elle est co-extensive, mais transversalement, aux instances [...]La politique est univoque pour toutes les instances* » (NCH, p. 23).

Autrement dit, la politique nietzschéenne est une « *politique plastique,* ***une détermination politique interne*** *[...] des Rapports des pouvoirs sur lesquels sont prélevés, spécification et qualités les champs pratiques empirique.* » (NCH, p.25)

Pour Laruelle qui considère que sa philosophie est un immanentisme sans idéalité transcendante, l'originalité de la politique chez Nietzsche se manifeste par le fait que, s'il n'y a plus de Dieu conçu comme un fondement ou une Instance première de la politique, la politique ne sera plus pensée en terme de « médiation » et de « délégation » d'un l'Universel non-politique. Il n'y a plus une politique « de » X (considéré comme un Universel apolitique), mais la politique devient immanente à toutes les activités et elle devient ainsi une production première.

Toute notre interprétation tend à montrer que, dans l'épistémologique et dans la métaphysique, l'introduction de la politique au cœur de la philosophie semble inévitable. C'est dans un tel cadre que la thèse laruellienne selon laquelle la politique nietzschéenne est une détermination politique radicalement première est un résumé révélateur de tout ce qui précède.

Dans les prochaines sections, nous devons étudier le sens de l'identité entre la philosophie et la politique, car notre interprétation n'est pas encore complète.

QUATRIÈME SECTION
Le sens de la « philosophie – politique »

Après avoir établi un lien immanent entre la philosophie et la politique chez Nietzsche, c'est l'heure d'unifier les trois interprétations majeures : Heidegger, Deleuze et Laruelle.

Dans son interprétation nietzschéenne, Heidegger considère que la philosophie nietzschéenne est la « fin » de la métaphysique : la notion de la volonté de puissance comme la réalisation complète de la « subjectivité absolue » depuis Descartes. Cette analyse est fondée complètement sur son propre ontologie de l'Être. Pour notre part, nous acceptons cette formule tout en refusant de la comprendre dans le sens donné par Heidegger. Autrement dit, nous voulons donner un nouveau sens à cette expression.

Nous avons expliqué que, d'une part, Deleuze met en évidence l'importance de la « valeur » et la « différence » dans la philosophie nietzschéenne et que d'autre part Laruelle a bien extrait un noyau dans l'œuvre de Nietzsche : la politique devient une détermination première (mieux encore : il n'y a pas « une » détermination proprement politique, mais toutes les déterminations sont intrinsèquement politiques).

Puisque nous avons partiellement expliqué l'articulation entre ces trois interprétations dans la section précédente, il devient facile de comprendre notre position sur le cas de Nietzsche dans l'historie de la philosophie politique : puisqu'il met la « valeur » (l'« évaluation ») et la « différence » au centre de la philosophie, il introduit inévitablement la dimension politique dans la philosophie. Si tous les étants, l'Être, l'Un sont des Multiples, il faut introduire une force organisatrice afin d'assurer une configuration de ces multiplicités. C'est pourquoi la politique devient une dimension immanente et même l'essence de toutes les déterminations. Ainsi c'est ce qui induit la « fin » de la philosophie : l'identité entre la philosophie et la politique. Le penseur de la volonté de puissance déploie totalement la logique de la philosophie occidentale et la pousse jusqu'au bout.

De plus, la fin de la métaphysique ne doit pas être comprise au sens de Heidegger, car cette fin de la métaphysique est une « fin » voulue par Nietzsche lui-même.

Dans la section précédente, nous venons d'établir une identification nietzschéenne entre la philosophie et la politique. En effet, il ne se contente pas d'assimiler ces deux domaines considérés comme distincts et différents. Il veut pousser jusqu'au bout cette fusion et maximaliser la puissance de cette « philosophie-politique »[55]. Pour être plus précis, si Nietzsche déréalise la philosophie comme une politique, il ne s'arrête pas là. *Il s'agit chez lui de re-réaliser explicitement la philosophie comme une politique.*

Or chez Nietzsche, par l'expression d'« une identité entre la philosophie et la politique », il semble que la formule veuille dire deux choses : d'une part, le reproche nietzschéen est que les métaphysiciens sont les politiciens qui ne disent pas ce qu'ils font et ne font pas ce qu'ils disent – c'est-à-dire leurs doctrines philosophiques ne sont que des politiques pour satisfaire leurs imaginations, voire décharger leurs ressentiments et d'autre part, la « philosophie de l'avenir » n'est pas fondamentalement différente de celle de la métaphysique, mais il s'agit de le faire explicitement et consciemment et de le dire sans aucun non-dit.

Pour cela, deux remarques peuvent être faites.

Premièrement, d'une certaine manière, – on force un peu la chose – ce que les philosophes font traditionnellement, c'est de « politiser », de faire des politiques, mais, selon la vision nietzschéenne, ce geste est tout à fait *légitime*. Parce que dans une ère de la mort de Dieu, on ne peut pas faire autrement. Il ne cherche absolument pas un geste comme « dépolitiser ». En revanche, ce qui n'est pas légitime, c'est que les philosophes font la chose « naïvement ». C'est-à-dire qu'ils mythifient ce qu'ils font. Les philosophes ne savent pas ou ne reconnaissent pas le fait qu'ils sont en train d'interpréter le Monde. Ils considèrent leurs activités comme une recherche de la vérité.

---

[55] Nous abandonnons désormais l'idée et l'expression de la « philosophie politique ». Nous ajoutons un tiret entre ces deux mots : « philosophie-politique » afin d'indiquer que la politique n'est plus un attribut qui s'ajoute à la philosophie et qu'il y a une non-distinction entre les « deux ».

Maintenant, il faut déréaliser la philosophie comme l'axiologie et comme les activités d'appropriation. Bref, dorénavant, il s'agit, pour Nietzsche, de philosopher/politiser explicitement et expressément – avec une « seconde conscience » que, ce que l'on est en train de faire, ce n'est qu'une interprétation.

Le deuxième point concernant le sens de « philosophie-politique » est absolument fondamental.

On sait que ce que Nietzsche interroge tout au long de ses œuvres, ce n'est pas une doctrine philosophique particulière et que l'objet de sa méditation est « LA » philosophie en tant que telle. C'est là le sens de cette proposition étonnante de « *Soyons donc plus prudent, soyons « non philosophe ».*[56] »

Mais dans ce carrefour entre « LA » philosophie et l'Autre-que-la philosophie, Nietzsche choisit une voie qui est lourde d'implications et de conséquences : il croit qu'un « accomplissement » de la philosophie est nécessairement un « renversement » de la philosophie – *la « non-philosophie » est justement la philosophie totalement réalisée.* C'est pourquoi il pousse la logique de la « philosophie-politique » occidentale jusqu'à son terme plutôt que d'y résister, parce qu'il croit que, par ce geste, il pourrait « dépasser » la métaphysique.

C'est donc dans un tel cadre que nous saisissons profondément le sens de cette identité entre la « grande politique » et la « philosophie de l'avenir ».

Comme le dit H. Birault, « *« grand » est toujours, pour Nietzsche, ce qui est pleinement accompli, ce qui est vraiment, comme il doit être en vérité. Ainsi « la grande politique », « le grand style », « le grand midi »*[57]». La fusion de la grande politique et de la philosophie de l'avenir est à la fois l'« accomplissement » et le « renversement » de la métaphysique - c'est là le sens non-heideggérienne de la formule de la fin de la métaphysique chez Nietzsche. Autrement dit, non seulement il faut identifier la politique et la philosophie, mais il faut « pratiquer » cette identité - il faut « légiférer » ou « politiser » consciemment et positivement. C'est là le sens nietzschéen de la « fin » de la métaphysique.

---

[56] Nietzsche, PBM : 19, p 641.

[57] H.Birault, *En quoi, nous aussi, nous sommes encore pieux*, *op.cit.*, p 461.

CINQUIÈME SECTION
La politique en tant que non-politique – l'« art » et la « volonté de puissance »

Il faut encore s'interroger sur le sens du geste de « philosopher/politiser » et le lien entre ce dernier et la notion de la « volonté de puissance » chez Nietzsche. Tout cela doit être mis en rapport avec l'idée de l'« art ».

Dans notre perspective, il faut saisir l'ambivalence de la politique nietzschéenne en sa totalité et la position « contre » ou la position « pour » Nietzsche - ou bien l'alternative entre « Nietzsche, philosophe du fascisme » et « Nietzsche, philosophe de la résistance » - sont toutes les deux des positions simplificatrices. Nous devons saisir simultanément ces deux aspects et avec une même explication. Si dans les sections précédentes, nous avons justifié qu'il est un penseur de la politique, dans cette section, nous voulons expliquer que *Nietzsche est aussi un philosophe de la non-politique.*

Puis, dans la section finale qui se présente comme un bilan de notre interprétation de Nietzsche, nous tenterons de donner une synthèse de l'ensemble de la « philosophie – politique » nietzschéenne en analysant la raison profonde de cette amphibologie. Mais il faut expliquer d'abord pourquoi il est légitime de dire qu'il y a une dimension non-politique dans sa pensée avant d'entrer dans l'explication de cette ambiguïté comme telle.

Tout le monde constate le poids de l'esthétique chez Nietzsche et chacun a son interprétation. Pour nous, si sa pensée favorise une identité entre la philosophie et la politique, il serait une erreur de ne voir que le phénomène politique dans son univers. Et, plus exactement, la notion de l'« art » et de la « volonté de puissance » inclut forcément une dimension de la « non-politique ». La contradiction entre la « sur-politique » et la « non-politique » n'est pas insoluble. Comme c'est déjà le cas de l'articulation entre la philosophie et la non-philosophie, la sur-politique n'est pas forcément le contraire de la non-politique chez lui. La clé pour lever ce paradoxe se trouve dans l'interprétation de l'art.

Il est clair que le lien entre l'« État » et l'« art » est présent au tout début de la philosophie nietzschéenne, c'est-à-dire à partir de *Naissance de la tragédie*. Deux fragments posthumes de cette période témoignent de cette association :

« *La tragédie antique comme institutrice du peuple ne pouvait s'établir qu'au service de l'État. [...]* ***L'État était un moyen de la réalisation de l'art*** *: aussi fallait-il que le désir avide de l'État soit le plus puissant dans les cercles qui ressentaient le besoin de l'art.* [58]»

« *la continuité de la civilisation est garantie par la force de l'instinct politique. [...] Le tyran (le sommet de l'avidité politique) comme protecteur de la civilisation – est un exemple. L'État platonicien une contradiction : il exclut l'art en tant qu'État de penseurs.*[59] »

On sait également que chez Nietzsche, il y a une tendance d'« esthétisation » de l'existence. Pour le dire avec M. Kessler, il y a « *une* ***esthétique généralisée*** [60]» chez lui. Cependant, ce fait évident nécessite une interprétation.

Pour nous, nous proposons de penser l'art au moyen de la « politique ». Notre hypothèse est que : d'une part, l'art et la politique (au sens de la grande politique) sont des concepts « presque » identiques, car ils viennent de la même source, c'est-à-dire la « volonté de puissance » et d'autre part, il faut comprendre l'art comme une charnière entre la politique et la non-politique, c'est-à-dire que c'est par l'« art » que ces deux forces « antinomiques » se rencontrent et se communiquent. À cause de la logique du Multiple, la « politique » chez Nietzsche est forcément une notion de la « non-politique ».

Approfondissons cette enquête à partir de ces idées directrices.

---

[58] Nietzsche, FP de *Naissance de la tragédie* :7 [23], p 264.

[59] Nietzsche, FP de *Naissance de la tragédie* :7 [25], p 265-266.

[60] M. Kessler, *Nietzsche ou le dépassement esthétique de la métaphysique*, *op.cit.*, p 1.

Dans ses œuvres, Nietzsche compare souvent l'homme politique à un artiste. Par exemple, dans *Pour une généalogie de la morale*, il explique la genèse de l'État en utilisant sans cesse la métaphore de l'art : les créateurs de l'État comme « *artistes et organisateurs*[61] » ou comme « *les artistes les plus involontaires, les plus inconscients qui soient* [62]» et « *Leur œuvre est une création*[63] ». Mais cet échange terminologique n'est pas suffisant. Il faut une interprétation encore plus précise.

Concernant le sujet de l'art chez Nietzsche, deux remarques peuvent être faites.

En premier lieu, l'art est pour lui « LA » manière par laquelle l'Être se dévoile. L'art est aussi le synonyme d'« interprétation » ou de « configuration pulsionnelle » qui n'est autre chose que la « volonté de puissance ». Autrement dit, l'art est intrinsèquement lié à l'idée de la volonté de puissance comme le noyau de la réalité. C'est pourquoi il dit que « *Tout être organique, qui « juge », agit* ***comme l'artiste*** *[...] il égalise et affirme sa créature comme* ***étant.*** [64]»

Avec l'idée de volonté de puissance, il entend, d'une part, la réalité comme le « multiple » ou le « chaos » et d'autre part, cette réalité n'apparaît que par un travail d'« organisation ». L'art est donc la manière d'organiser ou de configurer le multiple chaotique.

En second lieu, ce dévoilement artistique de l'Être ou de la réalité est nécessairement une « simplification » et une « falsification ». L'art ne doit pas être pensé selon la logique du dualisme métaphysique : l'art ne « re-» présente pas une Idéalité. Par contre, l'art est d'une certaine façon une configuration « sélective » et quasiment une « création » : l'art est une mise en forme purement « artificielle ». Citons un fragment posthume qui explique clairement ce point :

« *La première impression sensorielle est soumise au travail de l'intellect : simplifiée, arrangée selon des schémas plus*

---

[61] Nietzsche, GM : II :18, p 906.
[62] Nietzsche, GM : II :17, p 905.
[63] Ibid.
[64] Nietzsche, FP : tome X : 25 [333], p 113

anciens, la ***représentation*** *du monde phénoménal est, en tant qu'œuvre d'art,* ***notre œuvre****. Mais non sa matière –* ***L'art*** *est justement ce qui souligne* ***les lignes principales****, garde les traits décisifs, élimine beaucoup de choses.* [65]»

Dans la section précédente, nous justifions la thèse que la « volonté » chez Nietzsche doit être comprise comme un « agencement politique » où il y a une tendance à généraliser la « politique » comme une détermination première. En conséquence, s'il y a une « *esthétique généralisée* » chez Nietzsche, il n'est pas abusif de conclure que l'art a un lien intime avec la politique, car toutes les caractéristiques de l'art sont aussi des traits de la politique.

Il est légitime de dire qu'il y a une interdépendance conceptuelle entre l'idée de l'« art » et celle de la « politique ». Mieux encore : il y a « presque » une identité entre l'art et la politique et ce qui anime cette fusion, c'est l'idée de la « volonté de puissance ».

Mais nous devons saisir la proximité entre l'art et la politique par une autre perspective. On sait que par l'art, Nietzsche souligne l'aspect « salutaire » de la belle apparence : la fonction apollinienne de belle apparence. Le texte le plus explicite à cet égard est sans doute le paragraphe 107 du *Gai savoir*, intitulé *Notre ultime reconnaissance envers l'art* :

« Si nous n'avions pas donné notre approbation aux arts et inventé cette espèce de culte du non-vrai : la compréhension de l'universalité du non-vrai et du mensonge que nous offrent à présent les sciences – la compréhension de l'illusion et de l'erreur comme condition de l'existence connaissant et percevant - nous seraient totalement insupportable. La ***probité*** *entraînerait le dégoût et le suicide. Mais aujourd'hui notre probité possède une contre - puissance qui nous aide à éluder de telles conséquences : l'art, entendu comme la* ***bonne*** *disposition envers l'apparence.*[66] »

[65] Nietzsche, FP : tome X : 26 [424], p 292.
[66] Nietzsche, GS :107, p 147.

C'est pourquoi il dit que « *La vérité est laide :* ***nous avons l'art*** *afin que la vérité ne nous tue pas.*[67] » Bref, dans l'ère de nihilisme, « *l'art* ***vaut plus*** *que la vérité* [68] ».

Cet aspect - l'art joue la fonction salutaire par la création d'une belle apparence - est bien connu, mais ce qui est moins évident, c'est le fait qu'il faut comprendre l'artifice politique selon cet angle-là. Comme nous l'avons évoqué, sa pensée politique s'inscrit dans l'héritage de la modernité et il radicalise l'« immanentisme », l'« artificialisme » et le « volontarisme » de la modernité. Néanmoins, il faut comprendre cet artifice politique comme une œuvre d'art au niveau collectif. Cet artifice est aussi un « salut » terrestre - si l'on peut dire - pour les hommes.

L'artifice politique est essentiellement la création d'une nouvelle forme artistique et il est aussi une fabrication de belle apparence salutaire par rapport à la réalité laide. Du point de vue de la biologie, B. Stiegler indique déjà cette dimension salutaire ou cette fonction de la « prothèse » de l'artifice politique. Dans le chapitre intitulé *La grande politique du vivant* de *Nietzsche et la biologie*, elle remarque que « *le vivant humain a le devoir de suppléer [...] les fragilités du vivant par l'ingéniosité de ses artifices* [69]». Du fait que l'anthropologie nietzschéenne souligne la faiblesse de l'être humain, c'est la raison pour laquelle les hommes socialisent malgré leur nature asociale. C'est là le sens de la nécessité de « grande politique », parce que « *l'homme a donc le devoir [...] de suppléer les défaillances de la vie biologique par ces nouveaux moyens.*[70] »

Mais B. Stiegler ne voit pas ou elle ne précise pas la nature de ces « *nouveaux moyens* » qui est l'artifice politique. Il faut la comprendre par les caractéristiques d'art. C'est là le mérite du livre magnifique, « *La fiction du politique* », de Philippe Lacoue-Labarthe. Il nous enseigne que dans la tradition allemande, il y a un lien plus qu'intime entre l'art et la politique

---

[67] Nietzsche, FP : tome XIV : 16 [40], p 250.
[68] Nietzsche, FP : tomeXIV : 17 [3], p 270.
[69] B.Stiegler, *Nietzsche et la biologie*, *op.cit.*, p 103.
[70] Ibid, p 107.

- de penseurs de l'idéalisme allemand jusqu'à Heidegger : il faut saisir la dialectique entre l'« *esthétisation de la politique* » et la « *politisation de l'art* »[71]. Donc si nous favorisons une identité entre la « grande politique » et la « philosophie de l'avenir », il faut compléter cette formule en ajoutant le « grand art » et le « grand style ».

Cependant, nous ne disons pas que c'est une « identité » entre l'art et la politique – on utilise plutôt le mot « presque ». Et la nuance capitale entre l'art et la politique reste à interroger. Même si l'art et la politique sont interchangeables dans beaucoup de contextes, pour saisir profondément le sens de la politique dans la pensée nietzschéenne, nous ne sommes pas favorable à une identité entre l'art et la politique. Ce serait une simplification de la politique nietzschéenne.

Nous pensons que si l'on réussit à comprendre correctement l'identité/différence entre l'art et la politique, on peut se rendre compte de l'« ambiguïté » de la philosophie nietzschéenne. Pour cela, notre proposition est la suivante : il vaut mieux saisir le sens de l'art comme une « relation » entre deux forces ou bien entre deux configurations politiques. Mieux encore : *l'art, en tant que configuration de la « volonté de puissance » assume, de la manière infinie et permanente, à la fois l'identité et la différence entre la « force » (l'Empirique) et la « volonté de puissance » (l'Idée).* Et cette relation ou cette connexion est en même temps une « hyper-politique » et une « non-politique ». En fin de compte, elle est une « sur-» politique -- l'art est à la fois est un geste de « sur-politiser » et un geste qui est au-delà de la politique.

Expliquons-nous sur ce point décisif. Ce qui est « premier » dans la pensée nietzschéenne, c'est le « Multiple » ou le « Chaos » et il n'y a unité que par l'organisation. Si Nietzsche suit cette logique jusqu'au bout, l'idée d'« organisation » implique nécessairement un noyau de « *désorganisé* » (c'est-à-dire le « chaos » originaire) et la possibilité de *« re- » organiser* (c'est-à-dire une ouverture à l'« à-venir »). Si nous nous

---

[71] P.Lacoue-Labarthe, *La fiction du politique : Heidegger, l'art et la politique*, Christian Bourgois éditeur, 1998, p 92.

arrêtons à identifier la politique et la philosophie à cause du Multiple et le besoin d'organisation, nous ne présentons que la moitié de la chose. Autrement dit, si nous nous arrêtions là, la philosophie nietzschéenne deviendrait presque une métaphysique qui s'arrête à l'Un en tant qu'unité. Mais ce n'est pas la réalité. Il faut que la logique du Multiple se maintienne en permanence. Si bien que la politique, comprise comme un agencement organisateur, implique non seulement la possibilité de re-politiser, mais également un noyau « non-politique » comme puissance de déconstruction qui assure à la fois la continuité et la discontinuité.

Toute notre interprétation tend à dire que, *si Nietzsche tente de maintenir la logique du « Multiple » jusqu'au bout, il y a non seulement l'introduction inévitable de la dimension politique, mais aussi la décomposition inévitable de cette dimension politique.*

Notre argument revient à dire que si chez Nietzsche la multiplicité est première et occupe une place centrale, comme l'interprète Deleuze, il est, par conséquent, primordial pour lui d'expliquer la « relation » ou la nature de la « communication » entre deux forces. Or il faut souligner que cette relation est comprise comme un « éternel retour du même » ou un rapport différentiel -- c'est-à-dire qu'il y a forcément une logique de « répétition » (une puissance de continuer par la rupture et par la différence) au sein de sa pensée. L'art comme « configuration » de la volonté de puissance implique nécessairement la possibilité de « transfiguration ». C'est pourquoi Nietzsche considère que l'art est un « ***surplus de force*** » : « *l'« embellissement » est une conséquence de la force* ***accrue*** *L'embellissement, conséquence nécessaire de l'accroissement de la force* [72]»

Or de la « *métaphysique de l'art* » dans « *la naissance de la tragédie* » jusqu'à la « *physiologie de l'art* » méditée dans les dernières années, l'art est intimement lié à l'« interprétation », à la « valeur » et à, éventuellement, la « volonté de puissance ». Il est clair que la « volonté de puissance » est toujours

---

[72] Nietzsche, FP : tome XIV :14 [117], p 84-85.

« plurielle » et qu'elle se multiplie en permanence. Donc, il n'y a de valeur que la valeur « de » valeur et il n'y a d'interprétation que l'interprétation « d' »interprétation. Et l'art est essentiellement conçu comme une « mobilité » ou une « circularité » afin de mettre tous les étants en mouvement pour qu'il n'y ait pas d'Un comme synthèse.

Par conséquent, si la politique est « primaire » et « première », c'est-à-dire une manifestation sans « médiation » et sans « dérivation », il faut reconnaître que *Nietzsche met l'« auto-négation » et l'« auto-dépassement » au cœur de la politique afin de garantir la continuité de mouvement. Si bien que la politique et la non-politique se complètent nécessairement.* Il est ainsi un philosophe de la non-politique.

Mais le sens de la non-politique ne s'arrête pas là. Nous devons continuer le chemin en étudiant à fond la signification de la non-politique nietzschéenne.

Il importe de nouveau de prolonger cette enquête en revenant au sens de la genèse de la « mauvaise conscience » que nous avons évoqué dans la deuxième section.

Nous y avons justifié le paragraphe 16 du second traité de *La généalogie de la Morale* où Nietzsche explique que l'homme est un animal qui est radicalement étranger à la vie en société et qu'il n'y a pas de lien social originaire. Et nous y avons dit aussi que la politique est une fatalité pour l'homme. Même s'il ne nous en donne pas la raison exacte, mais Nietzsche est très net sur ce point-là :

« *Cette hypothèse sur l'origine de la mauvaise conscience implique premièrement que cette transformation* [paragraphe 16 : « cette transformation la plus profonde qu'il ait jamais vécue, - cette transformation qui s'est opérée lorsqu'il se retrouva définitivement captif sous le joug de la société et de la paix »] *n'était ni progressive ni volontaire et ne se présentait pas comme une adaptation organique à de nouvelles conditions, mais comme une rupture, un saut, une contrainte, une inéluctable fatalité contre laquelle il n'y a avait ni combat, ni même de* ***ressentiment*** *possible.* [73]»

[73] Nietzsche, GM : II :17, p 904-905.

Ce qui est décisif pour nous, c'est que, malgré cette transformation définitive et irréversible, cette nature apolitique et asociale ne disparaît jamais. De surcroît, cette partie de l'humanité ne cesse de se manifester.

Nietzsche donne d'abord un nom génétique à cette facette non-politique de l'homme : l'« ***instinct de liberté*** *(pour le dire dans mon langage : la volonté de puissance)* [74]». Ensuite, il nous montre que cette composante n'est pas disparue quand l'homme est entré dans la société et l'État - elle est seulement refoulée et devient latente :

« *Cet instinct de liberté violemment rendu latent – nous l'avons déjà compris -, cet instinct de liberté refoulé, rentré, renfermé au-dedans, et qui ne se décharge et ne se déchaîne finalement que sur soi-même : c'est cela et cela seul, la* ***mauvaise conscience*** *à son commencement.* [75]»

Autrement exprimé : l'entrée dans la politique déclenche un « refoulement » de cette nature apolitique de l'homme. Et l'intériorisation est amorcée par ce fait :

« *Ce n'est certes pas chez* ***eux*** [les créateurs de l'État], *on le comprend d'emblée, qu'a poussé la « mauvaise conscience », - mais elle n'aurait pas poussé* ***sans eux*** *[...] elle manquerait, si, sous l'effet de leurs coups de marteau, de leur violence d'artiste, une énorme quantité de liberté n'avait été supprimée ou à tout le moins occultée et pour ainsi dire rendue* ***latente***. [76]»

Dans ce processus, l'essentiel est de s'aviser qu'il ne faut pas, chez Nietzsche, confondre l'« assimilation » et la « destruction » ou la « disparition ». B. Stiegler nous a bien averti que *« pour Nietzsche, cette assimilation, cette incorporation de l'altérité n'équivaut jamais à un anéantissement. Incorporé, absorbé, ingéré, l'autre n'est jamais anéanti mais « refoulé » au cœur du soi.* [77]»

C'est exactement par cette thèse de « latence » ou de « refoulement » que l'on peut comprendre pourquoi il y a un

---

[74] Nietzsche, GM : II : 18, p 906.
[75] Ibid., p 905-906.
[76] Ibid., p 905. Doublement souligné par nous.
[77] B, Stiegler, *Nietzsche et la biologie*, *op.cit.*, p 57.

renversement de valeurs par les Juifs et l'arrivée de la morale d'esclave en tant que manifestation de la volonté de puissance. C'est aussi cette idée de « latence » qui rend le projet nietzschéen de « renaturaliser l'homme » possible et réalisable. D'où l'idée du « fauve blond » et des nombreuses descriptions du Surhumain.

À notre avis, il faut combiner l'idée de la « volonté de puissance » et l'idée d'un « état de nature » jamais disparu avec notre explication de l'art comme une puissance du Multiple et du Mouvement. Avec cette hypothèse de l'état de nature qui ne cesse de faire son éternel retour, Nietzsche nous enseigne qu'il n'y a pas de « domination radicale », la résistance est toujours là. En d'autres termes, si le concept de « volonté de puissance » est le cœur de la philosophie nietzschéenne, cette idée implique nécessairement une tendance jamais disparue : la « non-soumission ». C'est pourquoi nous considérons qu'il est un philosophe de la non-politique.

En fait, beaucoup de commentateurs répètent sans cesse un cliché de la philosophie nietzschéenne : Nietzsche est un penseur anti-égalité, voire un défenseur de l'inégalité, de la hiérarchie et même de l'esclavage. Bien que cette thèse soit soutenue par de nombreux textes de Nietzsche, nous considérons que ce n'est qu'une interprétation superficielle. À notre avis, *il est un des plus grands penseurs de l'égalitarisme* dans l'histoire occidentale de la politique. Il est tellement paradoxal que nous estimons qu'*il défend l'idée de l'égalité par la notion de la « hiérarchie »*.

Il est vrai que l'égalitarisme nietzschéen n'est évidemment pas un prêche d'un égalitarisme traditionnel selon lequel chaque individu a un droit égal à celui de tous les autres - cette interprétation est contredite explicitement par le texte de Nietzsche. Néanmoins, *l'égalitarisme nietzschéen se présente sous une forme « négative » -- c'est-à-dire qu'en dernière analyse, l'inégalité absolue est impossible*, dans la mesure où tous les individus sont conçus selon une configuration de « volonté de puissance ».

En d'autres termes, même si Nietzsche est un penseur de la « domination », il ne faut pas oublier qu'il nous enseigne profondément qu'une domination « absolue », « radicale », « éternelle » est quelque chose d'impossible. Et le noyau de l'égalité vient du fait que toutes les vies sont constituées par la « volonté de puissance ». Par la « volonté de puissance », une soumission prédestinée d'un être à l'autre n'a aucun sens chez lui. Il n'y a que le commandement en dernière analyse – c'est-à-dire que même la « soumission » doit être comprise comme un commandement. L'exemple le plus parlant est l'idée de la hiérarchie chez Nietzsche.

La notion de la hiérarchie chez lui n'est jamais une idée d'« écrasement » ou d'une « soumission » absolue. Bien au contraire, il ne cesse d'insister sur la « fluidité » et la « circularité » au sein de la hiérarchie. Encore plus déterminant est le fait qu'il souligne que ce serait une idée reçue d'opposer le « commandement » à l'« obéissance » : l'obéissance est aussi une manière de « commander » :

« ***dominer*** *c'est supporter le contrepoids de la force plus faible, c'est donc une sorte de* **continuation** *de la lutte.* ***Obéir*** *est aussi bien une lutte : pour autant qu'il reste de force capable de résister.* [78]»

Dans un autre fragment posthume de la même période, il souligne l'indépendance entre le concept de « commander » et celui d'« obéir » :

« *L'hiérarchie s'est établie par la* ***victoire*** *du plus fort et l'****impossibilité*** *pour le plus fort de* ***se passer*** *du plus faible comme le plus faible du plus fort – c'est là que prennent naissance des fonctions séparées : car obéir est aussi une fonction de conservation de soi que, pour l'être le plus fort, commander.* [79]»

C'est pourquoi son idée de la hiérarchie est d'une certaine manière une démonstration selon laquelle il y a une égalité en dernière instance entre le plus fort et le plus faible. L'égalitarisme nietzschéen nous apprend que l'inégalité absolue n'est pas possible et *la sujétion est toujours « temporaire » et « active »*. Pour le dire autrement, chez lui, ce qui est

[78] Nietzsche, FP : tome X : 26 [276], p 248. Souligné par nous.
[79] Nietzsche, FP : tome X : 25 [430], p 143. Doublement souligné par nous.

absolument impensable, c'est l'idée d'une « domination radicale » et toutes les dominations ne sont que partielles et différentielles.

Par ailleurs, l'égalitarisme nietzschéen nous enseigne parallèlement que le plus fort est un être faible et que le plus faible est un être fort. Dans *La généalogie de la morale*, il dessine une fable selon laquelle le plus faible ou le plus misérable réussit à faire une révolution de « renversement de toutes les valeurs ». Dans ce même livre, il inverse la thèse de Darwin en disant que c'est aussi le plus fort qui est défavorable dans l'évolution, à cause de sa faiblesse constitutive par rapport aux êtres faibles qui ont tendance à s'associer en un troupeau. B. Stiegler a pareillement souligné cette invraisemblance de *« la faiblesse des forts »* et *« la force des faibles* [80]» en disant que :

« *Paradoxalement, puisque c'est le plus organisé qui est le plus menacé par la désorganisation, c'est aussi le plus fort qui est le plus fragile, c'est au cœur de la physiologie la plus forte que gît la plus grande faiblesse physiologique.* [81]»

À l'appui de ce qui précède, on doit comprendre le phénomène de « domination » et de « soumission » à travers la perspective de la logique du « Multiple » et de la « mobilité » et de la « volonté de puissance ». Tous les asservissements et toutes les maîtrises ne sont pas définitifs et ils s'inscrivent dans une fluidité comme un « horizon » ou une « condition de possibilité ». Donc, tous les édifices de Maître sont bâtis sur un terrain de « résistance », une couche souterraine qui ne cesse d'agir. La hiérarchie nietzschéenne ne souligne pas le caractère de « séparation » et de domination, mais plutôt l'idée de « superposition », de « chevauchement » et de « communication » entre le fort et le faible. C'est à partir de là que nous pouvons comprendre l'idée déterminante d'un « sujet de résistance » ou d'un « sujet en lutte » chez Nietzsche. L'égalitarisme nietzschéen est profondément une théorie de la non-politique.

---

[80] B. Stiegler, « *Nietzsche et la biologie* », *op.cit.*, p 106.
[81] Ibid., p 105.

Pour finir, si dans les analyses précédentes, nous soulignons que le découvreur de la « volonté de puissance » « politise » la philosophie, nous devons également saisir la complexité de ce geste de « politiser ». Parce que Nietzsche non seulement « politise » l'Être, mais il le « *démocratise* » aussi en quelque sorte.

SIXIÈME SECTION
Bilan de la pensée nietzschéenne de la politique

Résumons tous les acquis de l'enquête : (1) l'homme est un animal apolitique et il est par sa nature complètement étranger à la vie commune ; (2) la vie en commun est inévitable et considérée comme la contrainte la plus transformatrice par rapport à l'état de nature humaine ; (3) la mort de Dieu et la logique du Multiple obligent Nietzsche à introduire la détermination politique comme une détermination primaire ; (4) c'est-à-dire une identité entre la « grande politique » et la « philosophie de l'avenir » ; (5) l'art peut être compris comme la « relation » entre deux rapports de pouvoir et il y a un mécanisme de répétition et un noyau de l'« auto-négation » et de l'« auto-dépassement » dans toutes les politiques ; (6) l'état de nature ou l'insociabilité originaire ne disparaît jamais. Ces aspects indomptable ne cessent d'agir et de revenir ; (7) il y a un égalitarisme et une démocratisation chez Nietzsche.

Il est l'heure de faire un bilan de la contribution nietzschéenne dans notre investigation. À notre avis, pour saisir le sens de la politique nietzschéenne, il faut comprendre l'ensemble de sa pensée : saisir l'ambiguïté nietzschéenne en sa totalité. En d'autres termes, nous tentons d'expliquer ces deux aspects totalement antinomiques — la politique et la non-politique -- par une seule méthode en respectant au maximum le principe d'immanence. *Ces deux tendances opposées ont une même source et suivent la même logique qui est l'idée de « volonté de puissance » et la présupposition de la pluralité originaire.* Autrement dit, le chaos originel dans la physiologie et dans le monde dominé par le nihilisme nous conduit inévitablement à la politique comme une tâche d'organisation et de configuration. De l'autre côté, c'est le maintien de la logique de la multiplicité et de la volonté de puissance jusqu'au bout qui déconstruit cette dimension de la politique. Tout est en mouvement et tout s'inscrit dans une continuité. C'est là le déploiement de l'amphibologie comme telle.

Mais dans la philosophie occidentale, il n'y a pas de Deux sans Trois. Dans l'introduction, nous précisons notre méthode d'investigation en disant que l'invariant de la philosophie est l'« unité des contraires ». En d'autres termes, c'est aussi une fusion de la « politique » et de la « non-politique » sous le primat de la politique : la politique intervient deux fois, au lieu d'une seule fois.

Ainsi entendu, l'auteur d'*Ainsi parlait Zarathoustra* ne s'arrête pas à une simple dualité de la politique et de la non-politique. Le pôle politique finit par l'emporter sur celui de la non-politique.

En termes concrets, Nietzsche effectue non seulement une identité entre la politique et la philosophie, mais pour lui, il faut maximaliser la puissance de la philosophie si l'on veut dépasser la métaphysique. La tendance de « politiser » devient nécessairement une « sur-politisation » et la tendance de la non-politique s'est assombrie petit à petit.

Cette tendance de sur-politiser est confirmée dans de nombreux textes concernant les thèmes de « dressage », l'ordre de caste, une nouvelle race humaine… etc. Ici nous ne citions qu'un passage important de H. Birault :

« dans le Nachlass [...] Nietzsche écrit : « Aucun philosophe ne mettra plus en doute maintenant ce qu'est le type de la perfection en politique, à savoir le machiavélisme. Mais le machiavélisme ***pur, sans mélange, cru, vert dans toute sa force, dans toute son âpreté,*** *est surhumain, divin, transcendant, il n'est jamais atteint par l'homme, à peine effleuré. Ces quelques lignes montrent bien ce qu'est l'essence parfaite et, pour ainsi dire, « idéale » de la politique d'après Nietzsche : à savoir, le machiavélisme, conçu ici sous sa forme la plus divinement « machiavélique », c'est-à-dire comme une technique merveilleuse et souveraine de ruse et de mensonge inspiré par la volonté de maîtrise, de commandement et de domination. La politique est ici pensée comme un art subtil,*

l'art fondamental de la puissance, l'art de prendre et de conserver le pouvoir. [82]»

Il serait plus juste de dire que, si l'on regarde avec attention sur le devenir de la philosophie nietzschéenne, elle se penche de plus en plus vers une « sur-politique » au détriment de la non-politique. Parce qu'il est de plus en plus occupé par l'effet de désorganisation produit par le nihilisme. Comme la remarque fort pertinemment W. Müller-Lauter :

« *L'idée que ce déclin qui entraîne avec lui la désorganisation ne pourrait être surmonté que par les moyens extrêmes de la domination s'impose à Nietzsche avec plus de vigueur à l'époque d'Ainsi parlait Zarathoustra. [...] Les réflexions que mène Nietzsche et qui proviennent de sa pensée d'une élévation du genre humain conduisent souvent à quelque chose d'extrême ; il arrive qu'elles ne soient pas non plus conciliables. [...] De tels développements visent un ensemble qui se forme par le geste qui « pose* ***un*** *but* ***unique*** *de manière absolue ». En cela, le jeu global et complexe des différentes forces, celui que Nietzsche a présenté en s'appuyant sur le « modèle » du corps dans son ensemble, cède la place au motif de la subordination et de la transformation de la multitude qui souvent se fait sans égard, et finalement sans mesure [...] il délaisse le modèle du jeu organique global au profit d'un autre modèle : celui de la mise en forme conquérante et « violente » de ce qui a grandi.* [83]»

Cependant, malgré la justesse de ce constat, philosophiquement parlant, ce constat n'est pas satisfaisant. Ce n'est qu'un « constat » et il nécessite une « interprétation ». Au niveau de l'analyse philosophique, l'on se demande : pourquoi Nietzsche s'incline de plus en plus vers la politique ?

---

[82] Ibid., p 434-435. Heidegger et D. Franck ont aussi souligné ce point. Ce dernier a dit que : « *Ce n'est pas cependant sans droit que Heidegger a pu dire que « la métaphysique de la volonté de puissance ne s'accorde qu'avec la romanité et le 'Prince' de Machiavel ».* Cf., *Nietzsche et l'ombre du Dieu, op.cit.*, p 45.

[83] W. Müller-Lauter, *Nietzsche : physiologie de la volonté de puissance, op.cit.*, p 169-170. Souligné par nous.

Laruelle disait souvent que la philosophie est un désir abusif de réel. Ce désir est intrinsèquement politique et vise directement au pouvoir. Peut-être est-ce là le secret stimulant de la fusion entre la politique et la philosophie. La « philosophie politique » est en effet une traduction permanente de ce désir de réel – les philosophes veulent concrétiser actuellement ce réel posé par le discours philosophique. C'est pourquoi il nous explique que : « *Je soupçonne les philosophes d'avoir un amour secret de la politique [...] Ils sont fascinés par la force qui passe outre, c'est la leur* [84]».

Mais si la tendance de « politiser » est un motif général et perpétuel pour tous les philosophes, pourquoi y a-t-il un avènement de « sur-politiser » chez Nietzsche ? Des réponses partielles avaient été apportées. Mais peut-être faut-il chercher cette raison dans l'opération fondamentale chez lui : l'identification de la philosophie et la politique.

Nous considérons que la philosophie nietzschéenne est un symptôme révélateur de la philosophie occidentale, un symptôme au sens de la psychanalyse. Mais quel est le sens de ce symptôme ? On sait l'importance capitale du préfixe « ***über-*** » (« sur- ») chez Nietzsche. Nous pouvons dire que par l'identité entre la politique et la philosophie et par la volonté de dépasser « la » philosophie, l'identification entre la politique et la philosophie n'est pas une simple « superposition ». Cette identité fait apparaître la nature de la philosophie : un désir excessif, un désir qui ne cesse de se manifester par le geste de dépassement et de survol. Autrement dit, *l'ultime sens de l'identité entre la philosophie et la politique est exactement ce geste de « sur »*. Peut-être le saisira-t-on-mieux en se référant à un passage extrêmement important de Laruelle, qui s'ajoute à la citation précédente :

« *le véritable exemple est Nietzsche, justement parce qu'il n'est pas spécialement conseiller du prince, fonction inadéquate à la « grande politique », mais il est celui qui a osé mettre l'excès ou l'abus de pouvoir au cœur du pouvoir.*

[84] F. Laruelle, *L'ultime honneur des intellectuels*, les éditions Textuel, Paris, 2003, p 28.

*Nietzsche est le philosophe qui vend la mèche que la philosophie est un empiétement permanent sur le réel et peut apparaître ou se donner sous la forme d'un projet politique. Chez Nietzsche, c'est clairement thématisé, une force ne peut qu'empiéter sur une autre force pour la dominer. C'est un abus de pouvoir sur le savoir ou le savoir comme abus de pouvoir [...] Mais c'est très visible déjà dans ses origines grecques, la transcendance philosophique a quelque chose de l'**hybris**, quelque chose d'excessif*[85] ».

Autrement dit, le geste de « politiser » est nécessairement une « sur-politisation » au double sens du terme : d'une part cette formule se lit comme un geste qui dépasse la politique – c'est là le noyau de la non-politique et d'autre part il est aussi un geste d'hyper-politisation : la (sur) politique revient en tant que synthèse qui englobe la politique et la non-politique. Pour être plus exact, *c'est le primat de politique qui joue le rôle de « sur » qui garantie la continuité de mouvement.* De sorte que, à chaque instant, la politique et la non-politique se complètent et se partagent. Mais également, à chaque instant, la dualité amphibologique est synthétisée et surmontée par une puissance de « sur » vers l'à-venir. C'est ce moteur de « sur-» comme le survol, comme le dépassement qui assure la permanence de mouvement : la permanence de la puissance politique en tant que force d'organiser, de désorganiser et de re-organiser. C'est là la maximalisation du pouvoir de la « philosophie – politique ».

Dans un tel cadre, Nietzsche hérite finalement de l'erreur des Modernes en portant la formule hobbésienne de « *Let's make man* » au sommet --d'une manière illimitée et sans mesure.

Pris de ce point de vue, la philosophie nietzschéenne est un « *acting out* » de « LA » philosophie, une mise en scène de ce désir excessif qui convoite le Réel et l'Homme. La « philosophie-politique » ne cesse de rendre l'Homme imparfait par une Idéalité philosophique afin de justifier l'intervention politique. C'est Nietzsche qui rend ce geste politico-

[85] Ibid. Doublement souligné par nous.

philosophique une tâche sans fin. C'est dans cette direction-là que Laruelle parle du « harcèlement » de la part de la philosophie par rapport à l'essence (de) l'Homme.

Donc, il n'est pas suffisant de dire que la « sur-politique » nietzschéenne vient de la nature « *technique* » de la philosophie politique. Il n'est pas non plus suffisant de dire que la philosophie politique est un « *Savoir-Faire* » par excellence, c'est-à-dire qu'une circularité sans arrêt entre le discours philosophique et le programme politique. Cela n'est pas le fond de problème. *La pensée nietzschéenne nous apprend que, dans la caverne la plus reculée, ce qui motive le questionnement politico-philosophique, c'est un « Vouloir » -- un vouloir excessif et abusif.* Cela ne veut pas dire un vouloir « de » l'excessivité ou de l'abus, mais que *le cœur de vouloir en tant que « sur- » excessif et abusif.* C'est là, de notre point de vue, le sens ultime de la « volonté de puissance » nietzschéenne[86].

Cette « sur-politisation » et son moteur d'un « Vouloir » en tant qu'« hybris » est le dernier mot de la « pensée-Nietzsche ». Il incarne la maladie typique de la « philosophie politique » et sa pensée est un « symptôme » dont la valeur clinique est incommensurable. C'est là le sens non-nietzschéen de la « fin » de la métaphysique.

Avant que l'on s'engage dans le chapitre consacré à Freud, nous voulons aussi faire un bilan de la contribution nietzschéenne en ce qui concerne nos deux formules directrices. En effet, il nous donne une interprétation inouïe.

Du point de vue panoramique, Nietzsche répète le schéma de l'invariant de la philosophie politique occidentale. Il « pense la

---

[86] W. Müller-Lauter a très bien vu que cette notion de volonté de puissance n'est pas un simple « concept » philosophique parmi les autres, mais qu'elle est un symbole d'un certain « vouloir » encore plus profond que la « volonté de puissance ». C'est pourquoi il nous explique que « *Nietzsche ne se contente pas de considérer fondamentalement tout interprété du monde comme constitué par la volonté de puissance, mais qu'il songe en outre aux conséquences qui découlent du fait qu'il perçoive lui-même sa philosophie comme une interprétation. Sa philosophie de la volonté de puissance ne peut pas, en effet, n'avoir qu'un caractère contemplatif. Elle est elle-même expression du vouloir-de-puissance.* ». W. Müller-Lauter, *Nietzsche : physiologie de la volonté de puissance*, *op.cit.*, p 97. Souligne par nous.

politique depuis la non-politique », mais comme toujours, sous le primat de la politique. Quand à la thèse d'Aristote, malgré une présupposition d'un animal radicalement apolitique, l'anthropologie nietzschéenne et son projet sociopolitique contre le nihilisme pèsent de plus en plus lourd dans sa pensée, à un tel point qu'il abandonne relativement l'hypothèse de l'état de nature et le modèle de la différence et de la multiplicité au profit d'une « grande politique » où tout le monde est forcé de devenir un animal politique.

Néanmoins, il faut aussi saisir la nouveauté que Nietzsche donne à ces deux formules.

S'agissant de la thèse aristotélicienne et de la relation « politique/non-politique », il porte l'ambiguïté inhérente de cette thèse au maximum. L'amphibologie de cette thèse n'est plus une simple juxtaposition de l'animal politique et de l'animal apolitique, *elle devient un « co-apparaître » ou plus exactement « co-agiter » sous la modalité de « superposition ».* Autrement dit, la « Distance » entre la « politique » et la « non politique » est réduite au minimum. Si bien que les deux termes contraires ne sont plus clairs et distincts, sans relation « première-seconde » ou « origine-copie », mais ils s'entretiennent par une « réversibilité » et une « circularité » parfaite au sein d'une même personne.

De plus, il y a aussi une grande distinction entre Nietzsche et les autres penseurs politiques. C'est que, même s'il pose en dernière analyse une fusion entre l'essence de l'homme et la politique comme tous les philosophes politiques, il considère que la nature de ce fusionnement est « violente », voire même « tragique ». L'irrésistibilité de la vie en commun est une agression des plus puissantes par rapport à l'essence de l'homme – il est condamné à développer la conscience, à utiliser la causalité, à produire un « mémoire »… etc. Tout cela ne peut pas se faire hors d'une douleur extrême. S'il ne récuse pas la vie en société, par contre, il insiste sur le fait que la relation inter-humaine et la recherche de la paix, ces buts unanimes pour tous les philosophes politiques, ont un *prix* et l'homme ne cesse de le payer.

Autrement exprimé : ce qui fait vraiment la différence entre, d'un côté Nietzsche, suivi par Freud, et d'un autre côté, les Anciens et les Modernes, c'est le fait que la vie sociale est conçue comme « violente » et en quelque sorte comme une « frustration » en soi. Mais si Nietzsche est en fin de compte en accord avec tous les philosophes politiques en disant que l'homme est déjà dans la politique et l'homme reste dans la politique, sa particularité est qu'il conçoit cette union comme une « cruauté ».

C'est la raison pour laquelle, dans le paragraphe 17 du second traité de *La généalogie de la morale*, lorsqu'il nous explique la genèse de la mauvaise conscience, Nietzsche donne au préalable deux points et nous ne citons que le premier point qui insiste sur la fatalité de la politique, mais le second point nous montre que la vie sociale est un processus permanent de violence :

« *Mais deuxièmement que la soumission d'une population jusqu'alors sans entraves et sans organisation à une forme rigide, procédant d'un premier acte de violence, ne pouvait être menée à son terme qu'à travers de nombreux autres actes violents*[87] ».

Tout compte fait, la thèse aristotélicienne a un prix et elle ne produit les effets que par un processus violent et cruel.

En ce qui concerne la formule de « penser la politique depuis la non-politique », Nietzsche nous donne une version « dé-substantielle » et « non-dualiste ». C'est une avancée très importante dans notre point de vue.

La notion de la politique et celle de la non-politique ne sont plus représentées par des entités concrètes. Elles deviennent des « forces », des « qualités » ou des « dimensions » dans un même individu. Le dualisme antique et moderne cède la place à une logique strictement immanente.

De plus, il parachève et concrétise en quelque sorte la tendance de la « duplicité » inhérente à cette formule. Le dualisme simplificateur entre la politique et la non-politique est remplacé par une forme supérieure qui accentue la « fluidité »

[87] Nietzsche, GM : II :17, p 905.

et la « circularité ». C'est une version purement « immanente » qui purge tous les éléments transcendants et théologiques.

Autrement dit, il donne à cette hypothèse fondamentale une forme d'« éternel retour du même » : un seul monde sans dehors, mais non pas sans mouvement. Il n'y a plus de « dehors » au sens strict derrière les relations des pouvoirs et tous les soi-disant « dehors » ne sont qu'une « torsion » au sein de la totalité. Cette totalité reste toujours en mouvement et an agitation sans une fin préalablement donnée -- la Valeur ou la Force « se prolifère » ou « se multiplie ». C'est presque un hégélisme privé de l'Un, car le mouvement se continue.

Ce qui peut encore se formuler ainsi : *« LA » politique Se répète ou Se tord* en multipliant à l'infini les tendances politiques et les tendances non-politiques. Et il faut comprendre cette torsion comme un mouvement de « sur-» et la torsion signifie forcément un renversement, une puissance du « non » et de l'auto-négation. L'immanentisme nietzschéen est un monisme avec épaisseur : l'épaisseur signifie une agitation de « tordre » topologique et l'immanence veut dire « doubler » ou « créer » -- c'est-à-dire de produire des effets.

Un dernier mot sur Nietzsche. Nous voulons emprunter un mot polysémique dans la terminologie nietzschéenne afin de synthétiser notre enquête de défenseur de la « volonté de puissance ». Par ce mot, il articule la philosophie, la politique, l'épistémologie, l'ontologie et l'esthétique. Le cas de Nietzsche nous pose une ultime question : pourquoi la philosophie politique est-elle toujours un geste de « *tyranniser* » l'Homme ?

CHAPITRE II

Freud

PREMIÈRE SECTION
Freud entre Nietzsche et les Contemporains

Dans notre parcours d'investigation, Freud et la pensée psychanalytique occupent une place décisive.

À partir de la modernité, notamment dans la théorie du contrat social, on ne cesse de penser l'homme à la fois comme un animal apolitique et comme un animal politique. Dans cet invariant qui est l'« insociable sociabilité », théoriquement parlant, on peut se pencher vers la « politique », c'est-à-dire que la non-politique est finalement absorbée par la politique (les Anciens, les théoriciens du contrat social et Nietzsche), ou bien on peut se pencher vers la « non-politique » (chez les Contemporains, symbolisé par Laruelle). Mais il y a une troisième possibilité, l'*équilibre* entre la sociabilité et l'insociabilité et ses *conséquences*. C'est là la thèse freudienne soutenue dans *Le malaise dans la culture*.

Or la pensée politique moderne se cristallise dans la pensée freudienne : il y a « thèse » (animal politique) — « antithèse » (animal apolitique) et le fait le plus important, la nature de toutes les synthèses, l'« *ambivalence* » comme un troisième terme englobant les deux termes opposés. Autrement dit, dans ses pensées politiques, Freud vise directement et explicitement à ce point stratégique qui est l'« ambiguïté » inhérente à la nature humaine. Ce qui intéresse Freud, ce n'est ni la « sociabilité » ni l'« insociabilité » -- ce n'est pas non plus leur « mélange », mais l'« insociable sociabilité » *comme telle*. C'est pourquoi nous estimons que la pensée psychanalytique est la « fin » de la modernité. Et *le père de psychanalyse est le dernier et le plus grand penseur de la modernité.*

En termes concrets, dans *Le malaise de la culture*, pour le dire d'une manière synthétique, l'homme est considéré à la fois comme social et comme asocial. Et le mélange de ces deux tendances discordantes fait naître « le sentiment de culpabilité ». Ce partage entre les deux tendances opposées n'est pas d'une cohabitation tranquille. C'est là le prix à payer exigé par la culture. Si l'homme est vraiment un animal apolitique et qu'il reste comme cela, le fait que les hommes doivent vivre ensemble et en paix est en contradiction avec sa nature originaire — exactement comme chez Nietzsche. Et la conséquence de cette difficile cohabitation ne cesse de se manifester.

Par contre, ce qui fait la différence entre Nietzsche et Freud, c'est que ce dernier maintient la dualité entre la sociabilité et l'insociabilité jusqu'au bout sans tenter de les surmonter par une synthèse. Plus exactement, l'entreprise de *Malaise dans la culture* est de nous convaincre que cette sorte de tentative — ou cette « croyance » ultra-optimiste de philosophie politique — a sa propre limite. Nous pouvons même préciser que Freud considère qu'une telle « synthèse » au niveau collectif est radicalement « impossible ».

C'est la raison pour laquelle il tente de nous convaincre que ces deux tendances restent toujours en contradiction -- c'est-à-dire que la sociabilité et l'insociabilité sont toujours en train de se contredire. Et dans un tel cadre, le « sentiment de culpabilité » est en quelque sorte un « effet » de la manifestation de cette non-conciliation. D'une certaine manière, l'anthropologie freudienne favorise une conception de « finitude » contre la toute-puissance de la machine idéaliste qui est la philosophie politique.

Dans l'interprétation qui est la nôtre, nous essayons de montrer que la pensée freudienne est une démonstration rigoureuse de ce « mixte » fondamental et de l'« ambiguïté » inhérente au troisième terme en tant que synthèse -- c'est la logique de « ni… ni » et d'« à la fois… » qui est au cœur de cette ambivalence.

Pour le dire concrètement, il y a deux puissances contradictoires qui se situent au niveau individuel et au niveau collectif : l'une comme une force de « lier » (« liaison ») et l'autre comme une force de « délier » (« déliaison »). Pourtant, ces deux tendances antipodales ne font qu'une et appartiennent à une même source qui est la sexualité. C'est aussi le dualisme pulsionnel chez Freud après le tournant de 1920 : la « pulsion de vie » et la « pulsion de mort ». À cause de l'imbrication des pulsions et de la source commune, ce qui rend la vie en commun possible est ce qui la rend impossible. L'individu est toujours déchiré par deux forces antinomiques — l'une vers la communauté et l'autre vers la solitude. Ainsi Freud réalise-t-il le summum de la pensée moderne : l'ambiguïté de « (n') est » dans la formule de « l'homme (n')est un animal politique » est portée au maximum.

Pour terminer, la pensée freudienne est en quelque sorte une « aberration » pathologique par laquelle nous pouvons saisir la « normalité » de la philosophie politique occidentale. Comme la philosophie de Nietzsche, la pensée de Freud est un symptôme révélateur de la philosophie politique. C'est à cause de cette pensée symptomatique que nous pouvons enfin dépasser l'horizon moderne vers l'âge contemporain.

DEUXIÈME SECTION
La véritable « réalité psychique » du lien social

Pour Freud, l'essence de l'homme est radicalement apolitique ou plus justement elle est donnée « avant » « LA » politique. Cette partie de l'humanité est nommée comme la « pulsion ».

Ce qui est avant la société, ce n'est pas l'inconscient, mais c'est *la structure pulsionnelle de l'être humain pensée comme universelle.* Quand il cherche à expliquer le phénomène de l'agressivité au niveau de l'État et de l'individu, dans *Considérations actuelles sur la guerre et sur la mort* (1915), il refuse de le comprendre par la moralité et il nous enseigne que la « pulsion » est en dehors des jugements humains -- c'est-à-dire qu'elle est par-delà le bien et le mal au sens social :

« *En vérité, il n'y a aucune « extermination » du mal. La recherche psychologique – dans un sens plus strict, la recherche psychanalytique – montre tout au contraire que l'essence la plus profonde de l'homme consiste en motions pulsionnelles qui sont de nature élémentaire, qui sont identiques chez tous les hommes et tendent à la satisfaction de certains besoins originels. Ces motions pulsionnelles ne sont en soi ni bonnes ni mauvaises. Nous les classons comme telles, elles et leurs manifestations, en fonction de leur rapport avec les besoins et les exigences de la communauté humaine. Nous admettons que toutes celles qui sont condamnées par la société comme mauvaises [...]font partie des motions primitives.* [88]»

C'est par cette voie « méta-psychologique » qu'il poursuit son explication de la genèse de la pulsion sociale qui n'est qu'une transfiguration de la pulsion à la fois « pré-social » et « insociable ». Mais avant d'entrer dans les détails d'une analyse des destins collectifs des pulsions non sociales, il faut comprendre la conception anthropologique chez lui.

Pour Freud, au commencement, l'être humain est une Totalité sans l'extériorité. L'homme est donc radicalement un

---

[88] Freud, CAGM, p 19.

être sans-rapport avec le Monde extérieur. C'est à partir de cette antériorité de « Moi-totalité » et de « sans-rapport » qu'il va expliquer l'apparition de l'« objet » et du processus de « différenciation ». C'est pourquoi il dit qu'« *à l'origine le moi contient tout, ultérieurement il sépare de lui un monde extérieur*[89] ».

Ensuite, pour le père de la psychanalyse, ce qui se présente au début se perpétue sans perte dans l'inconscient — certes non sans métamorphose. C'est l'hypothèse psychanalytique de la « conservation intégrale » dans l'inconscient de ce qui se passe. Par conséquent, il est logique et légitime de dire que l'état originaire de Moi -- c'est-à-dire un Moi sans rapport et comme Totalité -- ne disparaît jamais et que ce Moi solitaire coexiste avec le Moi différencié. C'est pourquoi il poursuit cette thèse de « Moi-Tout » en disant que :

« *Notre actuel sentiment du moi n'est donc qu'un reste ratatiné d'un sentiment beaucoup plus largement embrassant, et même... embrassant tout [...] S'il nous est permis de faire l'hypothèse que ce sentiment du moi primaire s'est conservé -- dans une plus ou moins grande mesure – dans la vie d'âme de nombreux hommes, il se juxtaposerait, comme une sorte de pendant, au sentiment du moi qui est celui de la maturité, dont les frontières sont plus resserrées et plus tranchées, et les contenus de représentation qui lui conviennent seraient précisément ceux d'une absence de frontières et ceux d'un lien avec le Tout* [90]».

À titre de conséquence, l'être humain dans la pensée freudienne est dès le début un animal radicalement asocial et sans aucun rapport avec les autres hommes. Et cet état de nature — si l'on puisse dire, se conserve et se juxtapose avec tous les développements ultérieurs. En d'autres termes, l'homme est un animal non-politique et il reste un animal non-politique[91].

---

[89] Freud, MC, p 9.

[90] Ibid.

[91] En fait, il est plus juste de nommer un animal « anti-politique » qu'un « animal apolitique », car l'apparition de l'objet et du monde extérieur est contemporaine des manifestations de la « haine ». Chez Nietzsche, c'est plutôt le fait que l'homme dans l'état originaire est étranger à la politique, alors que

Comme dans la théorie du contrat social, si l'on raisonne à partir de l'hypothèse d'un animal non-politique, il faut impérativement expliquer le problème de l'« accès » dans la politique. C'est ce que Freud va tenter d'expliquer.

---

chez Freud, c'est une tendance de la « haine », souvent sous forme d'agressivité, qui est mise en relief.

TROISIÈME SECTION
La « pulsion sociale », un « devenir – social »

Dès la première ligne de *Psychologie des foules et l'analyse du moi*, Freud récuse le dualisme entre l'« individu » et la « foule » :

« *L'opposition entre la psychologie individuelle et la psychologie sociale, ou psychologie des foules, qui peut bien à première vue nous paraître très importante, perd beaucoup de son acuité si on l'examine à fond.* [92]»

La position freudienne n'est pas facile à saisir, car il y a à la fois une double négation et une double affirmation qui sont intrinsèquement liées. Double négation : *il n'y a ni un « inconscient collectif » ni une « pulsion sociale ».* Double affirmation : *l'inconscient est de part en part collectif et la pulsion sociale existe.*

S'il a démenti la distinction entre la psychologie individuelle et la psychologie collective, c'est à cause du fait qu'il conteste catégoriquement l'hypothèse d'un « inconscient collectif », car l'inconscient est de part en part collectif :

« *Il ne nous est pas facile de transposer les concepts de la psychologie de l'individu à la psychologie des masses, et je ne crois pas que nous arrivons à un résultat en introduisant le concept d'un inconscient « collectif ». Le contenu de l'inconscient est en effet collectif dans tous les cas, propriété générale des êtres humains.* [93]»

En termes concrets, au niveau du domaine social, Freud récuse à la fois « *la psychologie des peuples* » de Wilhelm Wundt et l'« *inconscient collectif* » de Jung. La méthode

[92] Freud, PFAM, p 137.

[93] Freud, *L'homme Moise et la religion monothéiste*, éd. Gallimard, Paris, 1986, p 237. Souligné par nous.

Nous avons évoqué que l'inconscient n'est pas une notion « non-politique », car il est et reste toujours une notion « collective ». Jacques Lacan disait que : « *Je ne dis même pas la politique c'est l'inconscient, mais tout simplement l'inconscient c'est la politique* ». Cf : *De la politique dans* Le Malaise *au malaise de la politique*, p 133. Ce texte vient d'un séminaire inédit intitulé : *La logique du fantasme*.

freudienne est révolutionnaire : *il faut penser le « collectif » à partir de perspective individuelle*[94]. Comme le remarque fort pertinemment Paul-Laurent Assoun, il s'agit de « *redéfinir le moment collectif à travers le « point de vue » du sujet inconscient. [...] au lieu de quelque « inconscient des peuples » ou d'un « inconscient collectif », il va s'agir de ressaisir le collectif par la logique du symptôme, découverte sur le plan « individuel ».*[95] »

Il faut souligner tout de suite que cette thèse révolutionnaire ne nie absolument pas l'existence de collectivité, mais elle nie qu'il y ait une collectivité en soi ou absolument autonome. Il en va de même dans le cas de la « pulsion sociale ». La pulsion sociale existe, mais elle n'est pas un en-soi originel. C'est pourquoi P.L. Assoun nous explique que :

« ***il n'y a pas de pulsion sociale en soi*** *– thèse essentielle de l'épistémologie freudienne des sciences sociales* [96]».

Autrement dit, « *Freud est formel sur ce point – et nous tenons là la thèse fondamentale à l'adresse de la psychologie sociale : l'idée d'une « pulsion sociale » autonome [...] n'est pas fondée.*[97] »

C'est la raison pour laquelle, dans la fin de l'*Introduction* de *Psychologie des foules et l'analyse du moi*, il nous indique que :

« *L'opposition entre les actes psychiques sociaux et narcissiques [...] se situe donc exactement à l'intérieur même du domaine de la psychologie individuelle et n'est pas de nature à séparer celle-ci d'une psychologie sociale ou psychologie des foules.* [98]»

Cela veut dire que l'investissement de Soi et l'investissement d'Autrui ne sont forcément pas contradictoires. Il y a

---

[94] En fait, c'est un point extrêmement important et un point commun chez les trois penseurs d'immanence : Nietzsche, Freud et Laruelle – chacun à sa manière, bien entendu.

[95] P.L. Assoun, *Freud et les sciences sociales : psychanalyse et théorie de la culture*, éd., Armand Colin, Paris, 2008, p 65.

[96] Ibid., p107.

[97] Ibid., p106.

[98] Freud, PFAM, p 138.

même un lien plus qu'étroit entre la pulsion sociale et la pulsion narcissique.

Mais si la pulsion sociale existe et si elle n'est pas originelle -- c'est-à-dire elle n'est pas première, mais secondaire et dérivée, quelle est la mécanique de la transformation entre la pulsion non-sociale et la pulsion sociale ? Pourquoi il y un lien intime entre la pulsion sociale et l'énergie narcissique ? En réalité, cette charnière est l'« érotisation ».

Comme nous l'avons déjà indiqué, à l'origine, le Moi se pense comme un Tout sans rapport. Mais ce narcissisme primaire et illimité ne dure pas et il doit subir la loi de castration. En d'autres termes, il faut passer du « principe du plaisir » au « principe de réalité ». Et cela veut dire que le « Moi – Tout » confronté à la réalité est condamné à se modifier et que ce « narcissisme illimité » n'est pas praticable sous la menace d'abandon d'amour et de castration. La seule issue possible est l'« érotisation » de la pulsion interdite si bien qu'elle peut se renverser en son contraire.

L'exemple révélateur est l'agressivité de l'enfant contre son petit frère (puisque Freud considère la pulsion sociale comme un phénomène « homosexuel » -- on reviendra sur ce point plus tard). La haine de l'enfant envers son frère n'est pas réellement praticable compte tenu de la force de l'interdit des parents et c'est pourquoi le seul et le meilleur moyen est de transformer cette « haine » en un « amour ». Autrement dit, l'enfant doit « sexualiser » cette libido agressive et non-sociale en « amour » de son frère (c'est là le prototype de l'amour du prochain). Donc, en dehors de facteurs externes comme l'éducation et la civilisation, c'est la cause interne qui est déterminante :

« *L'influence exercée sur les pulsions mauvaises — disons égoïstes — par l'érotisme, besoin d'amour de l'homme pris dans son sens le plus large, constitue le facteur interne. <u>Du fait de l'adjonction des composantes érotiques, les pulsions égoïstes se changent en pulsions sociales</u>. On apprend à voir dans le fait d'être aimé un avantage qui permet de renoncer à tous les autres.* [99]»

---

[99] Freud, CAGM, p 20-21. Souligné par nous.

En fait, que la relation sociale vienne d'une érotisation n'est visible que lors qu'un cas pathologique. Dans *Le président Schreber*, œuvre capitale dans sa pensée politique, Freud est ferme sur ce point – la relation inter-humaine provient d'une pulsion originellement sensuelle :

« *Tant qu'un psychisme, en fonctionnant normalement, nous interdit de plonger notre regard dans ses profondeurs, nous pouvons être en droit de douter que les rapports affectifs de l'individu à son prochain, au sein de la vie sociale, aient la moindre relation, du point de vue actuel ou génétique, avec l'érotisme. Mais le délire met régulièrement cette relation en lumière et ramène le sentiment social à sa racine, laquelle plonge dans un désir grossièrement érotique.* [100]»

Nous pouvons donc conclure que le « social » est, dans un certain sens, une « érotisation » ou une « sexualisation » de l'« a-social ».

Toutefois, ce n'est qu'une moitié de la vérité. Freud tente également de démontrer que non seulement la pulsion sociale vient d'une transformation érotique de la pulsion non-sociale, mais la pulsion sociale est par nature une pulsion « homosexuelle masculine » :

« *Le stade du choix hétérosexuel de l'objet une fois atteint, les tendances homosexuelles ne sont pas, comme on pourrait s'y attendre, supprimées ou arrêtées, mais simplement détournées de leur objectif sexuel et employées à d'autres usages. Elles se combinent alors avec certains éléments des pulsions du moi, afin de constituer avec eux, à titre de composantes « par étayage », les pulsions sociales. C'est ainsi que les tendances homosexuelles représentent la contribution fournie par l'érotisme à l'amitié, à la camaraderie, à l'esprit de corps, à l'amour de l'humanité en général. On ne saurait deviner, d'après les relations sociales normales des hommes, de quelle importance sont vraiment ces contributions dérivées d'une source érotique, d'un érotisme inhibé quant à son but sexuel. Mais il convient, à ce propos, de remarquer que ce sont*

[100] Freud, *Le president Scheber*, in *Cinq psychanalyses*, tr. Marie Bonapart et Rudolph M. Loewenstein, éd., PUF, 1985, p 305.

justement les homosexuels manifestes, et, parmi eux précisément, ceux qui combattent en eux-mêmes la tendance à exercer leur sensualité, qui se distinguent en prenant une part tout spécialement active aux intérêts généraux de l'humanité, à ces intérêts dérivés d'une sublimation de l'érotisme ». [101]»

On sait que cette découverte découle d'une méthode typiquement psychanalytique : c'est à partir du cas « pathologique » que l'on saisit le sens ou la vérité de la « normalité ». Il en va de même ici : dans le cas du *Le président Schreber*, il effectue une analyse profonde en montrant que le symptôme de la « paranoïa » se produit afin de contrer la tendance de « dé-érotisation » de la pulsion sociale et cela veut dire que la pulsion originelle tente de se manifester comme telle -- c'est-à-dire comme une pulsion « homosexuelle ».

Or il faut saisir cette thèse étonnante à partir de l'origine de l'être humain pour comprendre la cohérence logique de la pensée freudienne. Dans l'analyse de l'homosexualité, l'essentiel de l'explication freudienne est le fait que ce phénomène est une transformation de l'« amour de soi » (en gros, le garçon s'identifie à la mère qui aime le petit garçon, donc son choix d'objet est forcément un être avec pénis). Et cet « amour de soi » est par nature une manifestation narcissique. Par conséquent, puisque le moi originaire se présente comme un narcissisme sans mesure et que cet état de nature ne disparaît jamais -- c'est-à-dire qu'il est superposé par le Moi différencié dirigé par le principe de réalité, cette couche psychique qui est homosexuelle et narcissique persiste et tente de se manifester. Bref, la pulsion sociale est un devenir-social de la libido narcissique et homosexuelle.

Nous devons, dans ces conditions, rappeler ce que nous avons souligné : la méthode freudienne consiste à comprendre le collectif à partir du point de vue de l'individu (mieux encore : du point de vue du « sujet d'inconscient »). P. L. Assoun a justement expliqué cette dialectique entre l'individu et la

---

[101] Ibid., p 306-307.

société : il faut comprendre la pulsion sociale comme « *le destin « idéalisant » de la libido* ***via*** *le « social* ». [102]»

À l'appui de tout ce qui précède, nous pouvons comprendre partiellement pourquoi nous soulignons l'importance de l'ambiguïté dans la pensée freudienne. À savoir que l'individu oscille durant toute sa vie entre les deux pôles opposés : le Moi – Tout et le Moi différencié, le principe de plaisir et le principe de réalité, la pulsion auto-érotique et la pulsion sociale et éventuellement l'amour et la haine.

Comme nous avons brièvement évoqué, le Moi comme la totalité et comme le narcissisme sans limites se manifeste souvent par une agressivité contre le monde extérieur et contre l'objet. Mais même si la transformation érotique de cette haine en amour est favorisée par les parents et par la culture, le partage entre ces deux formes n'est pas tranquille. Si la formation sociale dépend fondamentalement du travail d'investissement érotique d'une pulsion narcissique, la pulsion sociale peut toujours régresser à sa forme antérieure en dés-investissant l'objet social. Et n'oublions pas que le travail d'érotisation et de sublimation doit être compris comme « quantifiable » -- c'est-à-dire comme ayant la possibilité d'augmenter et de diminuer. Ce travail est en tout cas « partiel », donc « instable » et « non-définitif ». Tout cela conduira à une thèse de l'instabilité inhérente à toutes les sociétés dans *Le malaise dans la culture* -- -on l'examinera plus tard et, pour l'instant, citons un passage de *Totem et tabou* afin de souligner le lien intime entre l'ambiguïté pulsionnelle et la formation sociale :

« *L'ambivalence affective, au sens propre du mot, c'est-à-dire un mélange de haine et d'amour pour le même objet, se trouve à la racine d'un grand nombre de formations sociales* [103]».

En résumé, non seulement il y a un « devenir » de la pulsion apolitique et narcissique, mais ce « devenir social » est intrinsèquement « instable » et « partiel » - principalement à

[102] P.L. Assoun, *Freud et les sciences sociales*, *op.cit.*, p 171.

[103] Freud, TT, p 220.

cause du fait que la libido apolitique et narcissique coexiste ou se superpose à la pulsion sociale.

De plus, après avoir confirmé l'hypothèse de la pulsion de mort, cette thèse du caractère instable et partiel du devenir social sera radicalisée dans *Le malaise de la culture*. C'est l'objectif de notre interprétation des sections suivantes et pour l'instant, nous nous limitons à analyser le destin de la pulsion sociale dans le cas de la « normalité » dans cette section et la section suivante. Donc, dans la quatrième section, nous allons expliquer comment l'Éros joue un rôle de liaison dans l'union sociale et de surcroît, l'ambiguïté inhérente de cette puissance de liaison.

QUATRIÈME SECTION
Le sens d'érotisme de lien social – l'Éros comme une puissance de (dé) lier

La thèse freudienne selon laquelle le lien social vient d'une métamorphose érotique est une originalité inédite dans l'histoire de la philosophie politique. L'ajout du facteur d'« amour » se distingue de la justification traditionnelle. C'est-à-dire que, en dehors de la motivation classique comme la nécessité de coopération et la division du travail, il ajoute le facteur de l'« Éros » :

« *La vie en commun des hommes fut donc doublement fondée, par la contrainte au travail que créa la nécessité extérieure, et par la puissance de l'amour qui ne voulait pas être privé, pour ce qui est de l'homme, de l'objet sexuel trouvé en la femme, pour ce qui est de la femme, de la portion détachée d'elle qu'est l'enfant. Éros et Anankè sont ainsi devenus les parents de la culture humaine*[104] ».

Cette particularité psychanalytique semble à première vue anodine dans la mesure où l'« affectivité » joue un rôle déjà important dans la philosophie politique classique. Cependant, elle implique en fait des conséquences lourdes de signification qui conduira même Freud à reconnaître l'impossibilité de la politique.

En effet, l'Éros comme une puissance de « liaison » est, d'une part, sans limite et sans point final. Le but de cette puissance de « lier » est de créer « *une extension plus vaste du nombre d'hommes englobés dans la communauté* [105]», voire jusqu'à l'unité universelle de tous les hommes. Mais, d'autre part, pour Freud, il est impossible qu'une telle totalité soit atteinte : si l'on pense le lien social à partir de l'Éros, la totalité ne peut pas se fermer. La raison est même immanente à la nature de l'Éros.

En fait, sans introduire la pulsion de mort dans le domaine social, l'Éros a lui-même un aspect de déliaison -- la puissance

---

[104] Freud, MC, p 43.
[105] Ibid.

d'Éros est fondamentalement amphibologique. Nous pouvons même dire que *l'Amour ou la puissance d'Éros est ce qui rend la vie en commun à la fois possible et impossible.* Eugène Enriquez a profondément raison de dire que « *ce qui est à l'origine de l'instauration du lien social est cela même qui conduit à sa dissolution ou à sa destruction.* [106]». Pour le dire encore une fois, si l'Éros est le fondement de la culture, le même Éros est aussi une puissance de destruction contre cette vie sociale.

On sait que la pulsion sociale « existe » à condition qu'elle soit le résultat d'une opération réussie qu'est l'« érotisation » de la pulsion asociale. Le succès culturel dépend essentiellement de la réussite de cette opération de la « sublimation ». Néanmoins, ce qui se présente dans le début persiste toujours ultérieurement. Et l'Amour est originellement un état de l'Un/Tout/In-différence et cela veut dire que la sociabilité et la vie inter-humaine sont en quelque sorte une contre-nature de l'être humain. Il y a forcément un « retour de refoulé » ou une « régression » qui risque de se déclencher. C'est pourquoi Freud considère que l'état originel résiste toujours à l'état ultérieur :

« *Le seul mode de vie en commun existant dans l'enfance, celui qui est phylogénétiquement plus ancien, se défend pour n'être pas relayé par le mode culturel acquis ultérieurement.* [107]»

C'est la raison pour laquelle la sublimation est par définition « partielle » et il n'y a jamais une transformation totale. L'union entre la culture et l'amour est par conséquent toujours « incomplète ». À partir de là, la chose se complique et la séparation semble imparable à force de décalage entre l'exigence culturelle et la capacité réelle de chaque individu en ce qui concerne le renoncement pulsionnel :

« *Mais le rapport de l'amour à la culture perd au cours du développement son univocité. D'une part, l'amour s'oppose aux*

[106] E. Enriquez, *De la horde à l'État : essai de psychanalyse du lien social*, éd. Gallimard, Paris, 1983, p 581.

[107] Freud, MC, p 46.

intérêts de la culture, d'autre part la culture menace l'amour de restrictions sensibles. [108]»

En d'autres termes : « *Cette désunion semble inévitable* [109]».

Cette altérité immanente à la puissance érotique de liaison est incarnée par le *Féminin*. Il est littéralement une puissance de « dé-construction » immanente à l'Éros -- c'est-à-dire qu'il s'oppose à la partie de liaison de l'Éros :

« *les femmes entrent bientôt en opposition avec le courant de la culture et déploient leur influence retardatrice et freinatrice, ces mêmes femmes qui, au début, par les exigences de leur amour, avaient posé les fondements de la culture* [110]»

Il ne faut pas néanmoins comprendre « le Féminin » comme une désignation biologique, car Freud évoque tout de suite la thèse de la « bisexualité » en disant que « *l'être humain lui aussi est un animal à la prédisposition bisexuelle sans équivoque. [...] La sexuation est un fait biologique qui [...] est psychologiquement difficile à saisir.*[111] »

En conséquence, il y a une partie de l'Éros qui fonctionne comme une puissance « *retardatrice et freinatrice* » qui contre-agit cette exigence de la culture ou tente de contrarier le versant liant d'Éros. Cette partie est immanente à tous les êtres humains : y compris le genre masculin.

Donc, le « Féminin » est un nom générique et non-biologique pour désigner une partie « rebelle » par rapport à la formation collective. Freud a déjà souligné que la « femme » est celle qui symbolise la proximité à « la » pulsion -- c'est-à-dire l'état originaire de l'homme. Nous devons en conséquence comprendre la disparition de la fonction univoque de l'Éros à partir d'une double raison : d'une part, à cause de la persistance de l'état originel de l'être humain (le Moi comme une totalité sans rapport et comme un narcissisme absolu) et, d'autre part, à cause du décalage entre l'exigence de renoncement pulsionnel

---

[108] Ibid., p 45.
[109] Ibid.
[110] Ibid., p 46.
[111] Ibid., note 2, p 48.

de la part de la Culture et de la capacité restreinte de sublimation de l'être humain.

Pour le dire avec P. L. Assoun, l'argument freudien revient à dire que :

« *Point capital : la Femme, comme pôle de l'Éros proprement dit, a une action limitative, voire « désagrégeante », par rapport à ces « agrégats » sociaux compacts que constituent les « foules d'hommes » et permet par là même une « réalisation » sur le plan de la « civilisation » qui fait contrepoids à la reproduction de la « jouissance sociale ».* [112]»

Le « Féminin » est une puissance d'altérité par rapport à l'exigence de la Culture. Le fait que « *là où intervient la sublimation, la féminité renverrait à l'Éros* [113]» signifie que « *la féminité [...] incarne l'**envers** de la Kultur.* [114]»

Au bout du compte, l'Éros, la Mère de la civilisation, est aussi celle qui dévore son propre enfant – pourrions-nous dire. Si la psychanalyse soutient que la société est fondée sur l'amour, l'Éros est ce qui rend la société possible et ce qui la rend impossible.

À l'appui de ce qui est avancé, disons que la pensée psychanalytique est d'une certaine manière un « glas » de la croyance optimiste au discours de la philosophie politique. La puissance de la machine idéaliste de la philosophie politique a une limite immanente. Et Freud essaye de nous convaincre que cette limite est incommensurablement plus considérable que les philosophes ne veulent le reconnaître. Mais jusqu'à présent, au niveau théorique, le père de la psychanalyse ne nous a pas encore dévoilé toutes les armes de son arsenal. Cela veut dire qu'il y a autres raisons pour lesquelles Freud juge que tous les projets philosophico-politiques sont en soi une mission impossible.

---

[112] P.L. Assoun, *Freud et les sciences sociales*, *op.cit.*, p 198.

[113] Ibid., p 194.

[114] Ibid., p 193.

CINQUIÈME SECTION
La pulsion de mort comme une puissance de délier

Selon la dernière typologie freudienne, il y a un dualisme de « la pulsion de vie – la pulsion de mort », c'est-à-dire « Éros » et « Thanatos ».

Ce que nous avons analysé ne concerne que la pulsion de vie. On sait que cette pulsion de vie a pour fonction de relier les hommes les uns avec les autres et ainsi tenter d'agrandir la communauté. Nous avons également expliqué que, par l'idée de « Féminin », ce processus a une limite intrinsèque. Mais à la rigueur, cette autre face de l'Éros n'est pas une puissance de « délier », puisqu'elle ne fonctionne que comme « *une clause d'arrêt* ». En d'autres termes, en ce qui concerne la déliaison, le Féminin immanent à l'Éros est plutôt une « négation » de la « liaison », mais ce n'est pas encore une « *production* » proprement dite de la déliaison. C'est dans ce sens « positif » de déliaison que nous interprétons la pulsion de mort.

D'après nous, la découverte de la pulsion de mort est intimement liée au « narcissisme » et à l'idée de « *Hilflosigekeit* ». Car la pulsion de mort est malgré tout une idée d'un retour à l'« origine » au niveau biologique (l'arrêt de toutes les tensions pour un vivant). Donc, même si la pulsion de mort est une « exigence spéculative » pour Freud, c'est avant tout une hypothèse « anthropologique » de l'être humain. Approfondissons cette phrase bien connue d'« *Au-delà du principe de plaisir* » : « ***le but de toute vie est la mort*** *et, en remontant en arrière,* ***le non-vivant était là avant le vivant.*** [115]»

En ce qui concerne la pulsion de mort, ce qui est difficile à trancher, ce n'est pas sa « fonction », mais son « statut théorique » au sein de la théorie de la pulsion chez Freud. De notre part, en allant dans le sens de Freud, nous proposons de comprendre le « statut » de la pulsion de mort à partir du schéma proposé par J. Laplanche, alors que nous trouvons que

---

[115] Freud, *Au-delà du principe de plaisir*, in *Essais de psychanalyse*, *op.cit.*, p 91.

André Green a pertinemment expliqué la « fonction » propre de la pulsion de mort.

D'abord, remarquons que Freud a toujours refusé de poser une autonomie de la pulsion d'agression comme c'est le cas chez Adler. C'est-à-dire qu'il n'y a pas de « pulsion d'agression » proprement dite et qu'il n'y a que le « devenir-agressif » immanent à toutes les pulsions. Sur ce point, le texte le plus explicite est le suivant :

« *Alfred Adler [...] a récemment exprimé l'idée que l'angoisse est engendrée par la répression de ce qu'il appelle l'« instinct d'agression » [...] Et cependant, je n'ai jamais pu acquiescer à cette manière de voir et je la considère comme une généralisation trompeuse. Je ne puis me résoudre à admettre un instinct spécial d'agression à côté des instincts déjà connus de conservation et sexuels, et de plain-pied avec eux. Il me paraît qu'Adler a mis à tort comme hypostase d'un instinct spécial ce qui est un attribut universel et indispensable de tous les instincts, justement leur caractère « instinctif », impulsif, ce que nous pouvons décrire comme étant la capacité de mettre la motricité en branle. [...] je préfère m'en tenir provisoirement à notre conception actuelle, qui laisse à chaque instinct sa propre faculté de devenir agressif*[116] ».

C'est la raison pour laquelle J. Laplanche estime que « *Du point de vue « énergique », Freud s'est toujours refusé à postuler une « destrudo », soit une énergie propre aux pulsions de mort* (Le moi et le çà). *Le dualisme pulsionnel devrait donc être concilié avec un monisme énergique, celui de la libido.* [117] »

C'est justement à partir de ce constat que J. Laplanche développe son hypothèse selon laquelle la pulsion de mort est la « pulsion *sexuelle* de la mort ».

---

[116] Freud, *Analyse d'une phobie chez un petit garçon de 5 ans (Le petit Hans)*, in *Cinq psychanalyses*, *op.cit.*, p 192-193. Souligné par nous.

[117] J. Laplanche, *La pulsion de mort dans la théorie de la pulsion sexuelle*, in *la pulsion de mort*, éd., PUF, 1986, p 21. Cet article est aussi recueilli dans *La révolution copernicienne inachevée : 1967-1992*, éd., PUF, Paris, 2008, p 273-286.

En termes concrets, il tente de saisir la pulsion de mort comme une partie « non-liée » de la libido qui est par nature sexuelle. Dans ce contexte, l'« Éros » n'est pas l'équivalent de la « sexualité ». L'expression de la « sexualité » n'est pas homologable à l'« Éros ». Le terme de la « sexualité » englobe, selon lui, la « pulsion de vie » (« Éros ») d'un côté et de l'autre, la « pulsion de mort » (Thanatos). C'est pourquoi il nous explique la distinction entre l'Éros et la sexualité en précisant que :

« *Éros est ce qui veut maintenir, préserver et même augmenter la cohésion et la tendance synthétique de l'être vivant comme de la vie psychique. Alors que, depuis l'origine de la psychanalyse, la sexualité était par essence hostile à la liaison, principe de « dé-liaison » ou de déchaînement qui ne trouvait à se lier que par l'intervention du moi, ce qui apparaît avec Éros c'est la* ***forme liée et liant*** *de la sexualité*[118]»

Par contre, la pulsion de mort est, ajoute-t-il, « *une sorte d'anti-vie comme sexualité, jouissance, négatif, compulsion de répétition.*[119] »

Pour exprimer les choses synthétiquement, l'« Éros » est la sexualité sous forme d'énergie liée et la « pulsion de mort » est la sexualité sous forme d'énergie non-liée :

« ***Les pulsions sexuelles de vie*** *fonctionnent selon le principe de l'énergie lié (principe de constance) ; leur but est la synthèse, le maintien ou la constitution d'unités et de liens ; elles sont conformes au moi ; leur objet-source est un objet « total », régulateur.* ***Les pulsions sexuelles de mort*** *fonctionnent selon le principe de l'énergie libre (principe du zéro) ; leur but est la décharge pulsionnelle totale, au prix de l'anéantissement de l'objet ; elles sont hostiles au moi qu'elles tendent à déstabiliser ; leur objet-source est un aspect clivé, unilatéral, un indice d'objet.*[120] »

---

[118] J. Laplanche, *Vie et mort en psychanalyse*, *op.cit.*, p 187.

[119] Ibid.

[120] J. Laplanche, *La pulsion de mort dans la théorie de la pulsion sexuelle*, *op.cit.*, p 23.

Et ces deux formes d'agencements possèdent une source énergique commune : « *Cette opposition ne se conçoit cependant que sur la base d'une énergie libidinale commune.*[121] »

Néanmoins, même si le statut de la pulsion de mort chez A. Green n'est pas compatible avec ce qui vient d'être expliqué chez J. Laplanche, les définitions de ces deux pulsions et leurs fonctions différentes restent les mêmes. Selon nous, A. Green a très bien saisi la « pulsion de vie » et « la pulsion de mort » par la perspective de « lier- délier » et son explication est particulièrement utile pour nous.

Or A. Green comprend ces deux pulsions par l'angle de « puissance » au sens relativement proche de la philosophie classique (par exemple Spinoza, Nietzsche). Alors que J. Laplanche définit la pulsion de mort à la manière relativement « négative » et « marginale », car la pulsion de mort est pensée comme un « reste » non-approprié par rapport à l'Éros. C'est la raison pour laquelle nous voulons présenter les explications d'A. Green pour mieux appréhender la fonction et l'agencement de ces deux pulsions.

Pour lui, le dualisme entre la « pulsion de vie » et la « pulsion de mort » doit être saisi à partir de la fonction d'« investissement » – notamment à travers l'« objet » -- sous les deux formes opposées : la puissance de « lier » comme « investir » et la puissance de « délier » comme « désinvestir ». Au sujet de la pulsion de vie, il estime que :

« *la visée essentielle des pulsions de vie est d'assurer une* ***fonction objectalisante****. Ceci ne signifie pas seulement que son rôle est de créer une relation à l'objet (interne et externe), mais qu'elle se révèle capable de transformer des structures en objet, même quand l'objet n'est plus directement en cause. Autrement dit, la fonction objectalisante ne se limite pas aux transformations de l'objet, mais peut faire advenir au rang d'objet ce qui ne possède aucune qualités, des propriétés et des attributs de l'objet, à condition qu'une seule caractéristique se*

[121] Ibid., p24.

*maintienne dans le travail psychique accompli : **l'investissement significatif**.* [122]»

Il conclut par là qu'« *à la limite c'est l'investissement qui est objectalisé.* [123]»

En revanche, la pulsion de mort se manifeste comme une puissance de « déliaison » :

« *À l'opposé, la visée de la pulsion de mort est d'accomplir aussi loin que possible une **fonction désobjectalisante** par la déliaison. Cette qualification permet de comprendre que ce n'est pas seulement la relation à l'objet qui se trouve attaqué, mais aussi tous les substituts de celui-ci – le moi par exemple, et le fait même de l'investissement en tant qu'il a subi le processus d'objectalisantion [...] Mais la manifestation propre à la destruction de la pulsion de mort est le désinvestissement.* [124]»

Ainsi obtiendrait-on deux séries d'agencements : « la pulsion de vie – liaison – fonction objectalisante – l'investissement » et « la pulsion de mort – déliaison – fonction désobjectalisante – le désinvestissement ». Et l'imbrication des deux pulsions signifie que l'un ne peut fonctionner que par rapport à l'autre et qu'il y a toujours une résonance entre ces deux séries.

Il faut néanmoins s'arrêter ici et reculer un peu pour s'interroger sur l'unité de ces deux puissances contradictoires.

On sait que la découverte de la dernière théorie de la pulsion est fondamentalement liée à la découverte du « narcissisme » (*Pour introduire le narcissisme* (1914)). Dans les sections précédentes, nous avons évoqué qu'au début, l'être humain est un Moi/Tout/Plaisir et qu'il y a une identité entre le monde extérieur, l'objet, le mal et la haine. En conséquence, il n'est pas difficile de comprendre qu'il y a une tendance, sans cesse manifestée, de retour et de régression vers cet état de nature. Il

---

[122] A. Green, *Pulsion de mort, narcissisme négatif, fonction désobjectalisante*, in *la pulsion de mort*, *op.cit.*, p 54-55.

[123] Ibid., p 55. Il est intéressant de voir cette thèse avec la phrase célèbre de Deleuze : « *Le désir ne manque rien, il ne manque pas de son objet* ». Gilles Deleuze et Felix Guattari, *L'Anti-Œdipe*, éd. Minuit, Paris, 2002, p 34.

[124] Ibid.

y a un lien très intime entre la « pulsion de mort » (le retour à l'origine non-vivante) et le « narcissisme ». C'est pourquoi A. Green voit ici la preuve qu '

« *il* [Freud] *parle du narcissisme primaire* ***absolu****. Cette figure est pour moi l'image même du désinvestissement ; je la rattache à la pulsion de mort* [125]»

Autrement dit, A.Green comprend la pulsion de mort comme « ***un narcissisme négatif*** [126]». Il en va de même pour la pulsion de vie et l'on peut faire un lien entre la pulsion de vie et le narcissisme. Si bien qu'en fin de compte, il parle du « *narcissisme de vie, narcissisme de mort* [127]». Bref, les deux séries d'agencements pulsionnels viennent d'une même source d'immanence qui est le « narcissisme ».

Sur la base des principes que nous venons d'expliquer, nous voudrions tirer deux conséquences : (1) la « sexualité » est la source de deux puissances opposées et le cœur de cette sexualité humaine est un Moi/Tout/Plaisir qui est radicalement un « non-rapport » ; (2) la sexualité détermine d'une manière « narcissique »la formation de l'objet - c'est-à-dire que la puissance de lier (le « narcissisme de vie ») et celle de délier (le « narcissisme de mort ») sont deux formes de manifestation du Moi/Tout/Plaisir.

Nous pouvons appliquer cette explication dans le domaine social. La pulsion de vie est l'énergie propre de toutes sortes de liens (sociaux) et c'est cette pulsion qui anime l'opération de la sublimation et le jeu de l'identification. Alors que la pulsion de mort est une puissance de « dé-lier » et que, ce qu'elle attaque, c'est non seulement l'« objet » de lien, c'est-à-dire l'attachement à un groupe, à une nation ou à un état… etc., mais aussi, selon A. Green, le « lien » en tant que tel. En somme, l'homme peut « investir » et « désinvestir » le « Socius ».

Or l'ensemble de l'explication freudienne est une révolution. Il a d'abord défini le lien social comme une manifestation d'Éros ou comme une formation érotique. Puis, la sexualité se

---

[125] A. Green, *La pulsion de mort*, *op.cit.*, p 85.
[126] Ibid., p56.
[127] A. Green, *Narcissisme de vie narcissisme de mort*, éd., Minuit, Paris, 1983.

manifeste sous deux formes opposées – l'un (Éros) comme une force de lier et l'autre (Thanatos) comme comme une force de délier. Il faut reconnaître qu'il y a peu de penseur — sinon personne -- qui tentent d'élaborer un principe de « désunion », de « déliaison » ou de « dissociation » au sein de la philosophie politique où les questions majeures sont « quel lien ? » « quelle est la nature de ce lien ? » « il y a une autre forme d'association possible ? »… etc. Si la philosophie politique est une explication de la raison de rester dans la politique, Freud est le premier qui pense le phénomène politique à partir d'un angle inverse. Avec la notion de « pulsion de mort », il touche le « point aveugle » commun à toutes les philosophes politiques qui est la problématique de « non-lien », d'« anti-lien » ou de « fuir ». Dans la pensée et l'anthropologie freudienne, on pouvait trouver une source riche pour élaborer une politique de « résistance », voire une pensée de la non-politique.

Ce que Freud a fait, ce n'est pas simplement d'« ajouter » une puissance de « délier » dans une tradition qui est remplie d'analyses des explications des « liens » sociaux. Le pas vraiment révolutionnaire consiste à considérer *tous les phénomènes des rapports des pouvoirs comme une manifestation « narcissique » en dernier ressort*[128]. L'Éros et le Thanatos, la liaison et la déliaison sont des manifestations déterminées en dernière analyse par l'énergie narcissique — le narcissisme proprement dit et le « narcissisme négatif » dont parlait A. Green. C'est là le sens inédit d'immanentisme politique chez Freud. Il n'y a pas de phénomène politique « en soi » et absolument extérieur et indépendant du sujet singulier. C'est là le sens profond de la formule proposée plus haut : « saisir la formation collective à partir du point de vue individuel ». C'est une véritable limitation de la puissance du discours de philosophie politique, dans la mesure où tous les discours de Maître sont reçus à partir d'une couche de résistance. Cela veut dire que même dans le cas de la soumission et de l'obéissance, ces « passivités » sont encore une « activité » narcissique.

[128] En un certain sens, le narcissisme est forcément « social ».

Dans les analyses précédentes, nous avons construit un dualisme entre la « liaison » et la « déliaison » à partir d'une base moniste énergique—la libido/la sexualité/le narcissisme. Il faut maintenant s'interroger à nouveau sur l'articulation au sein de ce « dualisme moniste » ou ce « monisme dualiste ».

Si nous disons que la politique freudienne est une balance instable entre la liaison et la déliaison -- tous les deux sont par nature narcissiques— et que cette balance oscillatoire dépend essentiellement de la constitution de chacun et de leur capacité de sublimation, c'est encore une interprétation simplificatrice. Cette version est encore trop « douce » par rapport à la pensée freudienne. Tout se passe comme si l'on ajoutait une puissance de « délier » à une interprétation traditionnellement dominée par l'explication du lien social et puis l'on « quantifiait » les phénomènes à partir de trio « liaison – déliaison – facteur individuel ». C'est encore une version économiste qui donne une illusion d'un partage tranquille et qui se contente d'une socialisation différenciée. Le problème est que, même si l'on ajoute un vecteur de délier, rien ne change, à condition que cette force de déliaison reste refoulée ou qu'elle ne dépasse pas le seuil toléré par la culture. Cette interprétation n'est pas totalement fausse, mais selon nous, il faut descendre jusqu'à la situation extrême et pathologique pour saisir le sens de cette « normalité ». Nous devons saisir la tension extrême d'une ambiguïté pour comprendre la tranquillité de l'apparence.

Revenons à l'idée de l'origine chez Freud. À propos de cette origine, nous l'avons comprise comme un Moi/Tout/Plaisir ou un narcissisme primaire absolu. C'est un « Un » indifférent et in-différencié. Mais il faut correctement comprendre cette proposition.

Le problème fondamental dans la psychanalyse est que l'origine chez Freud n'est pas l'Un, mais une « Différence » -- plus justement une « Différence comme Un ». Car le Moi/Tout/Plaisir est *immédiatement* rabattu au complexe d'Œdipe. En d'autres termes, *ce Moi non-rapport est immédiatement mis en rapport avec l'Autrui animé par la logique de manque* si l'on comprend l'être humain à partir de l'idée d'« *Hilflosigekeit* ». Mais de l'autre côté, *tous les rapports et tous les objets n'abolissent pas cet état d'origine comme un « non-rapport » ou l'état de l'« anobjectalité ».*

Autrement exprimé : d'un côté, c'est un Moi sans rapport, un narcissisme absolu, un état « an-objectal » et auto-suffisant et de l'autre côté, c'est un Moi de détresse, le besoin de l'Autre pour survivre, la nécessité de rapport et d'objet pour baisser les tensions vitales. De plus, ces deux états se superposent et interagissent : *le Rapport est une opération de « trans-former » le non-rapport et vice-visa.* C'est là l'ultime sens de l'ambivalence freudienne.

Or si l'origine chez Freud n'est pas l' « Un », mais la « Différence », il faut comprendre que c'est un Un qui est déjà divisé. L'Un est immédiatement affecté par une Division, à tel point que nous pouvons considérer cet Un comme l'Un « divisé » ou l'Un différencié. Mieux encore : l'Un différencié avant le mouvement de différenciation.

Il faudrait combiner cette idée d'origine et le dualisme pulsionnel qui viennent d'être dégagés afin de mieux comprendre le sens de la pensée politique freudienne. Pour cela, notre hypothèse interprétative est inspirée par G. Deleuze / F. Guattari. En fait, dans *L'Anti-Œdipe*, ils ne cessent de critiquer le « familialisme » freudien (« papa » - « mama » - « moi »). Par contre, ils proposent de déconstruire ce familialisme en disant que « ***l'inconscient est orphelin*** [129]».

En réalité, cette formule n'a aucun sens dans la pensée de Deleuze, car dans la machine désirante, tout est pensé par le « morceau », « l'objet partiel », les « séries »… etc. L'idée de la « singularité » va bien au-delà du concept d'« orphelin », puisque l'idée de l'« orphelin » est quand même un « objet total »[130].

Ce que les deux auteurs de l'*Anti-Œdipe* n'ont pas compris, c'est le fait que cette critique contre la psychanalyse est une partie intégrale et une pièce indispensable de la psychanalyse.

---

[129] G.Deleuze/ F.Guattari, *L'Anti-Œpide*, *op.cit.*, p 57.

[130] Pour Deleuze, la Mère ou le Père « *n'existent qu'en morceaux, et ne s'organisent jamais dans une figure* ». (*L'Anti-Œpide*, *op.cit.*, p 115). Il en va de même pour l'idée de l'enfant (c'est-à-dire l'« orphelin »).

L'« orphelin », c'est exactement ce que nous avons nommé comme le « Moi/Tout/Plaisir » en tant que « non-rapport ». Pour nous, le mérite involontaire des deux auteurs de l'*Anti-œdipe* est de mettre en relief les deux versants fondamentaux -- mais opposés -- de la psychanalyse — le familialisme *et* l'être humain comme un « orphelin ». Ils n'ont pas su comprendre ces deux tendances paradoxales à travers l'idée de l'« ambiguïté ».

Pour être plus exact, nous faisons l'hypothèse qu'il faut comprendre cette ambivalence constitutive de la psychanalyse qui est *un « familialisme » d'un « orphelin » nommé Œdipe.* Mieux encore : *l'enfant dans la psychanalyse est à la fois « hyper-orphelin » et « sur-parenté ».* C'est là la véritable force et l'ambiguïté de la politique freudienne, le noyau dur de la pensée freudienne, contrairement à toutes les versions douces et légères. C'est pourquoi nous considérons que Freud est le dernier et le plus grand penseur moderne, dans la mesure où il radicalise un héritage typique de la modernité – l'amphibologie entre « l'hyper non-politique » et la « sur-politisation ». La formule moderne de l'« insociable sociabilité » atteint son sommet[131]. Citons donc une phrase de H. Rey-Flaud pour saisir cette ambiguïté :

« *l'homme est déchiré entre deux tendances : d'un côté se constituer « comme un (faire communauté) et d'un autre maintenir les privilèges de l'Un.* [132]»

De surcroît, il faut faire un pas de plus : penser les quatre concepts de l'« impuissance », l'« omnipotence », la « liaison » et la « déliaison » à partir de cette ambivalence entre l'idée d'un Œdipe « hyper-orphelin » et celle d'un Œdipe « sur-parenté ».

Pour finir, nous pouvons aisément conclure qu'il faut traiter la psychanalyse également comme une structure triangulaire – deux termes opposés (impuissance/omnipotence – liaison/ déliaison) avec un troisième terme - la « synthèse » (entre

---

[131] Rappelons le phrase célèbre de Freud : « *l'homme moral n'est seulement beaucoup plus immoral qu'il ne le croit mais aussi beaucoup plus moral qu'il ne le sait.* » Cf., LMÇ, p 296.

[132] H. Rey-Flaud, *Les fondements métapsychologiques de* Malaise dans la culture, *op.cit.*, p 6.

guillemets) — comme une « ambivalence ». Mais la particularité de la version freudienne est que d'une part, le troisième terme n'est plus une synthèse proprement dite, car la dualité pulsionnelle reste toujours une ambiguïté sans être surmonté par un Un-Unité et que d'autre part, le troisième terme en tant qu'ambivalence ne se limite pas à unir et à séparer les deux termes contradictoires, mais il est une synthèse presque « vivante » qui ne cesse d'aggraver l'ambiguïté pulsionnelle. La version freudienne de l'invariant structural de la philosophie politique est si singulière qu'elle mérite une attention particulière.

C'est pour confronter cette originalité de la synthèse freudienne que nous voulons faire une analyse de sa thèse soutenue dans *La malaise dans la culture.*

SIXIÈME SECTION
Le sens et la mécanique du « malaise » dans la culture

En général, les commentateurs ont tendance à dire que *Le malaise dans la culture*, par exemple, « *est et demeure pour la postérité le symbole du pessimisme freudien.*[133]» De plus, leurs interprétations sont relativement homogènes, comme « la culture est une mécanique de renoncement pulsionnel et elle engendre ainsi la névrose ». Cette sorte d'« interprétation » est frustrante de notre point de vue.

En fait, après *Au-delà du principe de plaisir* et *le moi et le ça*, l'« hypothèse » de la pulsion de mort devient une « thèse » dans *Le malaise dans la culture.* Il ne cherche plus à la justifier, mais à tirer la leçon et les conséquences réelles. Donc, nous pouvons maintenant entrer dans la particularité de ce livre – un véritable séisme dans l'histoire de la philosophie politique occidentale.

Dans ce livre, en premier lieu, Freud pose officiellement une « méchanceté naturelle » de l'être humain pour confirmer l'existence de la pulsion de mort en tant que source d'agressivité : la thèse de l'« ***Homo homini lupus*** » :

« *le prochain n'est pas seulement pour lui une aide et un objet sexuel possible, mais aussi une tentation, celle de satisfaire sur lui son agression, d'exploiter sans dédommager sa force de travail, de l'utiliser sexuellement sans son contentement, de s'approprier ce qu'il possède, de l'humilier, de lui causer des douleurs, de le martyriser et de le tuer.* ***Homo homini lupus***. [134]»

De plus, la thèse freudienne d'une agressivité innée est en effet le résultat d'une transformation pulsionnelle. L'agressivité est d'abord une « auto-destruction » avant de s'extérioriser aux autres personnes. Pour le dire avec J. André, « *« L'homme est un loup pour lui-même » serait déjà plus proche de ce qui fait*

---

[133] J. André, *Préface*, in MC, p V.
[134] Freud, MC, p 53-54.

l'originalité de la découverte analytique.[135] » J. Laplanche a pareillement souligné ce point :

« *La mort en question est toujours en premier la* ***mort de l'individu lui-même****, et seulement de façon secondaire la mort infligée à l'autre. [...] Nous insistons ici sur la priorité du temps « auto ».* [136]»

En second lieu, dans ce livre, il reprend la thèse qu'il a toujours soutenue : la culture est fondée par le renoncement des pulsions. Pourtant, il ne faut pas se tromper : Freud ne conteste pas le fait que la culture soit fondée par le renoncement pulsionnel, mais il récuse le fait que la culture exige un « nivellement universalisant » de renoncement de la pulsion sensuelle et de la pulsion d'agression pour tous les sujets concernés :

« *L'exigence d'une vie sexuelle d'une même nature pour tous, qui se révèle dans ces interdits, se place au-dessus des inégalités dans la constitution sexuelle, innée et acquise, des humaines, coupe un assez grand nombre d'entre eux de la jouissance sexuelle et devient ainsi la source d'une grave injustice* [137]»

Or ce sont la pulsion sexuelle et la pulsion d'agression qui sont directement visées. L'exigence culturelle vise « *non seulement à la sexualité, mais aussi au penchant de l'homme à l'agression* [138]». Précisément, le roc de la culture est « l'interdit de l'inceste » et « *Tu aimeras ton prochain comme toi-même*[139] ». Ce dernier précepte n'est, selon Freud, pas fondamentalement différent au précepte d'« *Aime tes*

---

[135] J. André, *Préface* in MC, p XIII.
[136] J. Laplanche, *La pulsion de mort dans la théorie de la pulsion sexuelle*, *op.cit.*, p 13.
[137] Freud, MC, p 47. Dans *La morale sexuelle « civilisée » et la maladie nerveuse des temps modernes*, Freud considère que « *le standard culturel exige de tout le monde la même conduite sexuelle* » comme « *une des injustices flagrantes de la société* ». Cf. *La morale sexuelle « civilisée » et la maladie nerveuse des temps modernes*, *op.cit.*, p 37.
[138] Freud, MC, p 57.
[139] Ibid., p 51.

ennemies[140] » -- c'est-à-dire que les deux formules visent principalement à la pulsion d'agressivité.

Pour Freud, « *Le commandement « Aime ton prochain comme toi-même » est la défense la plus forte contre l'agression humaine*[141] ». Même s'il juge que ce commandement est non seulement « injuste » (« *je commets par là une injustice [...] (je suis injuste envers eux en les mettant sur le même pied que l'étranger* [142]»), « irraisonnable » (« *A quoi bon un précepte à l'allure si solennelle, si son accomplissement ne peut se recommander de la raison ?* », mais « absurde » (« *c'est justement parce que le prochain n'est pas digne d'être aimé et qu'il est plutôt ton ennemi que tu dois l'aimer comme toi-même. je comprends alors que c'est un cas semblable au* ***Credo quia absurdum***. [143]»), cette question reste devant nous : quel est le sens de ce précepte s'il est « injuste », « irraisonnable » et « absurde » ? Autrement posée : pourquoi un tel commandement est-il fondamental pour la culture ?

Or il faut comprendre que dans *Le malaise dans la culture*, Freud maintient la même thèse selon laquelle la culture est fondée sur le renoncement pulsionnel tout en abandonnant l'attitude simplificatrice envers cette découverte. Cela veut dire qu'il abandonne l'attitude critique contre l'exigence culturelle typiquement dans les périodes précédentes. Pourquoi ? Parce que, paradoxalement, même si ce précepte culturel est « condamnable », il est « légitime ».

Il serait plus juste de dire que, si la pulsion de mort existe, la culture ne peut pas faire autrement. Par ces préceptes, même si c'est une opération psychologiquement indésirable, voire impossible, il est par contre *culturellement inévitable* et *socialement nécessaire*. Cette démarche est même *politiquement correcte*, puisque pour contrer ces penchants naturels et tenaces, il faut des stratégies ultra-sévères et hyper-spartiates pour que ce penchant inné et si puissant puisse être désactivé :

---

[140] Ibid., p 52.
[141] Ibid., p 86.
[142] Ibid., p 51.
[143] Ibid., p 53.

« La culture se conduit ici envers la sexualité comme une tribu ou une couche de population qui en a soumis une autre à son exploitation. L'angoisse devant le soulèvement des opprimés pousse à prendre des précautions rigoureuses.[144] »

Il faut logiquement des mesures démesurées et illogiques du point de vue psychologique pour qu'un tel travail soit accompli -- c'est là la tragédie, puisque :

« les mesures extrêmes réussissent mieux que les mesures modérées à s'opposer à la pulsion. La répression va très souvent trop loin [145]»

Pour Freud, non seulement il n'y a pas d'« harmonie » entre l'individu et la culture, mais il n'y a pas non plus quelque possibilité que ce soit de « concilier » la naturalité de l'être humain et l'exigence de la culture. Si les hommes doivent vivre ensemble, cette contradiction entre la nature humaine et la culture devient une « nécessité » que l'on doit subir[146]. Si bien que cette union devient en quelque sorte « tragique ». La relation entre l'homme et la société est en effet un mélange entre l'« indissociabilité » et l'« insoutenabilité » -- un commentateur a parfaitement décrit ce paradoxe :

« les hommes ne peuvent ni supporter la civilisation ni s'en passer : il faut être ensemble/séparément.[147] »

En troisième lieu, le résultat le plus visible de cette union à la fois fatale et effroyable est la « névrose ».

La névrose est le témoignage d'une mission impossible, mais nécessaire à la culture. C'est pourquoi P. L. Assoun nous explique que :

« ce dont le névrosé témoigne, c'est d'une harmonie impossible entre « pulsion » et « civilisation » [148]».

---

[144] Ibid., p 47.

[145] Freud, *La morale sexuelle « civilisée » et la maladie nerveuse des temps modernes*, *op.cit.*, p 41.

[146] Un des fondements de la culture est « Anankè », *« la contrainte de travail »* (MC, p 43) et les individus doivent s'unir et travailler ensemble pour *« la protection de l'homme contre la nature »* (ibid., p 32).

[147] H. Rey-Flaud, *Les fondements métapsychologiques de* Malaise dans la culture, *op.cit.*, p 4.

[148] P. L. Assoun, *Freud et les sciences sociales*, *op.cit.*, p 8.

Il poursuit en précisant que la névrose est un témoin vivant de ce malaise de la culture :

« *Si le névrosé **a** des symptômes, il **est** aussi le symptôme vivant de la culture.* [149]»

De plus, la névrose est un double témoignage : l'impossibilité de la sociabilité *et* l'impossibilité de l'insociabilité. L'on ne peut pas supporter l'exigence de la Culture, mais en même temps l'on ne peut pas vivre en dehors de la communauté et de la culture. En termes de la thèse aristotélicienne, la névrose est à la fois une affirmation et une négation de cette thèse.

Mais, quatrièmement, la vraie particularité de *Le malaise dans la culture* n'est pas l'« existence » de la névrose, mais la « mécanique d'auto-aggravation » de la névrose, après avoir introduit la notion de la pulsion de mort.

Nous avons expliqué que dans la structure triangulaire de la psychanalyse, il y a un « équilibre » entre les deux termes opposés et que le troisième terme chez Freud est l'« ambivalence ». L'existence de la névrose est en fait un « effet » du troisième terme qui est l'ambivalence. Si nous ne cessons de constater ces effets, cela veut dire que l'ambivalence « est » -- même si l'on ne la voit pas.

Il faut souligner que ce troisième terme est aussi l'incarnation d'une synthèse impossible. Son rôle est réduit au minimum puisqu'il ne « syn-thétise » pas proprement dit les deux tendances antipodales : *la sociabilité n'emporte pas sur l'insociabilité et le vice-visa*. Si un terme remportait sur l'autre, il n'y aurait pas de symptôme névrotique. Donc, la névrose est non seulement un malaise de la culture, mais elle est aussi un malaise de la constitution de l'être humain -- notamment l'affectivité ambivalente en ce qui concerne le social.

Mais le plus capital est le fait que cette « synthèse » entre guillemets est un « moteur de convertibilité » qui fonctionne en permanence. C'est là l'originalité décisive de *Le malaise dans la culture*.

[149] Ibid., p 7.

Une fois acquise la thèse de la pulsion de mort, Freud tente de décrire le devenir de cette pulsion de mort au niveau individuel et collectif.

On sait que, dans la psychanalyse, tous les « dedans » viennent de « dehors ». Si, dans le scénario du meurtre du Père, le Moi doit finir par renoncer à ce désir d'agression contre lui, cette agression ne disparaît pas et elle s'intériorise. Elle devient le « surmoi » ou la « conscience morale » :

« *Nous connaissons donc deux origines au sentiment de culpabilité, celle tirée de l'angoisse devant l'autorité et celle, ultérieure, tirée de l'angoisse devant le sur-moi. Le premier sentiment de culpabilité contraint à renoncer aux satisfactions pulsionnelles, l'autre pousse en outre à la punition, étant donné qu'on ne peut cacher au sur-moi la persistance des souhaits interdits. Nous avons vu aussi comment on peut comprendre la sévérité du sur-moi, donc l'exigence de la conscience morale. Elle prolonge simplement la sévérité de l'autorité externe qui est par elle relayée et en partie remplacée.* [150]»

Une fois le surmoi installé, il peut utiliser l'énergie d'agression abandonnée sous la menace de la culture – d'où le sentiment de culpabilité. Autrement dit, sous la pression de l'exigence culturelle et de la loi de castration, même si la pulsion d'agression doit impérativement être renoncée, cette énergie non-satisfaite reste active et elle va se retourner par le surmoi contre le moi. Ainsi se produit le « sentiment de culpabilité » :

« *si une tendance pulsionnelle succombe au refoulement, ses éléments libidinaux sont transposés en symptômes, ses composantes agressives en sentiment de culpabilité.* [151]»

Dans ce cas, c'est le l'autorité parentale et l'autorité surmoïque intériorisées qui exigent le « renoncement pulsionnel » sous la menace de la perte d'amour. Mais la situation s'inverse tout de suite et c'est là la particularité de *Le malaise dans la culture*. Freud estime que « *ces explications ne vont pas jusqu'au fond des choses, qu'elles laissent un reste*

---

[150] Freud, MC, p 70.

[151] Ibid., p 82.

inexpliqué. Et là intervient enfin une idée qui est tout à fait propre à la psychanalyse et étrange au monde de pensée habituel des hommes. [152]»

C'est-à-dire qu'une fois le surmoi installé, c'est le « renoncement pulsionnel » qui engendre et renforce l'autorité surmoïque et la conscience morale et non pas l'inverse :

« *Au début la conscience morale (plus exactement, l'angoisse qui devient plus tard conscience morale) est certes cause du renoncement pulsionnel, mais plus tard le rapport s'inverse. Tout renoncement pulsionnel devient alors une source dynamique de la conscience morale, tout nouveau renoncement en accroît la sévérité et l'intolérance. [...] la conscience morale est la conséquence du renoncement pulsionnel ; ou : le renoncement pulsionnel qui nous est imposé de l'extérieur crée la conscience morale, laquelle exige ensuite un nouveau renoncement pulsionnel.* [153]»

Ce qui se dit aussi de la manière suivante : cette mécanique s'auto-produit et s'auto-renforce comme une spirale infernale. Plus on obéit au commandement de la culture en renonçant à la pulsion hostile, plus on serait « puni », dans la mesure où cette énergie abandonnée va se décharger contre le moi :

« *toute part d'agression que nous abstenons de satisfaire est reprise par le sur-moi et accroît l'agression de ce dernier (contre le moi).* [154]»

Le surmoi se fortifie chaque fois après avoir réussi à faire renoncer l'agression : le surmoi devient de plus en plus fort pour exiger les prochains renoncements toujours plus sévères… Plus on est moral, plus on subit la douleur de renoncement. Et ensuite, plus on subit la douleur du renoncement, plus le surmoi s'accroît et on est obligé de devenir plus moral. En d'autres termes, « *Loin d'être apaisé par le renoncement pulsionnel, il* [le surmoi] *s'en trouve d'autant plus excité, poussant toujours plus avant son avantage. Plus l'homme est vertueux, plus le*

[152] Ibid., p 71.
[153] Ibid., p 71-72.
[154] Ibid., p 72.

surmoi se fait méfiant et torturant. [155]» Il faut aussi souligner que, plus le moi est affaibli et plus le renoncement est douloureux, plus le moi cherche un retour à un état d'origine sans douleur et sans extériorité. C'est un cercle vicieux et c'est presque un facteur « non-» moral qui détermine le degré de la moralité.

Or ce processus a évidemment une fin. En général, cette mécanique s'interrompt quand la pulsion d'agression s'extériorise contre des prochains. Si l'homme est un loup, il doit engloutir quelque chose, le soi-même ou l'autrui. Peu importe l'« objet », l'essentiel, c'est cette impulsion de dévorer.

Les analyses précédentes indiquent alors la chose suivante : l'essentiel du jugement freudien concernant la culture n'est pas l'existence du « sentiment de culpabilité », mais *la mécanique de l'« auto-aggravation » du sentiment de culpabilité*. Mais concernant ce qui est aggravé, il serait réducteur de dire que c'est le symptôme névrotique. De notre point de vue, *ce qui est aggravé, c'est l'ambivalence comme telle*. C'est-à-dire une ambiguïté fondamentale de la modernité jusqu'à Nietzsche : une tendance de vouloir vivre dans la société avec ses semblables et une tendance de débarrasser le fardeau de la vie commune. C'est cette contradiction que nous ne cessons d'évoquer : l'ambiguïté de l' « l'insociable sociabilité » dont parlait Kant - entre une « hyper-apolitique » et une « sur-politisation », entre une tendance « trop-orpheline » et une tendance « sur-parentée »…. etc.

Une seconde aporie vient redoubler la première. Nous avons indiqué que le troisième terme dans la version freudienne de l'invariant triangulaire n'est plus une « syn-thèse », dans la mesure où il n'est pas doué d'un pouvoir de surmonter et d'absorber les deux termes opposés. Sa fonction est minimale. Mais paradoxalement, cette fonction minimale n'est pas aussi un sur-pouvoir maximal ? Parce que le combat entre les deux tendances doit être maintenu en permanence. Pour cela, combien d'énergie faut-il dépenser, au niveau individuel et collectif — afin de maintenir un état de non-conciliation entre

---

[155] J. André, *Préface*, in MC, p XIV.

les deux tendances antinomiques ? Cette mécanique d'auto-aggravation confirme paradoxalement que la place et la puissance de l'Un sont toujours là. Même si le troisième terme se transfigure et qu'il devient invisible, il ne disparaît jamais.

SEPTIÈME SECTION
Une « syn-thèse » impossible

Dans l'interprétation qui est la nôtre, le troisième terme chez Freud est presque vivant et il fonctionne comme une unité auto-englobante. Il n'est pas quelque chose d'immobile, mais de dynamique.

Il faut encore approfondir cette « syn-thèse » freudienne si singulière dans l'histoire des idées politiques. Le créateur de la psychanalyse tire quelques conséquences décisives et parfois très étonnantes.

Le plus important et le plus essentiel est que la « synthèse » sociale si recherchée dans l'histoire de la philosophie politique occidentale est tout simplement quelque chose d'impossible. Autrement dit, une parfaite et harmonieuse union entre l'essence humaine et les institutions politiques n'est qu'une illusion rêvée par tous les philosophes politiques. La toute-puissance du discours politico-philosophique et la croyance idéaliste de la force transformatrice du projet politique ne sont pas sans limites. Non seulement le « noyau dur » de la constitution humaine reste en dernière analyse « étranger » à la politique, mais la vie commune symbolisée par la culture est nécessairement un « forçage » et en quelque sorte une dimension d'« inhumanité » par rapport à l'homme. Une meilleure société sans contrainte et sans cruauté dans l'avenir est tout simplement chimérique :

« *Nous pouvons espérer imposer peu à peu des modifications de notre culture qui assurent mieux la satisfaction de nos besoins et qui échappent à cette critique. Mais peut-être nous familiarisons-nous aussi avec l'idée qu'il y a des difficultés qui sont inhérentes à l'essence de la culture et qui ne céderont à aucune tentative de réforme.* [156]»

C'est la raison pour laquelle Freud démentit l'optimisme du socialisme - en particulier le propos illusoire concernant la propriété privée :

---

[156]Freud, MC, p 58.

« *je suis en mesure de reconnaître en son présupposé psychologique une illusion sans consistance. En supprimant la propriété, on soustrait au plaisir-désir d'agression humaine l'un des ses outils, assurément un outil solide, mais assurément pas le plus solide. Pour ce qui est des différences de puissance et d'influence, dont l'agression fait un usage abusif dans ses visées, on n'y a rien changé, pas plus qu'à l'essence de cette agression.*[157] »

Ce n'est pas tout et le pessimisme ou le réalisme freudien se maintient jusqu'au bout. Il a De plus soutenu que si une révolution sexuelle a lieu, cela ne changera rien à cette situation et l'agressivité sera toujours là :

« *Si l'on supprime aussi ce privilège en libérant totalement la vie sexuelle, si donc on élimine la famille, cellule germinale de la culture, on ne peut certes pas prévoir sur quelles voies nouvelles le développement de la culture peut s'engager, mais on peut s'attendre à une chose : ce trait indestructible de la nature humaine suivra là aussi ce développement.*[158] »

Donc, dans l'univers politique freudien, il n'y aurait jamais une « syn-thèse » proprement dite. En toute rigueur, toutes les synthèses dans la politique sont par nature « partielles » et elles sont par nature « violentes » par rapport à l'essence de l'être humain.

En second lieu, que la totalité sociale ne se ferme pas s'explique encore par un autre point de vue. C'est le problème du « Féminin ». Il est une limite immanente à l'Éros conçu comme une puissance de liaison. C'est-à-dire que la force du Féminin résiste à la mécanique englobante de lier les hommes les uns avec les autres et elle est pensée comme une puissance qui a pour fonction de « dé-construire » ou de « retarder » ce processus. Mais en effet, ce n'est pas encore la totalité de la vérité.

Dans *Le malaise dans la culture*, la thèse de la « bisexualité » est une des raisons que Freud justifie dans « *Le*

---

[157] Ibid., p 55-56.

[158] Ibid., p 56. Souligné par nous.

malheur dans la culture [159]», car ces deux parties de l'être humain exigent différentes voies de satisfaction :

« *l'individu veut satisfaire dans sa vie sexuelle des souhaits aussi bien masculins que féminins, nous sommes préparés à la possibilité que ces revendications ne soient pas satisfaites par le même objet et qu'elles se perturbent les unes les autres si on ne réussit pas à les tenir séparées les unes des autres et à diriger chaque motion sur une voie particulière, celle qui lui convient* [160]».

En réalité, l'on ne peut que choisir un genre en refoulant l'autre. Cela veut dire que le code collectif et la division sociale se contredisent profondément à la bi-sexualité humaine, puisque « *Tout être humain oscille en général, tout au long de sa vie, entre des sentiments hétérosexuels et des sentiments homosexuels* [161]». Donc, si l'homme est composé de deux parties qui sont le Féminin et le Masculin et si dans la réalité, l'on ne peut pas être à la fois un homme et une femme, la socialisation est forcément un « dressage » pour refouler une partie de soi comme l'altérité. Or par cette thèse de bisexualité, ce qui est inclus dans la « synthèse » socio-politique, ce n'est jamais la totalité de la personne, mais seulement une partie d'individu.

Donc, si l'on tient à la thèse de la bisexualité jusqu'au bout et si l'on construit le lien social à partir de la pulsion homosexuelle en rejetant le Féminin, nous pouvons conclure que la « féminité » refoulée ne disparaît pas et qu'elle ne cesse de revenir de tentant de se manifester. La socialisation est par conséquent un processus permanent ou, ce qui revient au même, la socialisation ne peut pas arriver à son terme – elle est par définition « inachevable » et « incomplète ». La féminité joue le rôle de l'« altérité » ou d'« envers » par rapport à ce lien masculin et homosexuel. On peut dire que la « synthèse » sociale se construit par le prix d'« altérité » et qu'il n'y a pas de

---

[159] « *Le malheur dans la culture* » est le titre initial que Freud avait choisi pour ce livre, avant de ne lui donner son titre définitif.

[160] Freud, MC, p 49, note 2.

[161] Freud, *Le président Schreber*, *op.cit.*, p 294.

l'Un sans la Différence. C'est justement cela qui permet E. Enriquez à dire que :

« *Notre hypothèse est qu'à partir du moment (non assignable dans le temps) où l'hominien devient homme, où l'homme devient un être de culture, il ne peut que* ***rejeter les femmes dans la nature*** *pour pouvoir fonder une société sans passion, une société industrieuse, un fonctionnement solidaire [...] La femme en tant que représentant privilégiée de la* ***différence*** *met l'homme en danger.* [162]»

Il y a un troisième sens du « Féminin ». Dès le début de sa théorie psychanalytique, Freud considère que « la » Féminité est plus proche de « la » pulsion, d'où le fait de, selon lui, la faiblesse relative du surmoi et du complexe de castration.

La féminité est donc par essence étrangère à la socialisation qui est basée sur le fonctionnement du surmoi et de la sublimation de la pulsion originelle. P.L. Assoun a justement remarqué que : « *elles* [les Femmes] ***ne*** *participent* ***pas*** *au Meurtre de Père lui-même, ce qui organise un lien spécial [...] à la culpabilité et corrélativement à la socialité* [163]».

Il serait erroné de dire que c'est une thèse anti-féminisme, ce serait trop simplificateur et on éluderait ainsi le sens profond de cette compréhension de la féminité. La vraie distinction ne se situe pas entre l'homme et la femme au niveau biologique, mais entre la pulsion « originelle » et la pulsion « sublimée ». En d'autres termes, si « La » femme possède un surmoi moins sévère, elle a une capacité de sublimation moins élevée que les hommes et enfin, n'ayant pas participé au meurtre de père, elle a un sentiment de culpabilité moins fort que les hommes. Bref, les femmes représentent mieux que les hommes ce qui est l'état originel de l'être humain.

La distinction fondamentale se situe entre la pulsion « originelle » et la pulsion « sublimé », au lieu d'une simple dualité « homme-femme ». C'est dans ce sens-là qu'il faut interpréter l'échec du matriarcat après le meurtre du père. Car l'intention de Freud n'est pas de dévaloriser la féminité, mais

---

[162] E. Enriquez, *De la horde à l'État*, *op.cit.*, p 305.

[163] P. L. Assoun, *Freud et les sciences sociales*, *op.cit.*, p 194.

d'indiquer l'incompatibilité entre la pulsion originelle et la vie sociale fondée sur la sublimation :

« *ce passage de la mère au père caractérise en outre une victoire de la vie de l'esprit sur la vie sensorielle, donc un progrès de la civilisation, car la maternité est attestée par le témoignage des sens, tandis que la paternité est une conjecture, est édifiée sur une déduction et sur un postulat. Le parti pris qui élève le processus de pensée au-dessus de la perception sensorielle se révèle être une évolution lourde de conséquences.* [164]»

L'on doit donc comprendre que la société ne peut pas être fondée directement sur la pulsion « comme telle » : entre la communauté et le Féminin, le représentant de la pulsion, c'est un rapport antimonique.

En procédant ainsi, le Féminin est le représentant de « La » pulsion, « L » 'état de nature », « Le » Moi/Tout/Plaisir comme sans-rapport ou « La » puissance de « orphelin »... etc. Là où se manifeste la puissance de liaison, le Féminin s'exerce comme la puissance du retour à l'origine asociale. Si la culture exige la loi, le Féminin symbolise toujours la « transgression »[165]. C'est pourquoi la Femme est la représentante d'un « au-delà » de la culture[166] :

« *Tel est le féminin : ce qui revient sans cesse « à la même place », espèce d'éternité invincible qui défie silencieusement l'histoire et la culture.*[167] »

Cette même place, c'est l'origine de l'état de nature, ou l'état originel de la pulsion ou tout simplement l'origine en tant que Moi sans-rapport social. C'est là l'ultime sens de Féminin.

En troisième lieu, le plus étonnant, Freud soutient une thèse extrêmement audacieuse qui détruit tout « L' » optimisme de la

---

[164] Freud, *L'homme Moïse et la religion monothéiste*, *op.cit.*, p 213.

[165] Le héros du film *Matador* (1986), l'œuvre du réalisateur Espagne Pedro Almodóvar, disait une phrase qui, de notre point de vue, résume bien le rôle du Féminin en tant que « envers » -dans tous les sens du terme - de la culture : « *Tous les criminels ont un côté féminin.*»

[166] E. Enriquez, *De la horde à l'État*, *op.cit.*, p 284.

[167] P.L. Assoun, *Freud et les sciences sociales*, *op.cit.*, p 197.

philosophie politique occidentale. Cette thèse est la suivante : *gouverner, c'est quelque chose d'impossible.*

Dans une préface (1925) d'un livre de son ami, Freud disait que :

« *Très tôt j'avais fait mienne la boutade des trois professions impossibles – à savoir : éduquer, soigner, gouverner.*[168] »

Quelque douzaine d'années plus tard, cette « boutade » change de ton et cette thèse est prononcée à nouveau dans un texte tout à fait sérieux *L'analyse avec fin et l'analyse sans fin* (1937) — deux ans avant la mort du fondateur de la psychanalyse. Dans cet article, il précise le sens du troisième métier impossible, « soigner », par l'« analyser », puisque le but d'analyser est de soigner :

« *Il semble presque, cependant, qu'analyser soit le troisième de ces métiers impossibles, dans lesquels on peut d'emblée être sûr d'un succès insuffisant. Les deux autres, connus depuis plus longtemps, sont éduquer et gouverner.* [169]»

C'est pourquoi, à la fin de chapitre VII, Freud conclut que l'analyse thérapeutique « *cesserait d'être une tâche ayant une fin pour devenir une tâche sans fin.*[170] »

Or l'on sait que le « soigner », l'« éduquer » et le « gouverner » ne sont pas les trois ordres différents dans la philosophie politique classique et ils sont explicitement identifiés chez Platon – un exemple parmi tant d'autres. Non seulement la philosophie politique occidentale est fondée sur l'identité de ces trois activités, mais elle est animée par une confiance naïvement présupposée selon laquelle cette tâche est quelque chose de possible. C'est presque le « préjugé moral » le plus ancien dans l'histoire de la philosophie politique. À tout le moins, c'est un optimisme naïf aux yeux de Freud.

---

[168] Freud, Préface à *Jeunesse à l'abandon* d'August Aichhorn, *Œuvres complètes*, XVII, éd., PUF, Paris, 1992, p 161.

[169] Freud, *L'analyse avec fin et l'analyse sans fin*, in *Résultats, idée, problèmes II,* éd., PUF, Paris, 2009, p 263.

[170] Ibid., p 265.

Maintenant, Freud va anéantir de fond en comble cette naïveté des philosophes. En d'autres termes, si le projet politique est inévitable, il est quand même condamné à une impossibilité à réussir. Cette ambition d'atteindre un meilleur régime est en soi « irréaliste » et « infaisable ». Nous disons qu'au moins la puissance de la politique a sa propre limite et il cesse « *d'être une tâche ayant fin pour devenir une tâche sans fin.* »

En somme, par cette thèse qui est la « synthèse impossible » dans la pensée politique, personne ne fait mieux que Freud en déployant cette amphibologie de « l'insociable sociabilité » jusqu'au bout sans succomber à la tentation de l'Un unificateur. Il mérite vraiment le nom du « dernier » et du « plus grand » penseur moderne.

HUITIÈME SECTION
Bilan : Freud dans l'histoire de la philosophie politique occidentale

Il est pour nous extrêmement difficile de donner un bilan synthétique de la pensée freudienne, vu qu'elle est fondamentalement une pensée de l'« ambivalence » et de l'« oscillation ». Toutefois, nous tentons d'isoler quelques « aspects » positifs et négatifs selon notre point de vue afin de mieux saisir la particularité de la pensée freudienne.

D'abord, les nouveautés freudiennes par rapport à la tradition de la philosophie politique occidentale.

Dans notre point de vue, l'originalité la plus louable de la pensée freudienne est *qu'il n'y a pas de « LA » politique en soi, au sens objectif du terme, car le collectif est une formation réactionnaire de l'inconscient (individuelle).*

G. Pommier a pertinemment remarqué qu'« ***il n'y a pas d'inconscient collectif, et, au contraire, le collectif est une formation de l'inconscient.*** [171]»

Il est plus précis de dire qu'*il n'y a de phénomène politique que sous forme « symptomatique » et « narcissique ».* Non seulement la politique est radicalement « subjective », mais cette détermination de politique est en dernier ressort affectée et transformée par une énergie narcissique et immanente d'individu. Autrement dit, la politique n'est pas une détermination première dans la mesure où le phénomène collectif n'a pas de sens en dehors de l'immanence individuelle[172].

---

[171] G. Pommier, *Freud, apolitique ?*, *op.cit.*, p 34.

[172] En fait, cette thèse est tout à fait présente chez Nietzsche. La « volonté de puissance » est une « configuration pulsionnelle » au sens d'une première détermination subjective. Mais chez Nietzsche, ce geste est pensé à partir de la logique du Multiple -- c'est-à-dire au terme de l'« organisation » et ce faisant, la dimension politique est nécessairement impliquée. Bref, chez Nietzsche, la déterminabilité est non seulement subjective, mais elle est conçue essentiellement comme un phénomène politique, alors que chez Freud, la détermination est subjective, mais elle n'est pas immédiatement politique.

Deuxièmement, la seconde originalité révolutionnaire de la psychanalyse, strictement liée à la première, est qu'il n'y a pas le « Tout » social. La totalité sociale et politique ne se ferme jamais et une synthèse socio-politique présupposée et recherchée par les philosophes politiques n'existe jamais. En d'autres termes, il y a une limite du geste philosophico-politique et la synthèse harmonieuse entre l'individu et la société est tout simplement impossible. Comme le remarque fort pertinemment M. Plon, la thèse de *Le malaise dans la culture* implique inévitablement une autre thèse inouïe dans la tradition de la pensée politique – le « *malaise de la politique* » :

« Le Malaise dans la culture *nous conduit à cerner ce qu'il en est du* ***malaise de la politique****, ce qu'il en est de l'****impossibilité*** *à conduire les hommes sur la voie de ce « bonheur de vivre ensemble », et ce qu'il en est des risques inhérents au refus de cet impossible.*[173] »

Ce qui est dangereux, ce n'est pas l'impossibilité de cette synthèse comme Un, mais le refus à accepter cette réalité. Dans un tel contexte, la machine idéaliste de la philosophie politique n'est plus omnipotente et elle doit désormais tenir compte de cette finitude humaine.

Or nous devons faire un pas de plus pour soutenir la thèse de la « politique de résistance » chez Freud. Puisque la cause ultime de ces thèses diverses (« la totalité sociale est impossible », « la limite du geste de la philosophie politique », « le malaise de la politique »…etc.) est le Moi non-rapport, les arguments freudiens reviennent à dire que tous les forçages politiques n'abolissent pas cette origine radicalement non-politique. Nous sommes arrivés à cette conséquence selon laquelle *il n'y a jamais une domination totale.* C'est théoriquement et pratiquement impossible. Il y a toujours une dimension de l'être humain qui « résiste » aux déterminations extérieures.

Or ce « sujet de résistance » dans la psychanalyse est tout d'abord soutenu dans *Totem et tabou*. L'origine de l'union (des

---

[173] M. Plon, *De la politique dans* le Malaise *au malaise de la politique*, *op.cit.*, p 154.

frères) est une révolte contre la domination du Père) et cette expérience de non-soumission reste toujours vivante dans l'individu. E. Enriquez a justement insisté que le commencement de la politique n'est pas un « Oui » au Maître, mais un « Non » à la soumission :

« *Non est le terme originaire de tout groupe (comme de tout individu) en tant que tel et se pensant comme tel. Non à la domination, non total qui ne peut s'exprimer que par la destruction de l'autre.* [174]»

Ce « non » à la domination ne disparaît jamais et cette impulsion de tuer tous les Pères autoritaires est toujours présente.

Cet aspect révolutionnaire n'échappe pas aux yeux attentifs des commentateurs. E. Enriquez a bien résumé cette « hostilité » contre toutes les autorités en disant que « *Le destin du grand homme* ***c'est être tué***.[175] ». Elisabeth Roudinesco et M. Plon proposent également de comprendre ce livre comme un « traité démocratique » :

« Totem et Tabou *est davantage un livre politique d'inspiration kantienne qu'un ouvrage d'anthropologie à proprement parler. À ce titre, il propose une théorie du pouvoir démocratique centrée sur trois nécessités : nécessité d'un acte fondateur, nécessité de la loi, nécessité du renoncement au despotisme. [...] l'instauration de la société des fils a permis l'abolition du despotisme du père et sa revalorisation sous la forme de la loi.* [176]»

Toute notre explication tend à montrer que l'homme est radicalement un animal de la non-soumission. La théorie de tyrannicide n'est qu'une belle phraséologie, car le fait que le tyran doit être mis à mort n'est pas justifié par une justice théologico-transcendante, mais simplement parce que nous, les

---

[174] E. Enriquez, *De la horde à l'État*, *op.cit.*, p 45.

[175] Ibid., p 190.

[176] L'article de *Totem et tabou*, in *Dictionnaire de la psychanalyse*, sous direction d'E. Roudinesco et M. Plon, éd., Fayard, Paris, 2006, p 1081.

êtres humains, sommes tous des tyrans qui ne tolèrent pas un Despote[177].

Il est l'heure d'analyser les aspects problématiques dans la pensée politique chez Freud.

Tout d'abord, de notre point de vue, la pensée psychanalytique est une pensée de « répétition » selon un ordre, malgré tout, idéaliste. L'homme est pensé selon les lois métapsychologiques, les « stades » de développement et les « mécaniques pulsionnelles » (la fixation, l'identification, la sublimation, la régression… etc.). Les individus empiriques ne sont que des combinaisons infiniment variables de ces éléments. Chaque sujet, durant toute sa vie, ne fait que répéter des lois métapsychologiques, découvertes par la psychanalyse et conçues comme universelles. Bref, « *l'être humain, malgré son extrême variété, est partout radicalement le même.*[178] »

Or notre question est la suivante : cette pensée de répétition, est-elle une pensée de la singularité ou plutôt une pensée de répétition à l'identique ? Nous estimons que la répétition dans la psychanalyse est plus proche de la « re-présentation » qu'une répétition différentielle.

En termes de Deleuze, il est vrai que la répétition dans la notion de l'inconscient révèle le fait que « *partout l'Autre dans la répétition du Même* [179] ». Il est aussi vrai que « *La répétition est vraiment ce qui se déguise en se constituant, ce qui ne se constitue qu'en se déguisant* [180] » (surtout chez Lacan). Mais la vraie distinction entre Deleuze et Freud est le fait que, pour Deleuze, « *Il n'y a pas de premier terme qui soit répété ; et même notre amour d'enfant pour la mère répète d'autres*

---

[177] Dans la psychanalyse, il n'y a que des « Chefs ». Il n'y a jamais quelque chose comme « sous-chef ». Le sous-chef est encore un « chef » pour celui qui le désire. En plus, le dominé n'est pas un dominé proprement dit, mais il est en dernière analyse celui qui s'identifie au chef. Cet argument freudien n'est pas fondamentalement différent de celui de Nietzsche. Chez ce dernier, si l'homme est conçu comme la « volonté de puissance », une inégalité absolue et une domination totale contredirent radicalement la nature humaine qui est constituée par la « volonté de puissance ».

[178] E. Enriquez, *De la horde à l'État*, *op.cit.*, p 198.

[179] G. Deleuze, *Différence et répétition*, éd., PUF, Paris, 2005, p 37

[180] Ibid., p 28.

amours d'adulte à l'égard d'autres femmes [181] ». Dans un tel cadre, la psychanalyse est plus proche d'un certain « Idéalisme » au sens de Platon qu'un « nominalisme ». C'est la raison pour laquelle E. Balibar juge que :

« *À l'emprise de cette* ***idée du sexe****, la psychanalyse ne peut pas se soustraire ni théoriquement (puisque c'est pour elle le nom même de la vérité) ni pratiquement (puisque la technique psychanalytique dépend tout entière l'existence d'un interdit sexuel et de l'injonction d'avoir à le relever). En sorte que l'hypothèse d'un* ***nominalisme psychanalytique*** *est tout simplement absurde* [182]».

Pour nous, les concepts de la psychanalyse sont plutôt des « idéalités » et l'opération psychanalytique est plutôt un geste de « réduction ». Ce qui distingue la psychanalyse d'une pensée de la répétition à l'identique, c'est le fait que dans la pensée freudienne, il y a une tendance forte de la « mobilité » (l'« énergie libre »), de la « plasticité » (les différents « destins » des pulsions, la sublimation, le « re-» ou « dé-»investissement »), de la « temporalité » (les « stades », l'« après-coup », la « régression » et la « sublimation »… etc.) et de l'« indécidabilité » (la « bisexualité », l'« imbrication » des pulsions… etc.). Cependant, ces caractères « positifs » -- si l'on peut le dire — ne font que rendre la Représentation « moins rigide » et « plus souple » et c'est presque tout. Une pensée de la Représentation « mobile », « plastique », « indécidable » et avec une dimension temporelle n'est pas forcément une pensée de la « *Singularité* ».

C'est pourquoi, nous considérons que la pensée psychanalytique est plutôt une pensée de la « Loi » biologico-psychique, au lieu d'une pensée de la singularité. Elle est une science plutôt « conservatrice » qu'une « ouverture » à l'Unique. Deleuze a donc raison de parler d'une réduction de la

---

[181] Ibid.

[182] É. Balibar, *Foucault et Marx : l'enjeu du nominalisme*, in *La crainte des masses : politique et philosophie avant et après Marx*, *op.cit.*, p 293.

pluralité dans la psychanalyse : « *4, 3, 2, 1, 0, Œdipe est une course à la mort*[183]».

Pour clore cette partie d'analyse, nous nous demandons le sens de ce livre terrible qui est *Le malaise dans la culture*. Malgré de nombreuses thèses innovatrices, il n'est au fond qu'une répétition d'un vieux geste philosophique et métaphysique : justifier la « Culture » comme un « attribut » ou un « prédicat » transcendantal et transcendant de l'être humain. Quant à la thèse de la « névrose » et au « sentiment de culpabilité », ce n'est que le prix à payer pour vivre ensemble. En fin de compte, chez Freud, comme c'est déjà le cas chez Nietzsche, la conclusion est encore une inséparabilité entre l'essence de l'homme et la politique. Ce qu'ils tentent de montrer, ce n'est que le prix (trop élevé) de la politique. La politique, c'est non seulement une tâche impossible à achever, mais il faut payer le prix cher de « révolte périodique », « les conflits incessants au sein de société » et « l'explosion d'agressivité des individus »...etc. Ironiquement, c'est le prix pour que la société fonctionne *bien* -- Deleuze n'a pas tort d'indiquer que « *c'est **pour** fonctionner qu'une machine sociale doit **ne pas fonctionner bien**.*[184]». Autrement exprimé : s'il y a l'inévitabilité de la névrose et du sentiment de culpabilité, cela signifie seulement que la culture a bel et bien fonctionné.

Ainsi entendu, cette réduction psychanalytique n'est qu'une politique « autoritaire », voire « policière ». C'est pourquoi Deleuze ne cesse de critiquer le complexe d'Œdipe et le considère comme une volonté de « contrôler » et de « surveiller » : « *Quant à Œdipe, c'est encore une manière de coder l'incodable, de codifier ce qui se dérode aux codes*[185] » ; « ***résoudre** Œdipe : l'intérioriser pour mieux le retrouver au dehors dans l'autorité sociale*[186] » ; « *Comme si Freud avait reculé devant ce monde de production sauvage et de désir*

[183] G. Deleuze/ F. Guattari, *L'Anti-Œdipe*, *op.cit.*, p 430.
[184] G.Deleuze/F.Guattari, *L'Anti-Œdipe*, *op.cit.*, p 177.
[185] Ibid., p 204.
[186] Ibid., p 94.

explosif, et voulait à tout prix y mettre un peu d'ordre, un ordre devenu classique du vieux théâtre grec. [187]»…etc.

Avant que l'on ne finisse ce chapitre consacré à l'auteur de « *Trois essais sur la théorie sexuelle* », nous devons revenir à nos formules directrices d'investigation : « *Penser la politique depuis la non-politique* » et « *l'homme (n')est un animal politique* ».

Nous avons déjà largement interprété la version originelle chez Freud concernant ces deux formules dans les sections précédentes. Ici, nous ne donnons que deux remarques importantes :

Premièrement, en ce qui concerne la thèse d'Aristote.

Freud prend cette thèse aristotélicienne au sérieux, étant donné qu'il mentionne explicitement cette thèse de l'« animal politique » en grec dans *Psychologie des foules et l'analyse du moi* -- plus exactement dans le chapitre 9 intitulé *La pulsion grégaire*[188]. Cette occurrence de l'« animal politique » d'Aristote se situe dans une discussion sur Trotter qui soutient la thèse selon laquelle la pulsion grégaire est « *primaire et pas davantage dissociable* [189]».

Après voir refusé partiellement cette thèse de Trotter en disant que *« la pulsion grégaire n'est pas indécomposable, n'est pas primaire au sens de la pulsion d'autoconservation et de la pulsion sexuelle* [190]», il donne une conclusion concernant cette thèse aristotélicienne à la fin de ce chapitre :

« *Risquons-nous donc à corriger l'affirmation de Trotter : l'homme est un* ***animal de troupeau****, en disant qu'il serait plutôt un* ***animal de horde****, être individuel d'une horde menée par un chef.* [191]»

Il est donc légitime de dire qu'il s'agit ici une volonté explicite de la part de Freud pour réécrire la thèse d'Aristote. Il ne refuse pas cette thèse, il a même précisé la structure exacte

[187] Ibid., p 64.
[188] Freud, PFAM, p 206.
[189] Ibid.
[190] Ibid., p 206-207.
[191] Ibid., p 210. Souligné doublement par nous.

de cette thèse. Et cette réécriture résume toute la pensée freudienne dans le domaine politique.

En d'autres termes, Freud ne dément pas la thèse d'Aristote, mais il ajoute deux éléments décisifs : d'une part, l'homme est un « *être individuel* » -- c'est-à-dire un être originairement sans rapport, et d'autre part, il précise la nature et la structure de troupeau : il s'agit d'une horde qui est menée par le représentant du Père. C'est exactement ce que nous avons justifié par l'expression d'un « orphelin dans un familialisme ».

Il y a encore un « lien social » qui subsiste dans la pensée freudienne. Avec la notion d'« économie libidinale », le point essentiel n'est ni Éros ni Thanatos - c'est-à-dire que l'essentiel n'est ni « investissement » (la puissance de « lier » ou « la fonction objectalisante » selon le terme d'A. Green) ni le « désinvestissement » (la puissance de « délier » ou « la fonction désobjectalisante »), mais *l'« investissibilité » ou l'« objectalisabilité » en tant que le dernier lien social entre l'essence de l'Homme et la Politique.* C'est justement cette « investissibilité » ou l'« objectalisabilité » qui permet un va-et-vient incessant entre le Moi sans-rapport et l'animal politique. Malgré la thèse d'un animal apolitique et malgré la puissance permanente de déliaison, on ne peut pas défaire cette « investissibilité » en tant que dernier « rapport » originel entre l'essence de l'Homme et la politique. C'est là l'ultime confirmation freudienne de la thèse d'Aristote.

En résumé, l'ultime version freudienne de la thèse aristotélicienne est la suivante : l'homme est un être « individuel » qui est inséparable d'une « foule » menée par un Chef. Il semble que la formule veuille dire : *l'homme n'est ni « dans » la société ni « hors » de la société ; l'hypothèse de l'animal (a)politique n'est ni « vraie » ni « fausse » ; on ne peut ni « unir » les individus ni « désunir » les individus.* L'ambivalence inhérente à cette thèse est portée au maximum.

En ce qui concerne la seconde remarque, la réponse freudienne pour cette formule de « *penser la politique depuis la non-politique* » confirme à nouveau qu'il pense cette formule à partir du primat de politique. La particularité est que Freud, mieux que Nietzsche, limite énormément la puissance de ce primat politique à cause de la finitude humaine.

Or la vraie originalité de la version freudienne doit être cherchée dans l'idée de « mixité ». Son dernier mot en ce qui concerne ces deux tendances opposées est de *bien mélanger* ces deux tendances antipodales.

Si le destin de l'humanité est tragique dans la mesure où l'être humain a deux tendances contradictoires, mais radicalement irréductibles et si toutes les mixités possibles engendrent inévitablement un sentiment de culpabilité et des symptômes névrotiques, le mieux que l'on puisse faire, c'est de créer un « équilibre », un « juste milieu » entre la politique et la non-politique.

En fin de compte, Freud cherche une liaison tenable qui prend en compte la puissance de délier et d'agressivité inhérente à l'humanité. La possibilité d'impossibilité d'une synthèse politique vient d'une idée d'équilibre économique.

En termes plus précis, au niveau de l'individu, Freud a déjà prononcé que « *Le bonheur [...] est un problème d'économie libidinale individuelle.*[192]» Et il va de soi au niveau social.

Dans *Le malaise dans la culture*, il a également relativisé le dualisme antagoniste :

« *Pourtant ce serait une injustice que de reprocher à la culture de vouloir exclure des activités humaines querelle et compétition. Celles-ci sont bien sûr indispensables, mais <u>antagonisme n'est pas nécessairement inimitié</u>, le premier ne faisant que servir abusivement d'occasion à la seconde.*[193]»

Mais la preuve la plus nette à ce propos surgit à la fin du livre où il nous interdit d'homologuer le dualisme de l'« Éros-Thanatos » et celui de l'« individu-société » -- il nous propose de penser ce dualisme à partir d'une « mixité économique » :

« *<u>Mais ce combat entre l'individu et la société n'est pas un rejeton de l'opposition, vraisemblablement inconciliable, des pulsions originaires, Éros et mort,</u> il signifie une discorde dans*

[192] Freud, MC, p 26.
[193] Ibid., p 55. Souligné par nous.

l'économie de la libido, comparable à la dispute pour le partage de la libido entre le moi et les objets[194] »

Donc, cette idée de « mixité » en tant qu'« équilibre économique » est non seulement un espoir optimiste dans le pessimiste de *Le malaise dans la culture*, mais elle incarne la dernière forme du « lien social » chez lui. La formule de « penser la politique depuis la non-politique » devient une recherche d'équilibre économico-libidinale. Ce geste de « mélanger », c'est finalement la fonction la plus traditionnelle du troisième terme dans la structure triangulaire. C'est encore sous le primat de la politique (symbolisé par ce geste de « mixité ») que Freud pense la politique depuis la non-politique.

À la fin de ce chapitre consacré à Freud, nous pouvons dire que, depuis l'invention moderne de la non-politique, cette notion ne cesse d'être invoquée et elle devient même primordiale chez le père de psychanalyse. Mais elle est plutôt incessamment désignée et pensée plutôt « négativement » et elle n'est jamais pensée comme telle.

Par exemple, chez Freud, nous regrettons que la notion de la non-politique ne soit pas pensée « *positivement* ». Qu'elle soit « le sentiment océanique » ou le « Moi/Tout/Plaisir », l'idée de la non-politique est tantôt « négative » tantôt « déjà perdue » - en réalité, c'est tous les deux en même temps.

Le fond du préjugé auquel nous nous heurtons ici est à nouveau une incapacité de penser la non-politique *en tant que telle*. Le nerf du préjugé consiste à représenter la non-politique comme quelque chose de « secondaire », « dangereux », « négatif ».

En fin de compte, la théorie freudienne n'est qu'une « *mise à mort* » de la tradition de la philosophie politique occidentale. Pourtant, tous les éléments traditionnels ne cessent de revenir et resurgir après ce meurtre psychanalytique. Une « mise à mort » chez Freud signifie toujours que ce qui est tué est plus vivant que jamais.

---

194 Ibid., p 84. Souligné par nous.

CHAPITRE III

La genèse de la non-philosophie et le sens de la première période de la non-philosophique

Théoriquement parlant, contrairement à ce que Nietzsche et Freud ont fait, on peut utiliser « positivement » la notion de non-politique et considérer la non-politique à la fois comme une « hétérogénéité » et comme une « condition de possibilité » de la politique. C'est cette altérité non-politique qui est la condition de la politique.

Or la pensée politique contemporaine accentue le pôle de la non-politique et creuse un écart irréductible entre la politique et la non-politique. La non-politique n'est plus accaparée par la politique (depuis Platon jusqu'à Nietzsche) et elle n'est pas non plus dans un équilibre avec la politique (chez Freud). Maintenant, la politique est conditionnée unilatéralement par une hétérogénéité radicale qui est en dehors de toutes les représentations.

C'est par ce point de vue que nous voulons explorer l'originalité de la pensée « politique » dans la non-philosophie.

Dans ce chapitre, le but de cette investigation historique est double : d'une part, d'établir une continuité dans toutes les œuvres de Laruelle : on croit qu'il n'y a pas de rupture au sens strict du terme chez lui et d'autre part, avec une analyse des modifications théoriques et des approfondissements de certaines découvertes tout au long de cette invention non-philosophique, nous pouvons comprendre clairement en quoi la pensée laruellienne se distingue de la philosophie. Chaque fois Laruelle dépasse ce qu'il a élaboré, il creuse un peu plus l'écart entre sa pensée et la philosophie. Et « dépasser la philosophie » signifie dépasser la « philosophie politique » ou la « politique » tout court, car il finit par se rendre compte qu'il y a une dimension politique intrinsèque dans la philosophie. En somme, il faut comprendre les « erreurs de jeunesse » de Laruelle pour mieux saisir sa pensée en période de maturité. D'où l'importance de cette investigation historique.

Dans cette exploration historique, pour décrire synthétiquement le mouvement du développement de la non-philosophie, nous pouvons dire que le processus est le suivant : (1) une philosophie « supérieure » de la Différence : elle se manifeste à la fois comme une « critique » et une « purification » de la philosophie de la Différence ; (2) une attaque contre la philosophie de la Différence par la découverte de l'Un. Mais cette accusation de la Différence est paradoxalement une affirmation de la philosophie, dans la mesure où l'Un est conçu comme un « présupposé » dénié par les philosophes. Donc c'est plutôt une pensée de l'Un « pour » la philosophie. (3) une radicalisation de l'Un. Laruelle se rend compte qu'il faut regarder la philosophie depuis l'Un et tirer les conséquences, mais non pas l'inverse.

En ce qui concerne la politique, nous croyons que tous les caractères nouveaux de la pensée politique chez Laruelle sont déjà présents dans les deux premières périodes. Ce qui est changé, c'est qu'il ne cesse de les justifier avec d'autres moyens au fur et à mesure de son développement théorique. Quelques grandes thèses politiques restent les mêmes, mais leur sens et les argumentations sont radicalement différents. En tout cas, il y a aussi une continuité dans sa pensée politique.

Concernant le premier chapitre, l'essentiel est de s'aviser que la période de la « philosophie I » est une re-interprétation de Nietzsche. Ce dispositif n'est pas celui de la « non-philosophie » et c'est encore une « philosophie ». Pour être plus exact, c'est une « version supérieure » de la philosophie de la Différence.

Quant à la pensée politique, cette période est très féconde et le thème de la politique est omniprésent. Nous croyons que cette période est déterminante pour tout le développement ultérieur – notamment en ce qui concerne sa conception de la philosophie et de la politique. Sans saisir profondément le sens de cette première période de la non-philosophie, on ne comprend rien à l'idée laruellienne de la « philosophie ». On ne comprend pas non plus en quoi la non-philosophie est fondamentalement une non-politique.

PREMIÈRE SECTION
La pensée politique dans *Nietzsche contre Heidegger*

Le projet de Laruelle dans ce livre est de « neutraliser » la pensée-Nietzsche comme une « problématique machinique » ou un « matérialisme politique ». C'est une structure de la Différence sous le primat de l'Autre. Elle contient les trois synthèses fondamentales (NCH, p.179) :

Premièrement, la « *priorité de l'Autre* ». C'est-à-dire la subordination de l'Être par rapport de l'Autre.

Deuxièmement, l'« *affirmation de l'Être-pour-l'Autre* ». C'est-à-dire le retour de l'Être qui a son autonomie relative[195].

Troisièmement, la « *synthèse supérieure de l'Être et de l'Autre* » sans 3e terme. C'est-à-dire que c'est à la fois « *Être **de** l'Autre et Être **comme** Autre* ».

Autrement dit, le primat de l'Autre n'est pas une synthèse métaphysique comme la « présence » ou comme l'« identité ». L'Autre se distingue de l'Être, alors que ce dernier ne se distingue pas de l'Autre.

Il faut reconnaître et souligner que le commencement de la pensée laruellienne est à la fois une « affirmation » de la philosophie de la Différence et une « critique » de la philosophie de la Différence. Parce que, pour lui, s'agissant de pensées de l'Autre sur la scène actuelle, au mieux, elles s'arrêtent à mi-chemin et au pire, elles répètent encore le geste fondamental de la philosophie dominée par l'idée de l'« identité » et de l'« unité ». C'est pourquoi il veut se distinguer des autres systèmes de Différence :

« *le marxisme et la psychanalyse ne posent l'Autre, dans sa domination sur le Même, que comme Même malgré tout [...] Matérialisme politique affirme l'Autre comme Autre* » (NCH, p.62)

Donc, il ne suffit pas de poser un primat de l'Autre. C'est pourquoi il dit que « *La thèse politique fondamentale de*

---

[195] Mieux encore : la primauté de l'« *Être-dans-la-dépendance-de-l'Autre* » sur l'« *Être-comme-présence* » (NCH, 102)

Nietzsche n'est plus celle de la ***primauté*** *de l'Autre [...] mais celle de* ***la souveraineté*** *de l'Autre politico-libidinale sur l'Être.* » (NCH, p.60)

Ce schéma « machinique » ou « différentiel » radicalement dégagé des éléments d'Identité et d'Unité restera le même dans toute cette première période.

Parallèlement, en ce qui concerne la recherche de la pensée politique de Laruelle, ce geste philosophique peut se traduire dans une version politique -- les trois gestes qui correspondent point par point aux trois thèses évoquées plus haut : (1) la priorité de « Rebelle » ou de la puissance de résistance ; (2) l'existence de Maître ou les rapports de pouvoir (dominants) ; (3) *la « duplicité » sans « médiation » entre le pouvoir dominant et la puissance résistante.* C'est-à-dire que *le Maître est toujours un Maître de Rebelle ou un Maître comme Rebelle.*

Expliquons-nous en détail. Dans ce livre, il parle du « Matérialisme politique » (M.P.) et du « Matérialisme machinique » (M.M.). Ces deux matérialismes ont deux fonctions précises : le « Matérialisme politique » signifie que la politique est une « détermination première » sans passer par aucune Idée transcendante, tandis que « Matérialisme machinique » signifie une structure différentielle comme un terrain où se jouent tous les rapports des pouvoirs. Autrement exprimé : tous les étants sont immédiatement affectés par une détermination politique et la dimension politique est immédiatement affectée par une altérité machinique pour garantir qu'il n'y a pas d'Unité et d'Identité.

En termes encore plus précis, sur le versant du « Matérialisme politique », il nous dit que le réel n'est que les rapports de pouvoir -- c'est-à-dire que les étants ou l'Être sont immédiatement politiques :

« *Nietzsche invente de manière latente une nouvelle discipline, qu'on appellera* « Matérialisme politique ». *Il lui donne son objet en posant toute réalité [...] comme pouvoir et Rapports de pouvoir. Il lui donne sa cause matérielle déterminante en dernière instance : la libido.* » (NCH, p.31)

Et la « libido » désigne la « *Volonté de puissance* » (NCH, p.72). Cela veut dire que d'une part, la politique est immédiatement présente dans les configurations des étants (volonté de puissance) et que d'autre part la politique a un lien intime avec l'immanence subjective (libido).

Sur le versant du « Matérialisme machinique », Laruelle dit qu'« *En même temps qu'il invente un matérialisme radical de la politique, Nietzsche produit la possibilité d'une seconde discipline corrélative et complémentaire de la première : elle examine dans leur généralité les problèmes relatifs aux rapports complexes du pouvoir, de la libido, de leurs modes d'articulation : de la matière et de ses « lois ». On l'appellera le « Matérialisme machinique »* » (NCH, p.31).

Autrement dit, c'est « *un type de synthèse et de fonctionnement des multiplicités pulsionnelles* » (NCH, p.33) et le mot « machinique » désigne une « *causalité de l'Autre ou de la Différance* » (NCH, p.34).

Or pour mieux dire, le « Matérialisme politique » n'est autre chose que « *le Continent politique* » et le « Matérialisme machinique » est « *la Coupure révolutionnaire* » (« *la positivité de l'Autre comme Différance)*» (NCH, p.29-30). Le résultat de la complémentarité de ces deux disciplines est la « *Coupure politico-libidinale* » : « *à la corrélation marxiste de l'Histoire et de l'Économie, Nietzsche substitue la nouvelle corrélation du Pouvoir et de Libido, des Rapports de pouvoir et des Forces productives libidinales, qui sont indissociables.*» (NCH, p.32)

Cet argument revient à dire qu'il y a « *des Forces productives libidinales* » conçues comme une immanence subjective qui se manifeste nécessairement « politiquement » -- c'est-à-dire « dans » et « par » les rapports de pouvoir (le « *Continent politique* »). Si l'on comprend qu'il n'y a pouvoir que lorsqu'il y a des « rapports » de pouvoir, l'on comprend facilement que le pouvoir s'inscrit toujours dans une structure d'altérité (la « *Coupure révolutionnaire* »). Bref, le « politique » signifie « machinique » et le « machinique » signifie le « politique » (la « *Coupure politico-libidinale* »).

Pour le dire une encore fois, la thèse du « matérialisme politique » veut dire deux choses : d'une part, c'est une

« généralisation » de la politique et d'autre part, tous les rapports de pouvoir sont déterminés par la libido -- c'est-à-dire qu'ils sont affectés par un noyau « subjectif ». Et la thèse du « matérialisme machinique » veut dire que la politique est toujours affectée intrinsèquement par une altérité. Si « Tout » est la politique où le réel signifie les rapports de pouvoir, il n'y a que les pouvoirs « subjectifs » et « différentiels ». C'est pourquoi il considère que :

« *Nietzsche, en posant toute réalité comme rapports de pouvoir, et le pouvoir comme pulsions (partielles), invente l'« anatomie » politique de l'inconscient.* [196]» (NCH, p.35)

En conséquence, la politique est immédiatement (c'est-à-dire sans « médiation » et sans « intervention » des Essences métaphysiques) : (1) « différentiel » : « *Le pouvoir étant indissociable de rapport (de pouvoir)»* (NCH, p.36) ; (2) « immanent » : c'est « *une définition pulsionnelle du pouvoir* » (NCH, p.36)[197]. C'est-à-dire qu'il est insensé de parler d'un pouvoir « objectif » et que tous les pouvoirs sont des manifestations de subjectivité immanente.

Ces deux points décisifs, qui constituent les gestes les plus fondamentaux dans la première période, méritent et appellent un approfondissement. C'est justement cette problématique qui structure profondément le développement ultérieur de la pensée de Laruelle. Prolongeons donc cette investigation.

En premier lieu, dans cette période, Laruelle tente de « généraliser » la détermination de la politique comme « La » détermination première. Et il faut entendre ce geste comme une « purification » de toutes les finalités théologico-anthropologiques. La politique n'est plus une politique « de » quelque chose. Elle n'est plus une « dérivation » d'un fondement idéaliste ou métaphysique. La politique ainsi épurée et redéfinie est une pure puissance d'organisation subjective :

---

[196] L'inconscient est entendu comme une structure « différentielle » de la libido.

[197] Une autre citation importante : *« pour devenir ce qu'ils sont, les Rapports de pouvoir ont besoin d'être déterminés ou individués par une cause matérielle qui leur soit rigoureusement immanente.»* (NCH, p.37)

une organisation subjective du Monde, de l'Histoire, de l'Économie... etc.

C'est pourquoi il estime que « La » Politique avant Nietzsche est « *toujours réconciliée sur une unique et double limitation fondamentale : toujours une politique par délégation et dérivation, et toujours une politique par et pour le Maître, une politique de la guerre [...] Politique = maîtrise.* » (NCH, p.54)

Autrement dit, en comparaison avec Marx, il dit que : « *Comme procès théorique-pratique, le marxisme produit un bénéfice politique secondaire ; comme procès de production, la pensée-nietzsche est la seule à produire un bénéfice politique primaire.* » (NCH, p.21)

Or la généralisation de la politique est en réalité une tentative de dépasser la métaphysique. Si la politique n'est pas une détermination première, elle est forcément une dérivation d'un Universel qui a une priorité ontologique sur la politique. Autrement dit, si on raisonne la politique à partir du modèle platonicien (le dualisme métaphysique), toujours est-il que la politique n'est qu'une production secondaire. En revanche, si l'on maintient l'effondrement de l'Universel jusqu'au bout et si l'on refuse l'auto-position des Essences idéalistes, on est obligé de reconnaître la dimension première et intrinsèque de la politique dans la configuration des étants. C'est la raison pour laquelle il considère la politique comme la détermination première dans son interprétation de Nietzsche :

« *Par lecture à l'effet intrinsèquement politique ou à bénéfice politique primaire, j'entends que l'effet politique défini plus haut entre en considération, à la fois comme matériau, moyen et produit, non pas dans la « motivation » de cette lecture, mais dans son fonctionnement et dans l'effet d'un affect intrinsèquement politique. Il n'y a pas une pensée esthétique, énergétique, psychologique, sociologique, etc. de Nietzsche, qui recevrait un complément de sens politique produit par une autre instance qui serait, elle, déterminée comme spécialement politique. La politique n'est plus une instance, ni un objet, ni une pratique, c'est un Continent* » (NCH, p.23).

De surcroît, si la politique est première, c'est partiellement à cause du fait que Laruelle redéfinit la politique comme une manifestation organisatrice de la subjectivité. Le noyau de la politique et de la subjectivité est structuré comme une Différence — la conséquence inévitable de la primauté de l'Autre dans cette période.

Après avoir expliqué le sens du « Matérialisme politique » et du « Matérialisme machinique », nous pouvons comprendre que le Maître et le Rebelle n'ont pas des natures différentes. Ils sont constitués par une organisation politique et subjective des rapports de pouvoir. Comme on l'a évoqué plus haut, si l'existence du Maître où le rapport de pouvoir dominant est indéniable, l'originalité de la pensée laruellienne est de nous apprendre que le Maître est toujours un Maître « de » Rebelle où le Maître n'existe que « comme » Rebelle. Puisque, dans cette généralisation de politique, le Maître et le Rebelle sont identiques en dernière analyse, à condition que l'on comprenne qu'ils sont constitués par un seul et même réseau de rapports de pouvoir. Autrement dit, avec la thèse de la politique « première », il va récuser tous les « dualismes » politiques, car, à la limite, il n'y a rien « derrière » les rapports de pouvoir. Il n'y a pas de deux côtés séparés, l'un est le pouvoir dominant et l'autre le pôle subversif. En réalité, il n'y a qu'une « duplicité » :

« Nietzsche met le Maître et le Rebelle dans un rapport de duplicité plutôt que de dualité. Il liquide l'opposition du monisme (philosophie du Maître ou du Rebelle) et du dualisme (contradiction médiatisée du Maître et du Rebelle)» (NCH, p.9)

En d'autres termes, il n'invente pas d'une manière idéaliste une autre « entité » considérée comme une force strictement subversive contre les Maîtres. Cette opération de dualisme contre le Maître est elle-même un geste de Maître. Il faut au contraire saisir ce fait que le Maître entretient un rapport de « duplicité » avec le Rebelle. Ils sont identiques en dernière instance.

Avec cette duplicité ou la « co-appartenance[198]» de Rebelle/Maître, Laruelle peut « déconstruire » le pouvoir dominant à partir de son intérieur. Autrement dit, il ne suit pas la méthode traditionnelle qui consiste à faire du Maître un en-soi comme le Mal absolu d'un côté et ensuite à imaginer un autre en-soi comme le Bien absolu contestant toujours le premier de l'autre côté. Non, c'est pour lui un geste non seulement idéaliste, mais surtout « réactif » :

« *Nietzsche surmonte le dualisme, simple* ***réaction*** *à la Maîtrise, par un rapport de duplicité [...] Le dualisme est toujours une réaction, une fuite passive devant le Maître* » (NCH, p.19)

À l'aide de la notion de libido différentielle, il considère que le Rebelle est toujours et déjà au cœur du Maître. Non seulement ils ont une même nature (c'est une organisation subjective de rapports de pouvoir), mais ils doivent subir la même loi qui est la Différence machinique. À titre de conséquence, c'est un des traits fondamentaux dans la pensée politique de Laruelle : *il n'y a pas de Maître en-soi et absolu.* Mieux encore : l'autorité des Maîtres est fondée sur une prétention d'« objectivité » et d'« auto-suffisance ». Mais en réalité, les Maîtres sont aussi une organisation pulsionnelle des rapports de pouvoir qui s'inscrit dans une structure différentielle et ils s'ignorent ou le prétendent. Ce trait extrêmement important ne cesse d'être confirmé et approfondi dans toutes les œuvres de non-philosophie.

En conséquence, il ne faut pas chercher un Rebelle dans un arrière-monde. Ce qu'il faut, c'est une « vision » pour (re)connaître que le Rebelle se trouve déjà au cœur des « Maîtres ». Il suffit de voir clairement ce rapport de duplicité afin de démentir la prétention objective de l'autorité de Maître. Si bien que « *le Rebelle n'est* ***rien que ce rapport*** *de répulsion ou de résistance à la Maîtrise.*» (NCH, p.19). Autrement dit, « *Duplicité désigne alors un type de rapport universel formulable comme* ***disjonction inclusive*** *(contradiction sans médiation) : le Maître s'assimile le Rebelle, se l'approprie ou*

[198] Cf., NCH, p. 15 et 18.

l'inclut par la loi et la grâce réunies, mais le Rebelle actif se distingue, lui, du Maître, refuse de se reconnaître comme vaincu ». (NCH, p.19)

Bref, le Maître et le Rebelle ont une même « nature », mais ils n'ont pas les mêmes « régimes » d'agencement. Si l'on maintient la position d'un monisme et la logique de Différence jusqu'aux bouts, ce qui rend les Maîtres possibles est aussi ce qui les rend impossibles.

En second lieu, l'une des thèses les plus cruciales de Laruelle n'est pas la duplicité entre le Maître et le Rebelle, mais la priorité d'immanence subjective sur le rapport « Maître/ Rebelle ».

Concrètement, sa position n'est pas un positivisme politique. Il insiste sur le fait que sa pensée n'est pas un « pan-politicisme » dans la mesure où « *C'est la libido qui a la « primauté » sur le pouvoir, non l'inverse, c'est la matière qui a la « primauté » sur la matérialité, l'inconscient sur la politique (autonomie relative de la politique), l'analyse de pulsion sur l'analyse de pouvoir* » (NCH, p.39).

La politique est paradoxalement à la fois « première » et « secondaire » (ou « relative »)[199]. Car, notons-le, *l'essence de la politique n'est pas elle-même politique.* Ce noyau non-politique est justement une puissance immanente de la subjectivité :

« *Nietzsche ne s'est surtout pas contenté de reconnaître la positivité des forces, de les considérer comme des organes partiels de pouvoir, de rendre possible l'aphorisme comme forces textuelles ou rapports de pouvoir à effets de sens, il a cherché la raison déterminante de ces rapports, il l'a identifié comme immanente sous le nom de Volonté de puissance, il en a fait une « cause » matérielle rigoureusement « interne » et rendu ainsi possible la liquidation de la causalité de représentations inconscientes, et la conjonction de la positivité*

---

[199] Ultérieurement, Laruelle utilise l'expression de « première » et d'« avant-première ».

des inscriptions avec leur transformation critique-révolutionnaire.» (NCH, p.89)[200].

En d'autres termes, la politique est conditionnée par la non-politique qui est la subjectivité immanente. Entre les « deux », ce n'est pas une relation de « essence-existence » ou de « modèle-copie », mais une « duplicité » -- ils ne font qu'un.

La position de Laruelle n'est pas une auto-position ou un auto-fonctionnement des rapports de pouvoir. Il souligne plutôt une production subjective des rapports des pouvoir. C'est cette introduction de l'immanence subjective qui fait la distinction entre la politique nietzschéenne/laruellienne et le pan-politicisme. C'est pourquoi il critique la pensée de Michel Foucault en disant que :

« *La confusion ici de la matérialité du pouvoir avec la matière libidinale, passée sous silence, si elle aboutit à ne pas méconnaître la positivité du pouvoir, conduit à confondre cette positivité avec un positivisme politique, par oubli de la fonction critique-révolutionnaire de la matière libidinale.*» (NCH, p.39)

Or pour se distinguer de ce « pan-politicisme », il estime qu'il faut penser un noyau non-politique dans « La » politique. D'où la notion de « *le degré zéro du pouvoir* » dans cette immanence subjective :

« *C'est donc le Rebelle qui est* ***in-différant*** *à la maîtrise : degré 0 du pouvoir, mort du Maître* » (NCH, p.61).

Ce faisant, avec le primat de l'« altérité » et le primat d'immanence subjective, il souligne qu'un « noyau » immanent de l'homme ne peut pas être atteint par le pouvoir dominant, dans la mesure où il est conçu comme « machinique » et comme un « degré zéro du pouvoir », donc non-attrapable par aucune idéalité. C'est ce noyau toujours conçu comme un devenir différentiel que Laruelle assure qu'il y a toujours une force productive qui n'est pas incluse par la prétention de Maître. C'est pourquoi la découverte proprement nietzschéenne est, selon lui, « *le pôle subversif de la pensée-nietzsche* » :

---

200 C'est-à-dire que s'il y a une « ***surface politique d'exhibition*** *des rapports sociaux* », il faut chercher « *la* ***raison immanente*** *de ce jeu.*» (NCH, p.99).

« *Il résiste activement [...] il fait se mouvoir tout le reste du dispositif nietzschéen uniquement parce qu'il résiste. C'est depuis cette résistance qu'il faut repenser et ré-écrire son absence active comme* ***absance****, pourquoi pas ? comme in ?visibilité, etc. Nietzsche invente un nouveau concept de la révolution comme résistance active aux pouvoirs dominants* » (NCH, p.15-6)

Même si cette priorité d'immanence subjective sur les rapports de pouvoir dominant existe, il, dans cette période, pense encore qu'il y a un rapport spécifique (la circularité et la réciprocité) entre ces deux pôles. C'est-à-dire qu'il y a à la fois une distinction et non-distinction.

Autrement dit, le degré zéro du pouvoir n'est pas une entité « extérieure » aux rapports de pouvoir, mais le pouvoir et le degré zéro de pouvoir se forment une « duplicité » inséparable tout en maintenant une distinction unilatérale :

« *Le concept de cette indifférence permet de reposer le problème de l'universel. Il n'y a pas d'emblée un universel et un seul, il sera produit comme le reste, et sous deux formes, comme toujours : une réactive et négative, une affirmative et partielle – un mouvement apparent, celui de la maîtrise, un mouvement réel qui l'inclut, sans s'y réduire toutefois, le* ***degré zéro*** *de la maîtrise auquel se tient le Rebelle.*» (NCH, p.61. Souligné par nous)

Le point central ici est qu'il n'y a pas de Maître absolu et objectif qui est radicalement autonome et indépendant. L'autorité des Maîtres vient principalement de nos croyances en leur prétendue auto-suffisance. Mais en réalité, les Maîtres sont créés ou fondés à partir du Rebelle ou plus exactement, de l''immanence subjective du zéro degré du pouvoir. Ils sont identiques en dernière analyse et il n'y a pas de Maître sans une détermination de la part du Rebelle :

« *le Maître ne cesse pas d'une certaine manière d'être un Rebelle et de se comprendre par l'essance libidinale du Rebelle. [...] la maîtrise se comprend en dernière instance encore comme résistance* » (NCH, p.57)

En d'autres termes, ce point central non-politique (du) Rebelle est comme une puissance qui est toujours et déjà là et toujours productive :

« *V.P.* [la volonté de puissance] *ne veut plus dire alors volonté de pouvoir, comme croient les Maîtres et leurs théoriciens, mais puissance n du pouvoir dont toute forme inclut un degré zéro, soit un anti-pouvoir.*» (NCH, p.61)

Peut-être est-il utile de citer Deleuze, un philosophe nietzschéen, dans la mesure où le vocabulaire deleuzien est omniprésent dans cette argumentation afin de mieux comprendre la transformation conceptuelle faite par Laruelle.

Pour Deleuze, le désir en tant que noyau de la machine désirante est immanent à toutes les formations politiques. Ce noyau est non seulement autre-que-la-politique, mais il est par nature révolutionnaire :

« *toute position de désir, si petite soit-elle, a de quoi mettre en question l'ordre établi d'une société : non que le désir soit a-social, au contraire. Mais il est bouleversant ; pas de machine désirante qui puisse être posée sans faire sauter des secteurs sociaux tout entiers. [...] le désir est dans son essence révolutionnaire [...] Le désir ne « veut » pas la révolution, il est révolutionnaire par lui-même.* [201]»

Autrement dit, non seulement le désir machinique n'entre jamais dans l'identité du pouvoir autoritaire, mais il est toujours subversif à cause de sa productivité.

De plus, il ne faut pas refaire un « dualisme » entre le désir et les formations politico-sociales. C'est plutôt un « monisme dualiste » que Deleuze suggère (Laruelle disait : la « duplicité ») :

« *la production molaire sociale et la production moléculaire désirante doivent être jugées à la fois du point de vue de leur identité de nature et du point de vue de leur différence de régime.* [202] »

Toutes les formations « molaires » sont aussi un agencement de l'ordre « moléculaire ». Ce que Laruelle et Deleuze veulent

---

[201] G. Deleuze/F. Guattari, *L'Anti-Œdipe*, *op.cit.*, p 138.

[202] Ibid., p 402. Doublement souligné par nous.

justifier, c'est que cette force non-politique est toujours immanente à toutes les formations politiques.

En résumé, dans cette section, nos arguments reviennent à dire que : (1) la pensée politique dans ce livre est d'élaborer une structure différentielle où la détermination politique est considérée comme première ; (2) la Différence et la politique entretiennent un rapport intime -- c'est-à-dire qu'il n'y a pouvoir que « partiel » ou qu'il n'y a pouvoir que dans un rapport différentiel de pouvoir ; (3) le Maître est une « transformation » du Rebelle et ils sont identiques en dernière analyse ; (4) la priorité de l'immanence subjective comme le degré zéro du pouvoir sur les rapports de pouvoir.

DEUXIÈME SECTION
La pensée politique dans *Déclin de l'écriture*

Ce livre est encore une re-interprétation de la philosophie de la Différence via « Nietzsche ». Le centre est encore une primauté de l'Autre et une structure différentielle. Autrement dit, le même geste persiste sous forme des trois thèses du « matérialisme machinique » - un peu nuancé toutefois :

« *Thèse 1 : L'Autre a la primauté sur l'Être, inversement le Corps-de-l'Autre (l'Être) est subordonné à la Différance ou à l'Autre. [...]*

Thèse 2 : Le Corps-de-l'Autre a la primauté sur la ***représentation*** *de l'Autre, la représentation de la Différance est subordonnée à la quasi-« totalité » spécifique de la Différance (ou à l'« Être »). [...]*

Thèse 3 : la thèse 2 est subordonnée à la thèse 1. » (DE, p.26)

En un mot, c'est un geste de l'« Autre » qui a la priorité sur l'« Être » et sur la « Représentation ».

Or dans ce livre, même si les gestes fondamentaux sont les mêmes par rapport au livre précédent, il tente de mieux formuler les idées qu'il a développées dans *Nietzsche contre Heidegger*.

Il a d'abord précisé sa pensée comme une forme « supérieure » de la philosophie de la Différence. Parce que les autres philosophies de la Différence s'entretiennent encore un lien avec l'Idéalité et avec le Logos. Ce qu'il veut faire, c'est plutôt de dégager une pure pensée de Différence radicalement détachée de tous les idéalismes et à toutes formes de négativités et de mixités. C'est pourquoi il critique les philosophes contemporains de la Différence en disant que, chez eux :

« *ce moment « ontique » du principe machinique (Différance) contient ou intériorise des propriétés d'un étant déterminé qui spécifient encore la Différance, s'y réfléchissent et en limitent la portée* » (DE, p.34).

En d'autres termes, c'est un mélange de Différence avec une « négativité » en tant que résidu d'un logoscentrisme. Chez ces philosophes de la Différence, « *La différance n'est vraiment placée « au centre » des processus de production* [...] ***que lorsque le négatif devient un de ses effets « périphériques » et se retourne contre soi*** » (DE, p.186).

Ce que Laruelle va tenter de faire, c'est une pensée de Différence purement « formelle » sans aucune « négativité » et sans aucun « effets périphériques » d'une idéalité (par exemple, le « signifiant » chez Lacan, la « surdétermination » structurale chez Althusseur, le « Dasein » chez Heidegger). S'il commence sa carrière comme un penseur de la Différence, il serait plus exact de dire que sa philosophie est déclenchée par une critique contre la philosophie de la Différence.

En second lieu, même si la politique est toujours pensée comme « première » et le pouvoir s'inscrit toujours dans les « rapports » des pouvoirs -- c'est-à-dire que il n'y a pouvoir qu'en tant que « *pouvoirs partiels* » (DE, p.92) (les pouvoirs « machiniques »), il précise cette modalité de mouvement entre la Différence et la politique comme une « inclusion disjonctive topologique » : sous la forme de « *« Ligne générale » ou « Oblique désirante »* » (DE, p.72) qui fonctionne « transversalement ». Mieux encore : comme une modalité d'« unilatéralité » :

« *« machinique » désigne le rapport dont est capable la Différence, rapport unilatéral (X est identique à Y qui se distingue de X), ou la quasi-causalité de la Différence* » (DE, p.7).

Ce qui vient d'être expliqué est important, même si cette idée n'a pas de lien direct avec les pensées politiques de Laruelle. Parce que, si on n'arrive pas à saisir la nouveauté conceptuelle chez lui, on a du mal à comprendre son originalité dans la pensée politique.

Une des clés de la pensée laruellienne est ce qu'il appelle ultérieurement la « dualité unilatérale ». Avec cette idée, à la limite, sa pensée n'est ni un « monisme » ni un « dualisme » ; mais un « unilatéralisme ». Toute l'entreprise de Laruelle est de proposer une « méta-» théorie (pour le dire vite) non philosophique « pour » toutes les théories philosophiques. Il en va de même dans sa pensée politique : il élabore une

« démocratie » non-politique pour tous les phénomènes politiques. Le plus important est le fait qu'entre la méta-théorie et les théories, entre la non-politique et les politiques, il n'y a pas de relation « hiérarchique » et De plus, il y a même une « identité » en dernière instance entre les deux. C'est ce qu'il nomme comme « duplicité » dans *Nietzsche contre Heidegger*. Ici, il le désigne comme un rapport « machinique » et « unilatéral ». C'est cette mécanique qui a créé à la fois une distinction et une non-distinction entre l'« Être » et l'« Autre » et entre le « Maître » et le « Rebelle ». C'est aussi cette mécanique d'une Différence unilatérale qu'il articule entre la politique et la non-politique en tant que subjectivité immanente.

En troisième lieu, en ce qui concerne la différence de ce livre par rapport au précédent, il convient de souligner deux choses intrinsèquement liées : (1) la priorité de la « pratique » sur la « théorie » ; (2) le schéma que Laruelle propose ne vise pas directement aux phénomènes empiriques, mais aux « interprétations ». La pensée de Laruelle est plutôt une « interprétation d'interprétation ».

Expliquons-nous en détail sur ces deux points.

Premièrement, l'expression de « la priorité de la pratique sur la théorie » n'est pas très exacte et semble insinuer que la théorie serait secondaire. Non, ce qu'il veut exprimer ici, c'est plutôt l'ambition de faire *une « théorie » pour que la pratique politico-subjective ait la priorité sur toutes les théories philosophiques*. Si dans *Nietzsche contre Heidegger*, il se contente d'émettre la thèse selon laquelle la politique est une détermination première -- la politique considérée comme une manifestation directe d'une immanence subjective, dans *Le Déclin d'écriture*, il commence à généraliser cette thèse en une théorie rigoureuse. En d'autres termes, il est obligé de faire une « méta-» ou une « sur- » théorie pour garantir que la politique et la pratique subjective ont toujours une priorité sur les contemplations et sur les recherches prétendues désintéressées des Essences idéales. En un mot, on doit rigoureusement montrer au niveau de la théorie que la politique est toujours première. C'est cette tendance qui débouche finalement sur l'apparition de la « non-philosophie ».

Un des gestes les plus capitaux de ce livre est donc de démentir les prétentions philosophiques en les déréalisant comme une « pratique » au détriment des convictions des philosophes. C'est la raison pour laquelle il considère que « *la thèse n'est peut-être pas du tout un instrument théorique, elle marque une intervention pratique – et bientôt politique et libidinale –* ***dans*** *la théorie.* » (DE, p.248)

Laruelle cherche « *Quelques choses comme une sur-théorie qui n'est pas l'au-delà de la théorie, mais sa supplémentarité* » (DE, p.248). Une (sur-)théorie où la pratique a une priorité sur les représentations idéalistes. C'est ce qu'il nomme comme « *Politique minorité* » -- c'est-à-dire « *la fusion en dernière instance de la « libido » et de la « théorie de la libido »* » (DE, p.19). Si on comprend le sens de ce geste à travers l'exemple de Nietzsche, nous pouvons décrire la « volonté de puissance » « *comme limite (transcendantale : à la fois interne et externe) de la théorie de la volonté de puissance !* » (DE, p.248).

Donc, dans cette (sur-)théorie, tous les énoncés théoriques possibles sont en dernière analyse considérés comme une « pratique » : « *une pratique « intensive » de la théorie, une déviation théociste, une pratique à outrance des thèses* » (DE, p.248)

De plus, il veut élaborer une (sur-)théorie par laquelle non seulement les théories sont déréalisées comme une « pratique », mais les pratiques sont considérées comme la politique :

« *les fonctionnements de texte n'entretiennent pas un rapport extérieur avec la politique, mais qu'ils sont intrinsèquement politiques : il y a une détermination politique interne de l'écriture en tant que désirante.* » (DE, p.70)

Cette ambition de « *faire de la théorie une pulsion* » (DE, p.22) n'est autre chose que ce qu'il a déjà fait dans « *Nietzsche contre Heidegger* » : toutes les théories philosophiques ne sont que des « agencements » politiques des rapports de pouvoir et toutes les organisations politiques sont des manifestations d'une subjectivité toujours affectée par l'Altérité ou par la Différence.

Deuxièmement, ce schéma politico-libidinal vise à l'interprétation (de) phénomènes, non pas directement et immédiatement à l'Empirique. C'est un trait capital dans toute sa pensée politique — *cette pensée laruellienne ne vise pas à la « politique » en tant que telle, mais vise toujours à la « philosophie politique »*. Sa pensée politique est toujours une recherche d'une méta-théorie pour les phénomènes politiques. Ce faisant, il a radicalisé cette tendance de « formalisme universel » chez les Contemporains

En termes plus précis, ayant un lien intime avec le premier point, le fil conducteur de Laruelle est une exigence « méthodologique » : il cherche un théorème par lequel tous les usages pratiques des théories sont non-hiérarchiques. « *Soit le problème : comment user de la philosophie (de la théorie) sans faire un usage idéaliste des moyens théoriques* » ? (DE, p.248)

Son ambition est d'élaborer un théorème universel, mais non-idéaliste, qui est un « *« projet » de la textualité-zéro* » (DE, p.81) pour tous les agencements de la textualité. Autrement dit, « *Cet intensificateur du texte fonctionne comme Continent politique* ***pour la*** *science du texte* » (DE, p.71).

Ce « projet de la texualité-zéro » est ce que nous avons expliqué en terme d'une exigence d'une priorité de pratique et d'une sur-théorie « pour » les théories, dans la mesure où les théories ou les thèses philosophiques ont considérées comme une pratique (politique). C'est pourquoi s'il cherche un théorème universel pour les pratiques et si sa pensée politique ne vise qu'aux « théories politiques », ces deux points sont la même chose, du fait que les théories politiques sont des pratiques des philosophes.

Or pour qu'une telle pratique réelle et radicale soit possible, Laruelle est obsédé de plus en plus par une recherche d'une théorie rigoureuse en tant qu'ouverture vers la pratique subjective. Et le centre de ses recherches s'oriente de plus en plus vers les élaborations très techniques, étant donné qu'une théorie radicalement non-idéaliste et non-autoritaire est une tâche extrêmement difficile. Si bien que sa pensée s'oriente totalement vers un théorème universel qui débouche finalement sur l'apparition de la « non-philosophie ».

Si dans *Nietzsche contre Heidegger*, il se contente et se limite à interpréter la pensée nietzschéenne, dans *Déclin de l'écriture*, il est conscient qu'il faut élaborer une théorie dont la validité est universelle. C'est la raison pour laquelle il cherche et propose dans ce livre *« l'« écriture générale », quoique minoritaire du Corps-de-l'Autre, par l'« organisation » de laquelle doivent passer les objets partiels. Ou encore : l'écriture par et pour la « finitude » du sujet* » (DE, p.172)

Pris de ce point de vue, il faut savoir que, dans cette recherche d'un théorème universel, le problème de politique pèse lourd pour Laruelle. Relisons simplement cette citation : « *comment user de la philosophie (de la théorie) sans faire un usage idéaliste des moyens théories* » ? (DE, p.248). Autrement dit, comment élaborer un théorème sans recourir aux gestes métaphysiques et idéalistes ? À plus forte raison, comment élaborer un théorème pour toutes les philosophies politiques sans devenir lui-même une « philosophie politique » ?

C'est cette exigence d'un théorème non-autoritaire qui l'a obligé à se confronter à deux problèmes centraux : si l'on veut faire une théorie universelle sans devenir une théorie autoritaire, quel est le pouvoir propre inhérent à ce geste de théorisation ? Comment faire pour que l'articulation entre ce théorème et les théories ne soit pas idéaliste et hiérarchique ? En effet, ces deux problèmes ne font qu'un, dans la mesure où un théorème non autoritaire par rapport aux théories est réussi s'il se fait sans recourir à l'utilisation du pouvoir propre du geste de théorisation. Ce noyau est ce qu'il appelle « *le pouvoir du sens* » dans le prochain livre qui est *Au-delà du principe de pouvoir* et ultérieurement, il comprend enfin que c'est ce « pouvoir du sens » propre au questionnement philosophique qui est problématique.

Pour l'instant, dans ce livre, il parle d'une articulation non-hiérarchique entre ce théorème et les matériaux théoriques. D'où l'importance de ce mot « pour » dans la thèse d'« un théorème pour des théories ». L'expression « pour » veut dire qu'il ne s'agit pas d'une destruction ou d'une critique de ces « matériaux », mais d'une « transformation » qui n'enlève que la prétention universelle inhérente à ces énoncés. De sorte que « *la tâche est moins de rejeter ces instruments classiques et dominants que de les faire servir par et pour le procès, de les y articuler machiniquement comme « simple » relais, comme coupures (= production/critique)* ***désormais sans primauté****, dans la triple synthèse de l'inconscient : linéaire, disjonctive, partialisante.* » (DE, p.74)

En résumé, dans ce livre, on constate très clairement la volonté laruellienne de chercher un théorème universel pour que des pratiques radicalement subjectives soient possibles. Dans cette recherche lente et douloureuse, Laruelle est obligé d'affronter ce dilemme : comment élaborer une théorie non-politique et non-autoritaire pour les « philosophies politiques » sans devenir une autre « philosophie politique » ? Dans cette recherche d'un théorème universel, il ne faut pas oublier que, d'une certaine manière, cette théorisation est dominée par le problème de la politique : « Comment élaborer une sur-théorie sans utiliser spontanément le pouvoir propre de la théorisation ? » Sans poser ce problème, le théorème universel qu'il cherche n'est qu'une pratique arbitraire et autoritaire sous forme des thèses philosophiques parmi tant d'autres.

TROISIÈME SECTION
La pensée politique dans *Au-delà du principe de pouvoir*

Ce livre constitue une mini-révolution au sein de cette période. Non seulement la pensée commencée par *Nietzsche contre Heidegger* et ensuite développée dans *Le déclin d'écriture* est bien décrite et mieux formulée, mais beaucoup plus déterminant est le fait qu'il accentue le pôle de la non-politique : ce qui reste « latent » dans les deux livres précédents devient un « principe » explicite. D'où la signification du titre de ce livre. Même s'il maintient une duplicité entre la politique et la non-politique, il commence à chercher ce qui est au-delà du principe de pouvoir.

En premier lieu, les deux points importants dans *Le déclin de l'écriture* sont bien gardés : d'une part, une recherche d'un théorème universel pour la pratique et d'autre part, la visée principale de ce théorème est le « discours » de philosophie politique, non pas les phénomènes concrets de la politique. D'où l'idée de l'« *herméneutique mineure* ».

Or en répondant à la question « *Qu'est-ce que une thèse ?* », Laruelle maintient sa position selon laquelle une « thèse » est plus proche d'une pratique qu'une contemplation :

« *Les thèses sur le pouvoir sont elles-mêmes des agencements matériels de pouvoirs à effets théoriques, c'est-à-dire une technologie de la pensée philosophique et politique. Ce cercle entre la thèse et son objet n'est pas le « cercle herméneutique » classique, mais le cercle d'une production enfin radicale, non spéculaire. Ainsi comprise, la thèse devient l'instrument d'une pensée minoritaire.* » (APP, p.27-8)

De plus, l'« herméneutique mineure » en tant que théorème universel n'est pas désignée à produire les connaissances empiriques et régionales, mais elle est conçue plutôt comme une « méta-» théorie pour accueillir toutes les théories. L'inscription des théories dans ce théorème signifie que, d'une part, toutes les théories sont des pratiques des philosophes – c'est-à-dire que c'est une pratique qui vient d'une immanence subjective et que, d'autre part, Laruelle veut limiter certaines prétentions des théories qui se considèrent comme une Essence privée de cette production matérialiste.

En second lieu, Laruelle ne s'intéresse pas au pouvoir actuel, mais au « pouvoir » spécifique du discours théorique. Donc, l'élaboration d'un théorème universel signifie toujours chez lui une recherche d'une limitation réelle du pouvoir du questionnement philosophique. D'une certaine manière, c'est un problème qui est de part en part « politique » au niveau de la théorie. Car il comprend enfin que le pouvoir propre de la philosophie, c'est *« le pouvoir « du » sens »* (APP, p.102). À partir de là, tout se passe comme s'il cherchait au niveau de la théorie, un « contre-pouvoir » pour balancer le « pouvoir » transcendantal du discours théorique.

C'est la raison pour laquelle il a inventé l'« herméneutique mineure » pour expliquer une production de « pouvoir du pouvoir ». Ce théorème est caractérisé par *« le **primat** du prélèvement du sens »* (APP, p.103) qui *« porte sur le seul pouvoir-d'interpréter »* (APP, p.128). Du coup, concernant diverses doctrines, *« ce ne sont pas ses significations (marxisme, bourgeoise, platonicienne, freudienne) qui sont modifiées ou étendues, mais d'abord son sens. »* (APP, p.143). Bref, si le questionnement philosophique est un exercice du « pouvoir du sens », il faut concevoir un théorème afin de comprendre correctement le « sens » du « pouvoir du sens ».

Quel est le « sens » d'un « sens du pouvoir » sans utiliser un « pouvoir du sens » ? Pourquoi insiste-t-il sur le primat du prélèvement du sens ? La réponse est que Laruelle veut « démocratiser » le pouvoir tyrannique inhérent aux discours philosophiques. En enracinant le pouvoir du sens dans une production d'immanence subjective, on peut démentir les prétentions des discours des Maîtres. En fait, l'autorité des Maîtres est soutenue en dernière analyse par un *« discours de Maître »* et le discours de Maître repose en dernier ressort sur une prétention d'auto-suffisance et d'objectivité de leurs pouvoirs :

« Les thèses dominantes sur le pouvoir [...] sont la réflexion sur soi, l'auto-position de forces de type dominante-fascisante

[...] l'« idéologie » des Maîtres qui affirment cyniquement [...] que leur pouvoir est éternel et qui font de cette affirmation un instrument supplémentaire de coercition, matériel dans son genre et pas du tout « idéologie ». » (APP, p.29)

En un mot, s'il n'y avait pas de « pouvoir du sens », il n'y aurait pas eu de position de Maître. Avec le « sens du pouvoir », on voit la chose avec une vision de Rebelle.

Il faut encore approfondir cette mécanique du discours du Maître, car les visées principales de la pensée politique laruellienne sont toujours ces prétentions insidieusement impliquées dans les discours philosophiques.

La thèse la plus capitale dans ces trois livres est sans doute la thèse qui consiste à « généraliser » la politique. En effet, cette thèse de généralisation de la détermination politique ne se limite pas à considérer tous les étants ou l'Être à partir des rapports de pouvoir. Elle vient non seulement d'une volonté polémique, mais d'une ambition de dépasser la métaphysique.

En fait, cette universalisation de la politique est une arme contre les généralités soi-disant « non-politiques » qui ne cessent de se produire dans l'histoire de la philosophie politique occidentale. Le « pouvoir du sens » se manifeste essentiellement par les productions de ces généralités universelles. C'est une mécanique qu'il nomme « onto-théo-politique ». Citons ce passage important :

« *Toute philosophie politique [...] si elle s'est toujours donné « le pouvoir », se l'est donné sous une forme médiatisée et à travers des intermédiaires non-politiques. Elle a subordonné le pouvoir à l'élément indifférent de généralités économiques, linguistiques, « politiques », psychanalytiques, etc.* » (APP, p.15)

Autrement dit, le pouvoir propre aux philosophes est justement cette production d'énoncés universels afin de « médiatiser » les rapports de pouvoirs. Ce geste est profondément « méta-physique » : les philosophes recourent nécessairement à une autorité théologico-transcendante. D'où le fait que l'« ontologie », la « théologie » et la « politique autoritaire » sont intimement liées. Dans un passage important, il décrit cette mécanique de l'onto-théo-politique :

« À chaque fois une généralité de fond en elle-même indifférente aux Rapports de pouvoir est censée leur donner leur essence, ou bien, ce n'est pas tout à fait le contraire, les dériver comme un ensemble de propriétés et d'effets assignables à des instances et des causes historiques plus profondes. À chaque fois une substance, un sol, un terrain, un fondement, une instance aura coupé, du pouvoir réel, un certain nombre d'effets identifiables, globaux ou spécifiques, les aura isolés en objets d'une ***onto-théo-politique****, pour les rabattre sur « la politique » ainsi déterminée abstraitement. À chaque fois, on aura coupé le sujet de ses déterminations de pouvoir immédiates, on l'aura privé d'un bénéfice politique primaire, le transformant en ces fétiches : le Prince, le Despote, la Volonté, le Peuple, l'État, le Bourgeois et le Prolétaire, le Maître et le Rebelle. À chaque fois on aura dépolitisé le pouvoir pour mieux en émousser la pointe de Résistance, voire Dis-sidence »* (APP, p.16).

Autrement dit, « *Toute philosophie politique [...] a toujours confondu le sens politique du pouvoir avec les significations conceptuelles, les représentations imaginaires, ou les rapports empiriques réels du pouvoir. [...] Elle a défini le pouvoir à partir des formes de dominations existantes [...] Elle a confondu l'essence du pouvoir avec ses formes transcendantes ou dominantes. Autrement dit, elle a rabattu* ***l'énonciation de pouvoir*** *sur* ***les énoncés politiques****. Cette confusion définit toute philosophie, politique, philosophie politique à ce jour comme* ***onto-théo-politique****.* » (APP, p.15)

Ainsi entendu, la « philosophie politique » est une mécanique « onto-théo-politique » qui consiste à fabriquer les « Généralités » ou les « Universels » afin de « médiatiser » les Rapports de pouvoir. Mieux encore, en termes de Deleuze, ces généralités prétendues non-politiques sont les opérations de « *surcodage* [203]» pour contrôler les rapports de pouvoir. Et en

[203] Par exemple : « *Le* ***surcodage****, telle est l'opération qui constitue l'essence de l'État.* ». G. Deleuze/F.Guattari, *L'Anti-Œdipe*, *op.cit.*, p 236.

réalité, ces universels projetés dans un arrière-monde ne sont que les rapports de pouvoir organisés par des êtres humains terrestres. En un mot, ces généralités sont de part en part politiques. D'où l'expression de l'« onto-théo-*politique* ».

Il est évident que cette thèse de généralisation de la politique vient d'une inspiration profondément nietzschéenne : la Métaphysique n'est qu'une Morale déguisée. Laruelle ne fait pas autrement : il faut dé-réaliser ces généralités non-politiques comme une opération politique. D'où une généralisation de la politique afin de démentir ces politiques des philosophes.

De plus, il ne se contente pas d'une simple généralisation de la politique. Ce qu'il veut, c'est une duplicité entre « la politique première » et sa « cause impolitique ». Si « Tout est politique » et s'il récuse l'erreur de la philosophie, « *qui consiste à vouloir soumettre le pouvoir à une optique ou à une représentation* » (APP, p.4), il faut s'interroger sur la production de « pouvoir du sens ». Seuls les discours de Maître ne se soucient pas du problème de la « production » de pouvoir : c'est justement par ce manque qu'ils prétendent que leurs pouvoirs sont éternels, comme un en-soi objectif. D'où la critique de Laruelle contre la philosophie politique : « *toute philosophie oublie de poser* ***le problème de la production du pouvoir*** » (APP, p.18).

Selon lui, il y a deux méthodes possibles en ce qui concerne une phénoménologie de rapports de pouvoir : soit celle qui part du « pouvoir » -- par exemple, l'« archéologie du pouvoir » chez Foucault, soit celle qui part de l'« essence du pouvoir » et non pas directement du « pouvoir » (APP, p.5-6). Le problème de la première méthode est que cette « description » de rapport de pouvoir n'est en effet qu'une « normalisation » du pouvoir, tandis que « *l'autre méthode renverse – et fait plus que renverser – ce primat dans celui de l'« Au-delà » du principe de pouvoir sur le pouvoir lui-même.* » (APP, p. 6). Et ce qu'il nomme comme l'« essence du pouvoir » ou comme le « primat de l'Au-delà du principe de pouvoir » dans cette méthode, c'est un noyau en tant qu'« immanence » qui est conçue comme « subjective », « active » (« productive ») et « machinique » (« différentielle) ».

Si dans *Nietzsche contre Heidegger*, il parle de « degré zéro du pouvoir », dans *Au-delà du principe de pouvoir*, il désigne cette production subjective comme « *im ?pouvoir actif* » (APP, p.107). Cette force non politique (mais qui immédiatement entretient une relation de duplicité avec des rapports de pouvoir) est non seulement « hors » de tous les rapports des pouvoirs (sous modalité d'« unilatéralité » ou d'« inclusion disjonctive »), mais il est la « production » de tous les rapports des pouvoirs. C'est pourquoi Laruelle peut parler d'une « Résistance active » toujours au cœur du Maître, au tant que ce dernier est aussi et toujours produit par cet « *im ?pouvoir actif* » :

« *À condition que la Résistance ne soit plus un comportement passif, mais une « activité » et une potentialisation, c'est-à-dire une production de pouvoir : « active » en tant que production* » (APP, p.47).

Donc, le discours du Maître est produit en dernière analyse par une « cause impolitique » qui est toujours « subjective », « active » et « différentielle ». Il impose ainsi deux limites aux discours dominants : tous les discours proviennent d'une « production subjective » et toutes les productions sont immédiatement affectées par une division et par une altérité.

Ainsi compris, la mini-révolution dans ce livre est le fait que Laruelle commence à accentuer le pôle de la non-politique par rapport à la thèse de « politique première » : c'est-à-dire une certaine priorité de la cause impolitique sur la politique, mais fondamentalement *pour* la politique. Même s'il faut reconnaître que le fondateur de la non-philosophie dans cette période reste encore prisonnier de la pensée de la Différence et sa modalité de « circularité », « réciprocité » et « duplicité » (d'où l'expression fréquente dans cette période « unique-et-dédoublé »), néanmoins, en pensant « *le problème de la production de pouvoir* », il commence à creuser un écart entre les « produits » (politiques) et la force de « produire » (non-politique). Dès lors, il va dissocier de plus en plus la force de « produire » de tous les rapports de pouvoir : le « pouvoir » et la « production » de pouvoir ne sont pas identiques.

Pour le dire autrement, dans cette expression qui est « *im ?pouvoir actif* », Laruelle effectue un pas décisif : *il y a une primauté de « Non » sur le caractère de « réciprocité » et de « multiplicité »*. Autrement exprimé : « *l'inconnu = X [...] bien entendu, cet X, c'est **l'Au-delà du principe de pouvoir*** » (APP, p.19).

Regardons donc ces deux thèses proposées par Laruelle pour saisir l'ambivalence et le caractère transitoire de sa pensée dans ce livre : d'une part, il y a une priorité de « au-delà du principe de pouvoir » sur le « principe de pouvoir », mais d'autre part, ces deux principes ne font qu'un – ils entretiennent encore comme une « duplicité ». Donc il faut saisir l'unité derrière l'apparence contradictoire de ces deux citations suivantes :

« *L'essence du pouvoir n'est pas « politique » aux sens savants et vulgaires de ce mot, elle est anti ?politique, im ?politique, sur ?politique : voilà la thèse qu'il faut opposer aux tautologies de l'onto-théo-politique. L'essence du pouvoir se distingue du pouvoir ou s'en différencie en tant que fractionnelle.* » (APP, p.20)

« *L'essence du pouvoir est « politique », elle suppose l'im ?pouvoir dans le pouvoir, encore du pouvoir par conséquent [...] L'essence du pouvoir ne forme pas un arrière-monde.* » (APP, p.20-21)

Pour le dire encore une fois :

« *la nécessité de montrer une critique qui découle d'une production de pouvoir et de sens et ne la précède pas, qui ne se reconstitue pas en un fondement, une garantie, un sol, un logos, du pouvoir, qui se confondre plutôt avec une véritable **énonciation minoritaire**. [...] « Le » pouvoir malgré son immédiateté dérive bien d'un im ?pouvoir, d'un anti ?pouvoir, d'un non ?être du pouvoir à régime dis-sident, mais cet impouvoir ne reconstitue pas une instance indifférente supérieure, et sublimante, à la politique. Il suppose une essence d'abord active ou productive (c'est-à-dire matérielle) avant d'être reproduction.* » (APP, p.20. Souligné par nous).

S'il parle encore de duplicité entre le « principe de pouvoir » et l'« au-delà du principe du pouvoir », il accentue en réalité la priorité de la cause impolitique par rapport au principe de pouvoir. Certes, il y a encore de la non-distinction, mais cette cause impolitique est conçue explicitement comme une « condition de possibilité » et comme une « détermination en dernière instance » de la politique. C'est ce que ces deux citations indiquent :

« *l'Au-delà du Principe de pouvoir ne pourra être articulé qu'en assurant l'universalité du Principe lui-même : comme son « Au-delà » plutôt comme son exception. [...] L'Au-delà du Principe ne le dépasse pas, lui ou ses formes, vers leur contraire [...] mais vers leur condition interne.* » (APP, p.33. Souligné par nous.)

« *Cet au-delà n'est nullement à son tour un second principe plus haut que le premier et le redoublant imaginairement, c'est le « même » principe qui se « dédouble », qui s'affirme d'une part comme co-extensif à un champ empirique, ici politique, le gouvernant et le réglant sans exception (les Révolutions ne sont pas des exceptions à la Maîtrise, mais la confirmation de celle-ci) et d'autre part comme déterminant « en dernière instance » ce Champ transcendantal et matériel de pouvoir.* » (APP, p.39. Souligné par nous.)

Bref, « *une duplicité plutôt qu'une dualité, entre le pouvoir effectif (fractionnel lui aussi) et son essence, c'est-à-dire la condition interne de sa production et de son « dépérissement ».* » (APP, p.4)

À l'appuie de ces explications précédentes, les gestes de Laruelle ne sont pas fondamentalement différents de ceux de Nietzsche : si l'on maintien la logique d'immanence, du Multiple et l'idée de « volonté de puissance » jusqu'au bout, la politique et la non-politique ne sont pas des contraires et il ne vaut pas la peine de parler d'une instance anti-politique autonome, car c'est l'« Au-delà du principe de pouvoir » qui rend tous les rapports de pouvoir à la fois « possible » et « impossible » :

« *Qu'il n'y ait jamais eu aucune chance pour aucune antipolitique pure [...] qu'il ne faille surtout pas parler de l'antipolitique comme pure et abstraite [...] C'est ce* ***qui rend***

***activement possible en dernière instance**, comme aussi impossible, la Maîtrise même, c'est sa cause déterminante. Duplicité signifie inséparabilité sans médiation.* » (APP, p.146-7)

En résumé, si, dans ce livre, il maintient la thèse selon laquelle tous les étants s'expliquent par les rapports de pouvoir, n'oublions pas qu'il cherche fondamentalement une limitation immanente aux rapports de pouvoir. S'agissant de la transition vers la prochaine période, si l'on « autonomise » cette cause impolitique et si l'on radicalise la détermination unilatérale, l'Un comme quelque chose de non politique qui est radicalement avant la politique n'est pas inimaginable. C'est ce qu'il va tenter de faire à partir de la seconde période. Mais avant cela, faisons un bilan de cette première étape de la pensée laruellienne.

QUATRIÈME SECTION
Le sens de la première période dans la non-philosophie

Le rôle de Nietzsche est évidemment capital dans cette période. En ce qui concerne son influence par rapport à la première étape de la non-philosophie, il faut remarquer qu'il y a trois inspirations nietzschéennes qui sont développées et conceptualisées par Laruelle : (1) une pensée de la Différence (le « pathos de la distance » chez Nietzsche) ; (2) la récusation nietzschéenne contre toutes formes de dualismes (métaphysiques) ; (3) l'indistinction entre l'acte de philosopher et celui de politiser.

Les deux premiers points sont directement incorporés dans la pensée de Laruelle – le primat de l'« Autre » et la thèse de la « duplicité moniste » en témoignent. Ce n'est pas le cas du troisième point. Certes, il y a une généralisation de la politique dans les trois livres analysés. Mais cette thèse de la politique généralisée subit une double limitation : d'une part, la politique est affectée intrinsèquement par une altérité (tous les pouvoirs sont « partiels » et « machiniques ») et d'autre part, le noyau de la Différence est pensé comme « semi » non-politique (une cause impolitique). Admettons que cette double limitation n'est que « latente » chez Nietzsche et que c'est Laruelle qui la conceptualise explicitement.

En second lieu, concernant l'influence de Nietzsche, les nuances et les similarités doctrinales entre ces deux penseurs ne sont pas le fond du problème. Le point central est l'influence de Nietzsche dans toutes les œuvres ultérieures de Laruelle.

Pourquoi privilégions-nous la première période de la non-philosophie ? Il semblerait que l'auteur de *Principe de la non-philosophie* ne cite jamais ses ouvrages de « jeunesse ». Peut-on conclure par conséquent que la pensée avancée dans cette étape est totalement dépassée ? Est-elle déjà désuète ? Si cette réinterprétation de Nietzsche et de la philosophie de la Différence est la période d'« enfance » dans l'histoire de la non-philosophie, nous ne pensons pas qu'elle soit complètement oubliée. En termes psychanalytiques, elle coexiste réellement avec les développements ultérieurs et il y a forcément les « traces mnésiques » qui ne cessent de revenir et de se manifester. Mais quelles sont ces traces refoulées qui ne cessent de réapparaître clandestinement ?

Pour répondre à ces questions, nous suggérons que Nietzsche est toujours déterminant dans la pensée de Laruelle et à partir de là, il faut constater le devenir du « nom propre » de Nietzsche dans l'histoire de la non-philosophie. Dans un premier temps, Nietzsche est le nom qui représente une forme supérieure de la philosophie. Ultérieurement, il devient un des représentants de la philosophie de la Différence. Mais la vraie influence de Nietzsche est ailleurs. Nous faisons l'hypothèse suivante : *le vrai sens de la pensée nietzschéenne est le fait qu'il est le symbole de « LA » philosophie, donc « LA » « philosophie-politique »*. Il serait plus juste de dire que, par une appropriation radicale de la pensée-nietzsche, Laruelle se rend compte que l'expression courante de la « philosophie politique » est une pure et simple « tautologie », dans la mesure où, dans « LA » philosophie, l'introduction de la dimension de la politique est toujours présente.

En d'autres termes, *il maintient toujours son interprétation de Nietzsche développée dans cette étape : dans « La » philosophie, la politique est toujours première, à tel point qu'il n'y ni la philosophie ni la politique, mais toujours la « philosophie – politique »*. Donc, la philosophie est de part en part une politique et le nom propre de « Nietzsche » est le synonyme de la « Philosophie ».

C'est pourquoi lorsqu'il n'est plus un « philosophe » « nietzschéen », à partir du *Principe de minorité* qui suit immédiatement *Au-delà du principe de pouvoir*, son occupation première est la suivante : comment résister à cette dimension première de la politique dans la philosophie ? Comment se défendre contre la « Volonté de puissance » inhérente à la philosophie ? C'est pourquoi nous insistons sur le fait que, si on néglige la première période de la non-philosophie et l'interprétation laruellienne de Nietzsche, l'on ne comprend rien à l'expression de « *défense a priori* », « *une science pour le pouvoir de la philosophie* », « *la non-politique* » ou « *la science politique* »… etc. dans la pensée politique de Laruelle. La définition non-philosophique de la « philosophie » chez Laruelle est en réalité déterminée par son interprétation de Nietzsche. Sans cette conception singulière de « philosophie », il n'y aurait pas de « non-philosophie ».

À plus forte raison, après sa première période de pensée, *il est conscient qu'il est impossible de construire quelque chose de non-politique « dans » la philosophie - à cause de cela, dans toutes les périodes de la non-philosophie, il regarde toujours la philosophie avec un œil nietzschéen - toutes les non-politiques dans la philosophie sont de part en part politiques*. Le mieux que l'on puisse faire, c'est un mélange de semi-politique et de semi-non-politique (c'est ce qu'il a fait dans sa première période). La tâche d'élaborer une non-politique dans la philosophie signifie dessiner un cercle carré. C'est aussi pourquoi Laruelle aime répéter dans ses cours que « *la philosophie peut faire une théorie de la démocratie, mais elle-même n'est pas démocratique* ».

Il faut comprendre en conséquence qu'*une recherche de la « non-philosophie » est simultanément une recherche de la « non-politique »* à partir de la deuxième période. Ce ne sont pas deux recherches différentes. Pourquoi ? Parce que « sortir » du terrain de la philosophie signifie nécessairement une sortie du réseau philosophique des « rapports de pouvoir » et une non-utilisation du « pouvoir du sens » propre à la philosophie. Bref, la « non-philosophie » et la « non-politique » sont le Même.

Donc, chaque fois que Laruelle critique « La » philosophie, il faut entendre en filigrane comme une critique contre la « Philosophie Politique » dont Nietzsche est le porte-parole. Si on ne comprend pas l'interprétation laruellienne de Nietzsche, on ne comprend pas non plus sa définition et sa critique singulière de la philosophie.

S'il n'était pas un « philosophe », donc un philosophe politique ou mieux encore un politique tout court, il n'aurait jamais compris profondément – mieux que personne — cette fusion originelle entre le questionnement philosophique et la législation politique.

Dès la première page de *Nietzsche contre Heidegger*, il écrit :

« *Nietzsche est, en un double sens, le penseur du fascisme, il est,* ***d'une certaine manière****, un penseur fasciste, mais il est* ***d'abord*** *le penseur de la subversion du fascisme. [...]Nietzsche* ***s'est fait*** *fasciste pour mieux vaincre le fascisme, il a assumé les pires formes de la Maîtrise pour en devenir le Rebelle.*» (NCH, p.9)

Il faut appliquer littéralement cette thèse à Laruelle lui-même. Il était d'abord un « philosophe » et il « s'est fait » un philosophe. C'est grâce à ce fait d'être un « philosophe » qu'il devient un « non-philosophe », lorsqu'on regarde l'ensemble de ses ouvrages d'un point de vue panoramique. Il n'y a pas de rupture au sein de la pensée de non-philosophie. Mieux encore : *c'est la rupture entre la première période et les périodes ultérieures qui constitue une continuité rigoureuse de toute sa pensée.* C'est la l'ultime sens de cette première période.

Avant que nous ne terminions l'analyse de cette période, précisons quelques remarques propres à cette période pour saisir la continuité et la rupture entre cette étape et les étapes ultérieures.

En premier lieu, sous la primauté de l'Autre et de la « philosophie », on constate un double manque : les termes du « Un » et du « Réel ». Il n'y a pas de l'Un en tant qu'indivisibilité, vu que Laruelle déconstruit l'Un comme l'Unité par le moyen de « divisibilité infinie ».

Corrélativement, l'immanence subjective ou la subjectivité n'est pas pensée comme un Un indivisible, mais elle est plutôt infiniment plurielle et différentielle. Ce n'est pas étonnant si l'on s'aperçoit qu'il y a non seulement une non-distinction entre le sujet et l'Homme-en-personne, mais que le sujet est pensé fondamentalement comme un « Multiple ». Citons deux passages :

« *nous sommes sujet multiple de la libido, masses désirantes ou parties du Corps politique de l'Histoire* » (NCH, p.240).

« *la cause déterminante en dernière instance est l'ensemble des Forces productives libidinales.*» (NCH, p.83)

Donc, il faut souligner qu'il y a une contemporanéité entre l'apparition de l'Un et la recherche de ce qui est radicalement « avant » la politique à partir de la seconde période : une élaboration d'un Un indivisible qui ne s'implique dans les rapports de pouvoir et qui les précède radicalement.

En second lieu, il faut souligner l'importance de la « méthode » dans la pensée de Laruelle. C'est une des clés qui anime le passage de la philosophie (de la Différence) à la non-philosophie. En effet, la volonté de chercher un théorème universel pour la pratique et pour les thèses philosophiques ne change guère. Ce qui est changé, ce sont les moyens pour atteindre ce but : « *le problème qui vaut pour tous les penseurs contemporains, c'est le problème politique des moyens [...]:* ***vouloir*** *faire la critique de la métaphysique n'est presque rien, se donner les moyens est presque tout* » (NCH, p.184).

Plus précisément, dans cette phase, Laruelle parle souvent de « la contrainte paléonymique » :

« *il faudrait repenser dans un contexte nietzschéen ce que c'est que la nécessité de déterminer autrement [...] le sens d'un ancien concept, qui n'est donc pas anéanti, mais transformé, travaillé, relancé.*» (DE, p.265)

C'est ce problème de « moyen » qui conduit Laruelle vers un « usage » de plus en plus non-philosophique des concepts philosophiques. D'où l'exigence selon laquelle « *l'exercice rigoureux de la paléonymie exige d'être systématique.*» (DE, p.268). Finalement, c'est la « philosophie » tout entière qui est visée, au lieu de quelques concepts philosophiques.

Donc, à partir de la deuxième phase de sa pensée, il se concentre à chercher les moyens pour atteindre ce projet d'un théorème universel proposé dans la première période. L'ambition reste la même, mais les dispositifs nietzschéens sont définitivement abandonnés. C'est cette exigence méthodologique qui débouche à la fin sur l'apparition de la « non-philosophie ». Et n'oublions pas que, la pièce centrale dans cette recherche de moyens est un problème de politique : Comment faire un théorème qui ne répète pas le geste nietzschéen, c'est-à-dire une politique auto-positionnelle et autoritaire ?

C'est la raison pour laquelle lorsque Laruelle élabore une théorie des « moyens » et prépare un changement de terrain « pour » « LA » philosophie, il s'éloigne en apparence de plus en plus du thème de la politique, tout se passe comme s'il parlait très peu de la politique. Mais ce n'est qu'une apparence trompeuse. Cette recherche des moyens non-philosophiques est toujours une tentative de chercher un moyen ou un mode de pensée afin de résister au pouvoir intrinsèque de la philosophie (politique). Il est conscient de ce fait : s'il continue à emprunter spontanément les moyens philosophiques, sa pensée n'est qu'une « philosophie politique » parmi tant d'autres.

C'est pourquoi nous soulignons qu'il ne faut pas chercher une « non-politique » dans la « non-philosophie ». Il ne faut pas non plus appliquer les axiomes non-philosophiques dans la « philosophie politique ». La « non-philosophie » et la « non-politique » sont tautologiques. La découverte de la non-philosophie est toujours contemporaine de la non-politique. C'est là la leçon le plus importante de cette période dans la pensée laruellienne.

CHAPITRE IV

La pensée politique dans *Le principe de minorité*, *Une biographie de l'homme ordinaire* et *Théorie des Étrangers*

PREMIÈRE SECTION
La pensée politique dans *Le principe de minorité*

« *Nous ne pouvons plus longtemps être abusé par le matérialisme de Nietzsche, qui n'est qu'un matérialisme, c'est-à-dire une autre forme d'idéalisme.* » (PM, p.81) — le divorce avec Nietzsche est net et ce livre marque une rupture avec la phase précédente. Laruelle s'oriente non seulement à une critique de la philosophie de la Différence, y compris Nietzsche, mais surtout à une l'argumentation de la postulation du « Un » qui est le « concept » le plus important dans la non-philosophie.

Mais il faut attirer l'attention sur le fait que ce livre entretient malgré tout un rapport étroit avec la première période -- c'est-à-dire qu'il y a un lien entre la critique de la Différence et la découverte de l'Un. Il pense dans ce livre que la postulation de l'Un est une nécessité « déniée » par les philosophes de la Différence. Donc, la mesure phare de ce livre est une justification de l'Un « pour » la philosophie (de la Différence).

Comme nous l'avons indiqué, l'apparition de l'Un et de l'autre-que-la philosophie signifie toujours dans le domaine politique une élaboration conceptuelle de la non-politique. D'où l'importance de ce titre : c'est une recherche d'un « *principe de minorité* » avant « LA » politique.

Commençons notre enquête. Après un essai d'*Au-delà du principe de pouvoir*, il est logique de chercher un *Principe de Minorité*. Laruelle se préoccupe encore du problème de la politique. C'est la raison pour laquelle, dès la première page de ce livre, il se demande :

« *peut-on définir des parties avant le Tout et indépendamment du Tout ? des différences avant leur répétition et indépendamment de l'Idée, du Logos, de l'Être ? des minorités avant l'État et indépendamment de l'État ?* » (PM, p.5. Souligné par nous).

C'est la première fois que la thèse la plus fondamentale de la non-philosophie, l'« Un » en tant qu'« immanence radicale » qui est « antérieur » à la politique, se présente dans ce livre.

Or si Laruelle cherche un principe de « minorité » avant l'État qui est le symbole du principe de pouvoir, c'est parce qu'il est conscient qu'il faut dépasser « La » philosophie — car dans la philosophie, la politique est toujours « première ». Donc, il faut saisir cette double dimension effectuée dans ce livre : d'une part, le problème de la politique est un problème « philosophique » et, d'autre part le problème de philosophie est un problème de la « politique » : le centre d'intérêt est de voir comment les rapports de pouvoir fonctionnent au sein des discours philosophiques et ensuite de tenter d'« échapper » aux jeux des pouvoirs en élaborant de nouveaux moyens.

D'où l'importance de la critique de la philosophie de la Différence. Cette critique laruellienne marque non seulement une rupture avec Nietzsche et avec la première période de sa pensée, mais en effet, *cette critique est en réalité une critique du « Pouvoir » de « LA » philosophie.*

Laruelle soutient une thèse qui est toujours valable dans sa pensée : la philosophie de la Différence, malgré ses efforts contre la métaphysique, est une « forme supérieure » de la philosophie. Pour être plus exact, c'est une version « sophistiquée » et « haut de gamme » de la philosophie. À travers la philosophie de la Différence, on voit clairement comment la philosophie (traditionnelle) fonctionne -- c'est-à-dire comment la mécanique de rapport de pouvoir fonctionne. En conséquence, il ne faut surtout pas considérer cette critique comme une critique contre Nietzsche, Heidegger, Deleuze et Derrida. Ce qu'il veut démontrer, c'est plutôt que les efforts des philosophes de la Différence contestant le pouvoir du Logos ou de la métaphysique ne sont qu'un échec et cet échec n'est pas accidentel « dans » la philosophie. En d'autres termes, si on réussit à comprendre l'échec de la philosophie de la Différence, on arrivera à comprendre toute la mécanique du « pouvoir du sens » dans la philosophie.

La question centrale devient ainsi la suivante : qu'est-ce que le pouvoir propre de la philosophie ? C'est évidemment un « pouvoir du sens ». Mais cette réponse ne règle pas tout. Le propre du « pouvoir du sens » est un geste de l'« unité des contraires » sous forme de « Transcendance ». Et cette Transcendance est animée par un désir du Réel. En d'autres termes, le « pouvoir du sens » immanent à la philosophie se manifeste par l'élaboration de Transcendance qui est essentiellement une production de l'« idéalité » conçue comme un processus d'auto-position du réel.

Selon Laruelle, la transcendance dans la philosophie est toujours une double transcendance : la transcendance « empirico-transcendantale » et celle « transcendantale-réelle ». Cela veut dire que, dans la philosophie, il y a toujours un double dépassement : un dépassement de l'« expérience » vers le « transcendantal » et puis un dépassement du « transcendantal » vers le « Réel ». Après cette double transcendance, il y un retour à l'expérience pour s'emparer de pouvoir (actuel), dans la mesure où le philosophe qui a une vraie connaissance de la Vérité devra devenir le Roi.

Ce faisant, dans la philosophie, ce sont d'abord des opérations et des discours « sur » le Réel lesquels finissent toujours par s'identifier au Réel. C'est pourquoi il considère que le pouvoir du « transcendantal » est « *toujours transcendant malgré sa prétention transcendantale* » (PM, p.18) et il n'est qu'« *un assujettissement de l'existence à la logique* » (PM, p.28), puisque ce réel n'est qu'un résultat du geste idéaliste de l'« auto-position » des philosophes.

Et Nietzsche, en tant que premier philosophe de la Différence, est celui qui augmente au maximum ce pouvoir du transcendantal -- c'est-à-dire que, chez Nietzsche, la puissance idéale porte et traverse la Totalité des étants : « *Nietzsche est [...] le penseur qui rassemble l'essence de toutes les formes et du pouvoir de transcender et qui assigne à ce pouvoir une puissance inouïe [...] le transcendantal est méthode et rien que méthode. Nietzsche est aussi de ceux qui [...] fait du transcendantal la méthode de la pensée pensante la plus vaste, co-extensive à l'encyclopédie de la culture* » (PM, p.18).

C'est pourquoi, ayant conscience du « *nœud, la bifurcation du réel et de l'idéalité* » (PM, p.33) dans la philosophie, la tâche urgente est naturellement de « *briser l'alliance « gréco-occidentale » de l'a priori et de l'idéalité* » (PM, p.20). C'est à cause de cette occupation que le regard de Laruelle se dirige vers une critique de la philosophie de la Différence. Puisque c'est dans cette version supérieure que l'on peut constater clairement le lien et le fonctionnement entre l'idéalité et le transcendantal. C'est ce lien qui est le pouvoir spécifique de la philosophie.

En termes concrets, la Différence, « *la multiplicité continue* » (PM, p.6) est une épuration d'un des gestes le plus fondamental de la philosophie : l'« unité des contraires ». C'est-à-dire que la Différence n'est qu'un processus qui répète infiniment l'acte d'« unité des contraires » : « *Flux hylétique infini ou Continuum hylétique, ce processus de synthèse et de différences infinies des opposés* » (PM, p.18).

En effet, cette liaison idéale est assurée en dernier recours par le « pouvoir du sens » propre au discours de la philosophie. L'argument de Laruelle revient à dire que la « différence » est une puissance de « différencier » et cela veut dire une continuité et une liaison sans fin. Ce geste de continuer (le et...et...et) est une répétition de l'unité des contraires et le pouvoir du « transcender ». En fin de compte, la philosophie de la Différence n'est au fond qu'un « idéalisme absolu » :

« *La Différence est la raison de soi, elle est rapport, non pas empirique, mais idéel, et qui se rapporte donc à soi. [...] Les*

Multiplicités continues [...] sont le dernier avatar du Principe de Raison suffisante, elles combinent la loi de continuité [...] et le principe des indiscernables. » (PM, p.68)

Autrement dit, toutes les « expériences » sont affectées par cette force idéale, dans la mesure où « la *division* ***se*** *divise* ***et*** *divise l'expérience simultanément.* » (PM, p.70)

C'est pourquoi le philosophe de la Différence, par exemple Nietzsche, n'est aux yeux du défenseur de « principe de minorité », qu'« ***un idéaliste effréné dans le matérialisme*** » (PM, p.107). « *Dans les systèmes de la Différence en général, le matérialisme est seulement l'idéalisme au n*[e] *degré, à l'« été » degré, infiniment intensifié.* » (PM, p.107)

Dans une telle perspective, l'expression de « multiplicités continues » est tautologique, dans la mesure où la multiplicité n'est une multiplicité que par une force de continuité et le « se continuer » est évidemment une manifestation du Multiple :

« *le divers est continu, il n'y a de multiplicité que continue. La continuité n'empêche pas la multiplicité d'être ce qu'elle est, au contraire, c'est elle qui assure le multiple* ***comme*** *multiple, l'identité infinie du multiple et de l'Idée* » (PM, p.68).

Le caractère et le fonctionnement de la Différence ne sont certes pas identiques à l'Un métaphysique, mais le pouvoir de « lier » l'Empirique et d'« animer » l'Expérience et sa puissance en tant que « condition de possibilité » restent fondamentalement les mêmes. Dans ce processus infini, chaque instance est une « unité des contraires », ou une « inclusion disjonctive » (ou la « disjonction inclusive ») pour garantir la continuité et la multiplicité.

Deuxièmement, le caractère problématique est que la méthode de Différence doit impérativement garder le Logos ou l'Idée dans son fonctionnement. À la limite, la Différence est strictement une « réaction » par rapport à tous les logoscentrismes. Puisque la Différence n'est qu'un rapport spécifique au Logos et elle n'a d'autonomie relative que par rapport au Logos :

« *elle* [la Différence] *est toujours la différence de l'Idée ou du logos. Que veut dire le* ***de*** *? C'est le* ***de*** *d'une production-*

ouverture ***et*** *le* ***de*** *d'une re-production ou d'une supplémentarisation qui lui redonne la consistance.* » (PM, p.72)

En d'autres termes, « *elle* [la Différence] *continue à requérir les offices d'une négativité périphérique dont l'Idée, le Logos ou la Présence absolue se servent comme d'un moyen pour refouler l'empirique et parvenir à eux-mêmes comme différence.* » (PM, p.80)

C'est ce fait que la Différence doit nécessairement entretenir une proximité avec l'Idée que Laruelle finit par considérer la Différence comme un variant du Logos malgré tout :

« *On se gardera donc d'opposer naïvement, idéologiquement, la Différence à l'Idée ou au Logos [...] Elle est de part en part un simple « retard » et s'efface dans sa répétition. La Différence est si peu le contraire de l'Idée qu'elle est bien plutôt la pure Idée elle-même, la co-existence immédiate, sans médiation, des contraires.* ***La différence de la différence est l'Idée****, l'Idée « en personne », sans visage, figure ou forme donnés dans le milieu de la transcendance ou de la présence, mais identique à ce milieu « même » de la transcendance universelle par sa puissance synthétique.* » (PM, p.73-74)

Compte tenu de ces aspects précédemment dégagés, il finit par intégrer la pensée contemporaine de la Différence dans la tradition philosophique. De là l'expression de « *la tradition gréco-contemporaine* » (PM, p.7). Il insiste sur la « continuité », voire l'« achèvement » de la pensée occidentale par la philosophie de la Différence :

« *la description et la « destruction » de la problématique moderne et actuelle qui, après Hegel, avec Nietzsche, Heidegger et ceux qui les ont suivis, c'est-à-dire la plupart des contemporains, a substitué à la dialectique « négative » la dialectique positive de la Différence, et, retrouvant la tradition la plus originelle, a inscrit l'essence des multiplicités dans la vielle chaîne de l'unité des contraires, et fait de la Différence ou du multiple une nouvelle forme de mixte ontico-ontologique.* » (PM, p.6).

Autrement dit, la pensée de la Différence n'est qu'une version « supérieure » de la métaphysique. La philosophie de la

Différence rend visible le « trait indestructible » de la philosophie – le geste et le pouvoir de l'unité des contraires :

« *La destruction des mélanges transcendants de l'Être et de l'étant, de la Présence et des étants présents, du Logos et du signifié, de l'Idée et de l'empirie, est seulement la destruction des formes inférieures, confuses et grégaires, de l'amphibologie, et des effets critiques si affirmés ou revendiqués ici et là ne peuvent dissimuler que leur but est la ré-affirmation de celle-ci dans sa pureté et son achèvement. La Même, la Répétition est le grand Objet, le phantasme des modernes depuis Nietzsche et Heidegger, c'est la synthèse accomplie, achevée, rassemblée sur soi, de l'Être et de la Différence, du Logos et de la Différence – la constitution d'un* ***champ de présence pure*** *sans étants présents, qui reste néanmoins « étant », la présence-sans-étant et l'étant-sans-présence devenant co-extensifs l'un à l'autre dans un processus de ramification et de fusion infinies, un continuum ontico-ontologique.* » (PM, p.69)

Après avoir montré la proximité entre la philosophie traditionnelle et la pensée de Différence, Laruelle s'interroge sur la légitimité et sur le gain de cette modalité de pensée. Le bilan est pour lui misérable : car les philosophes de la Différence ne savent pas faire la distinction entre « *la question du* ***sens du pouvoir*** » et « ***pouvoir du sens*** » qui est « *l'ensemble des technologies que l'Occident a toujours compris sans le nom d'« interprétation ».* » (APP, p.5). Pour lui, les philosophes de la Différence ne font que « désorienter », « déconcerter » et « désaccorder » le fonctionnement traditionnel de ce « pouvoir du sens » sans s'interroger sur la problématique du « sens du pouvoir ». En d'autres termes, si le « pouvoir du sens » dans la métaphysique classique est linéaire et vertical entre la Terre et le Ciel, la philosophie de la Différence ne fait que « détourner », « pluraliser », « fragmenter », voire « hasarder » le trajet traditionnellement ordonné par l'Un métaphysique. *Mais tout cela se fait aussi par « le pouvoir du sens »* - c'est-à-dire que tout cela n'est qu'une « re-organisation » du « pouvoir du sens » inhérent de la philosophie.

N'ayant pas analysé « le pouvoir du sens » depuis un autre terrain, plus les philosophes de Différence pluralisent et fragmentent le Logos, plus le caractère transcendant et la dimension « politique » de la philosophie s'aggravent. Puisque la Différence, c'est-à-dire l'idéalité en tant que puissance de connexion, doit augmenter son volume afin de réussir à parcourir toutes les parties de la Totalité ou toutes les séries - en termes de Deleuze[204]. Le pouvoir du sens dans la philosophie de Différence est presque « absolu ».

C'est la raison pour laquelle Laruelle considère que l'opération de la philosophe de la Différence est encore une opération politique, du fait que le propos de « limiter » le pouvoir de la philosophie est lui-même un pouvoir :

« *la limitation est un* ***pouvoir****-limiter, la coupure reste ontologique et ne participe de l'Un que par l'intermédiaire de l'Être, du réel que par la médiation de l'idéalité.* » (PM, p.73)

De plus, cette manière d'utiliser le « pouvoir du sens » peut être considérée comme une politique d'« totalitarisme », car le système de la Différence est une totalité auto-suffisante et auto-englobante :

« *Le système Différence/Répétition est un processus entier et complet, auto-producteur, auto-critique et auto-reproducteur, il est la forme supérieure de l'Être, le Même comme auto-... qui inclut encore en soi l'hétéro-(production, etc.) de la Différence.* » (PM, p.87)

C'est pourquoi il ne croit pas que ce soit une manière efficace de sortir l'idéalisme. Bien au contraire, il pense que la philosophie de la Différence n'est que « *Le platonisme supérieur de la Différence* » (PM, p.75).

À tout ce qui se précède, la philosophie de la Différence est encore un usage « politique » et « idéaliste » du « pouvoir du sens » de la philosophie et elle entretient nécessairement un rapport « périphérique » mais « indispensable » avec le Logos.

---

[204] C'est pourquoi Deleuze a dit que « ***RHIZOMATIQUE= SCHIZO-ANALYSE = STRATO-ANALYSE = PRAGMATIQUE = MICRO-POLITIQUE*** ». G. Deleuze / F. Guattari, *Mille plateaux,* éd. Minuit, Paris, 1980, p 33.

Nous pouvons regarder cette critique depuis un autre angle qui est la Représentation.

Il est clair que la critique contre la représentation est une occupation commune pour les penseurs contemporains. Mais selon Laruelle, la philosophie de la Différence est un échec, car non seulement la Différence ne détruit que les formes inférieures de la représentation, mais elle porte la puissance de Représentation au sommet :

« *Sous le terme colporté de Différence, on confond la destruction des formes inférieures de la représentation [...] destruction elle-même illimitée – avec la destruction de l'essence de la Représentation. Mais réduire l'essence de la Représentation à un processus illimité, c'est cela justement le suprême effort de la Représentation, la suprême illusion* » (PM, p.76).

Selon lui, le propre de la Représentation n'est ni l'« identité » ni la « présence », mais le « Rapport », la puissance de lier :

« *L'essence propre de la Représentation n'est pas la présence ou l'identité, c'est le Rapport ou le Syn-taxique. La présence ou l'identité* ***et*** *la Différence ont encore quelque chose de commun : c'est le* ***et*** *qui les assemble originairement en un système, le co-, la simultanéité... de la présence* ***et*** *de la différence, du flux et de la coupure, du logos* ***et*** *de la dissémination. [...] La sphère la plus étendue et la plus intensive de la Représentation a pour diamètre ou invariant le et...et...et(c)...* » (PM, p.97-98).

C'est cet avortement de sortir de la Représentation en tant que « Rapport » au Logos qui amène Laruelle à penser que la philosophie moderne et contemporaine s'arrête au mi-chemin :

« *Toute la pensée moderne, Kant, Hegel, Marx, Nietzsche, leurs disciples, identifie la déterminabilité des « termes » avec leur mise* ***en*** *rapport, quand ce n'est pas leur mise* ***sous*** *rapport. Pas de détermination ou d'individuation, pas de devenir-sujet sans entrer sous ou dans un rapport (la catégorie kantienne, l'Idée hégélienne, le Rapport de production marxiste, le Rapport de force nietzschéen, l'être-là...*

heideggerien, la différence déconstructrice comme synthèse ou rapport différentiel, les machines désirantes à flux, le pour soi, le signifiant et l'ordre symbolique, etc.). Le rapport, voilà l'essence, l'alpha et l'omega de la pensée occidentale » (PM, p.94).

À titre de conséquence, si l'on utilise ce moyen de Différence pour échapper le Logos, c'est forcément un insuccès qui nous attend. Puisque d'une certaine manière, nous sommes encore conditionnés par le Logos. Et n'oublions pas que le Rapport est toujours des « rapports de pouvoir » dans la philosophie.

Il en va de même dans le domaine politique. Si l'on utilise cette modalité de pensée dans la politique, l'individu entretient forcément un rapport avec le Maître, le symbole du Logos dans la politique. L'essence de l'homme est encore conditionnée par le Pouvoir dominant.

Cependant, nous regrettons que Laruelle soit très (trop) sévère envers l'avancée de la philosophie de la Différence dans l'histoire de la philosophie politique. Même si la pensée de la Différence n'est certes pas une « révolution » contre la « monarchie absolue » qu'est la métaphysique, elle réalise au moins une très grande partie de « *décentralisation* ». Cette partie du travail est méritant, voire louable. Il sait bien que la mise « sous » rapport (la métaphysique) n'est pas tout à fait pareille à la mise « en rapport » (la pensée de la Différence). Mais l'insuffisance de cette méthode soulignée par Laruelle n'est pas non plus insignifiante. La philosophie de la Différence est plus ou moins un échec, si elle veut arracher l'homme à la domination du Logos. Puisque, la Différence garde nécessairement un lien intime avec le Logos ou l'Idée, à tel point que ce n'est plus certes le Logos lui-même qui est transcendant, mais c'est le « rapport » (déconstructeur ou différentiel) au Logos qui est dominant et constitutif à l'essence de l'homme.

C'est aussi cette question de « sortir » radicalement le Rapport (de pouvoir) qui conduit Laruelle de plus en plus à la problématique de l'Un comme un « non-rapport » et à élaborer la mécanique de l'« unilatéralité » et de la « détermination en dernière instance ». Mais dans ce livre, il ne sait pas encore que, pour dégager complètement le Rapport (politique), il faut sortir radicalement le terrain de « LA » philosophie. À ce moment-là, il se contente d'« ajouter » l'Un à la philosophie de la Différence.

Parlant concrètement, c'est dans ce livre qu'il donne pour la première fois la définition de ce « concept » qu'est l'Un. Laruelle nous donne deux traits importants : d'une part, il faut supposer l'Un pour que la Différence puisse fonctionner et d'autre part, l'Un est l'immanence absolue qui contient en lui-même l'altérité.

S'agissant de premier point, puisque la Différence est toujours un « rapport » qui s'ajoute après-coup à quelque chose d'autre, qu'est-ce que ce « quelque chose d'autre » ? La première réponse est évidemment le « Logos » et l'« Idée » autour desquels la pensée de la Différence se tourne sans cesse. Mais cette question s'applique aussi au Logos et à l'Idée : d'où viennent-ils, ces Logos et ces Idées, si nous ne croyons plus le Ciel platonicien ? De là la question de Laruelle :

« *Mais si la différence, la pure mobilité, est sans cesse ressaisie dans l'immobilité du volant qui redistribue le mouvement sans le créer, d'où lui vient alors la renaissance de son énergie, si précisément une répétition ne peut jamais rien apporter de plus que ce que la différence a communiqué ?* » (PM, p.90)

Autrement dit, « *Puisqu'il n'y a pas de production dynamique ex nihilo de la continuité* » (PM, p.96), il faut postuler l'Un comme une « *dispersion* » ou une « *dispersivité* » (PM, p.20) : l'Un est comme une « poussée », une action première sans réaction. C'est l'Un qui est le vrai moteur radical, néanmoins toujours « dénié » par la philosophie :

« *Les précédentes coupures* [la Différence] *ne méritent le nom de « transcendantales » que parce qu'elles postulaient leur force dispersive sans reconnaître son « origine »*. » (PM, p.116)

Autrement dit, « *L'Un ajoute à l'Autre un contenu positif et une essence qui explique son refus de la synthèse, mais ne se réduit pas à ce refus [...] de la synthèse.* » (PM, p.103)

Dans un tel cadre, l'Un est une « action » ou un « agir » radicalement premier et il se manifeste sans passer par l'Être ou par l'idéalité. C'est là le sens de l'« unilatéralité » (l'Un agit unilatéralement), donc « *l'Un peut être dit « supplément-d'un » ou d'unilatéralité, mais non supplément-d'unité.* » (PM, p.129)

En d'autres termes, « *Il s'agit d'une immanence réelle de l'idéalité au réel, d'un sans-rapport positif de l'Idée (à) l'Un « dans » l'Un. Dans leur immanence réelle, les Dispersions trouvent de manière également immanente le continuum des Rapports et des Divisions de l'Être. La Cause ou Détermination en dernière instance n'a pas besoin d'agir par un rapport, elle trouve directement dans son immanence réelle le matériau de tous les rapports possibles. L'immanence réelle assure* ***elle-même*** *son union avec l'Idée, elle contient l'immanence idéale et l'Être (et de sa transcendance) sur le mode réel et non pas idéal et synthétique.* » (PM, p.96-97)

Il faut constater un lien étroit avec la première période de la pensée laruellienne. Dans *Nietzsche contre Heidegger*, il parle déjà d'immanence subjective et dans *Au-delà du principe de pouvoir*, il accentue ce pôle impolitique toujours actif par rapport au principe de pouvoir. À partir de là, dans *Le principe de minorité*, il tente enfin de tracer une ligne de démarcation définitivement non franchissable entre cette cause interne subjective et les réseaux des pouvoirs. Cette cause impolitique est nommée maintenant comme l'Un qui est un agir premier et l'Un n'agit que sous la modalité « dispersive » ou « unilatérale », au lieu d'une relation de « duplicité ».

Ce qu'il est en train d'élaborer, c'est l'« Un » qui est plus « originel » et plus « moléculaire » que l'« Autre » et l'« Être ». De plus, cet Un n'est pas inopérant ou passif, bien au contraire. Il est conçu comme un « agir » qui se manifeste sous la modalité de l'unilatéralité.

La tâche suivante de Laruelle est de bien « conceptualiser » cette idée de l'Un. Le premier geste de Laruelle est de penser l'Un comme le Réel et cela veut dire qu'il faut « laisser » donner la donation absolue qui est l'Un. L'Un est « antérieur » au jeu de la Différence :

« *les données immédiates de l'Un, données transcendantales qui excluent d'elles-mêmes de la différence/répétition.* » (PM, p.83)

En d'autres termes, « *Nous cherchons le réel inconnu = X [...] qui arracherait le réel au jeu de l'étant et de l'Être, au réel objectivé* » (PM, p.13).

Deuxièmement, si on montre que l'Un est capable d'utiliser l'Être sans devenir une mise « en » (ou « sous ») rapport, il ne faut pas considérer cet agir comme une « unité » ou une « synthèse », en raison de « *l'Un comme uni-latéralité et l'Un comme indivisible du réel : comme plus-que-unité et plus-que-synthèse ; plus exactement comme* ***autrement-qu'unité*** *et* ***autrement-que-synthèse.*** » (PM, p.86). L'Un est conçu comme un agir et l'agir est conçu comme un usage unilatéral de l'Être, donc c'est « *une pensée de l'Un,* ***mais de l'Un sans unité****, au-delà de l'Idée, du Logos, de l'Être même* » (PM, p.6) C'est un usage non-autoritaire et non-hiérarchique de l'Être et l'Autre.

Or il est clair que la découverte de l'Un est indissociable avec la mécanique de l'unilatéralité : l'Un est « *La postulation de l'Un comme unilatéralité* » (PM, p.85). Dans la première période, Laruelle parle d'une mixité entre la « duplicité » et l'unilatéralité. Après avoir refusé le dispositif de la Différence, Laruelle va couper le rapport entre ces deux déterminations. Il parle maintenant d'un « non-rapport » sous forme d'« unilatéralité ». L'expression de l'unilatéralité signifie que même s'il y a encore une dualité, il n'y a pas de « rencontre » ou de « contact » entre les deux. L'Un fait un « usage » de l'Être sans être déterminé ou être conditionné par ce dernier.

Autrement dit, l'Un est conçu comme une antériorité par rapport au Tout (l'Être, l'Autre et la politique) et il agit sous forme d'unilatéralité. C'est une action première sans jamais être une réaction par rapport au Logos ou à l'État.

Dans sa première définition de l'unilatéralité, nous insistons sur l'importance du premier point dans cette citation – car l'élaboration de l'Un et de l'unilatéralité est un effort afin de ne pas répéter les jeux de pouvoir proprement philosophiques dont nous parlions auparavant :

« *1.Uni-latéral », pris rigoureusement, est la propriété d'une Essence qui refuse d'entrer* ***sous*** *des totalités et même de former* ***par soi*** *une régularité, une totalité, une co-incidence ou ligne de devenir. [...] 2. Mais l'unilatéralité ne doit pas se définir en extériorité et idéalement par un rapport « de côté » à..., un rapport de traverse ou de transversalité. [...] 3. Justement, l'unilatéralité ne doit plus être l'attribut d'un sujet, d'une substance pré-existante, ni une nouvelle substance. [...] Elle est plutôt par elle-même prise directement comme cause (mais seulement de dernière instance), elle cesse d'être une propriété et l'attribut tout relatif d'une cause définie en extériorité pour devenir elle-même une essence positive et absolue, littéralement la « dernière instance » ou le sujet.* » (PM, p.142-143, souligné par nous)

L'Un en tant qu'unilatéralité est donc une réponse à la question écrite dans la première page de ce livre : « *peut-on définir des parties avant le Tout et indépendamment du Tout ? [...] des minorités avant l'État et indépendamment de l'État ?* » (PM, p.5)

Si l'Un existe réellement avant la politique et si l'Un n'a jamais de rapport avec l'Être ou avec le Rapport de pouvoir tout en étant capable d'en faire un usage, la clé pour résoudre ce dilemme est une « dispersion unilatérale ». Autrement dit, l'agir sous forme d'unilatéralité signifie que la dispersion est une action première en utilisant l'Être sans « contacter » ce dernier, du fait que l'Un agit tout en restant comme immanence radicale. L'Un ne forme plus une duplicité avec le principe de pouvoir. Désormais, c'est un usage unilatéral comme une détermination en dernière instance. C'est là le premier sens important de la « non-politique » chez Laruelle.

Il faut admettre néanmoins que dans ce livre, la description de l'Un, le Réel, l'unilatéralité n'est pas encore parfaite. Mais dès lors, Laruelle ne cesse de repenser cette découverte fondamentale de l'Un. Et il faut souligner avec force que lorsqu'il rumine sans arrêt cette découverte de l'Un, il faut entendre cette recherche permanente *en filigrane et en même temps* comme une tentative d'une « sortie » radicale hors de rapports de pouvoir dans la philosophie.

Avant que l'on entre dans la prochaine section, il nous reste encore un point important. C'est le problème de l'articulation entre *Au-delà du principe de pouvoir* et *Le principe de minorité.* Il faut confronter ce dilemme en apparence l'expression de *l'Un comme un « pouvoir » (d') « impouvoir ».*

D'une part, sans retomber dans le panneau du « pouvoir du sens » inhérent à la philosophie, Laruelle souligne la « stérilité » et l'« appauvrissement » de l'Un : l'Un n'a aucun « pouvoir » :

« *On appellerait Multiplicités unaires un divers non pas privé de « raison » au sens d'« arbitraire » ou d'« irrationnel », mais privé de la Raison comme pouvoir-de-Idée, comme pouvoir-de-transcender, comme pouvoir-de-différer.* » (PM, p.84. Souligné par nous)

Si cet Un possédait encore un pouvoir de « connecter » (la force idéaliste de « et...et...et... »), ce serait un geste idéaliste répétant les erreurs des philosophes de la Différence. C'est pourquoi il estime qu'« *On aura régulièrement confondu l'impouvoir absolu quant à soi de l'Un, l'impouvoir de se séparer de soi, avec un pouvoir de se continuer et de se prolonger. Mais l'impouvoir de l'Un, avant d'être relatif au monde, de ne pouvoir agir sur le Monde, l'Être, l'Histoire, avant même d'être relatif à soi, est un impouvoir absolu, positif, l'absence immédiatement, impotence, de tout pouvoir.* » (PM, p.129. Souligné par nous)

Bref, il faut enlever ce pouvoir propre de la philosophie dans l'Un et insister sur le fait qu'« *Elles* [les coupures irréfléchies] *sont positivement ou immédiatement dépourvues de tout pouvoir.* » (PM, p.96)

Mais d'autre part, déjà dans *Au-delà du principe de pouvoir*, il a distingué l'« impouvoir » de la « passivité absolue » en disant qu'« *il faut appeler son « impouvoir » et distinguer d'une impuissance* » (APP, p.14). En d'autres termes, Laruelle soutient une thèse en apparence contradictoire : l'« impouvoir » a son propre « pouvoir ». Le texte le plus explicite à cet égard est sans doute ce passage :

« *Les négations auxquelles le Logos est contraint quant à l'Un ne sont pas uniquement son fait, et si d'une certaine manière elles expriment quand même son pouvoir propre, c'est en tant que subordonné en dernière instance à l'Un. Elles ont lieu en lui par et pour lui et en même temps (immanence réelle) sans lui. Si ce pouvoir de se réfléchir en soi positivement, de se nier aussi, est bien* **son** *pouvoir, il témoigne plutôt pour l'efficace de l'un que pour l'inexistence de l'Un.* » (PM, p.134)

L'impouvoir de l'Un a « son » pouvoir. Ce paradoxe est déjà partiellement levé dans la fin de citation précédente. L'« existence » de l'Un signifie l'efficacité de l'Un.

Ce paradoxe se dissipe si l'on s'avise que le « pouvoir » (de) l'Un n'est pas un variant du « pouvoir du sens » philosophique. La « puissance » (de) l'Un est l'Un lui-même, au lieu de refaire un dualisme comme si le pouvoir était une propriété de l'Un. L'Un est, donc l'Un agit. L'Un n'est autre chose qu'un « agir ».

Par ailleurs, puisqu'il conçoit l'Un comme un « agir », il n'est pas difficile à comprendre que l'Un « contient » une puissance d'altérité. C'est pourquoi Laruelle dit qu'il est guidé par « *L'exigence d'une Différence absolue* » (PM, p.89) pour montrer « *des **données immédiatement des multiplicités*** » (PM, p.6). Il ne faut pas évidemment comprendre le mot « multiplicité » en termes de Différence. L'expression de « multiplicité » n'est que ce que Deleuze nomme comme « virtuel plein ». L'Un indivisible est un « vide » qui n'est pas un « rien ». La multiplicité témoigne de la « plénitude » de l'Un.

Pour le dire autrement, l'Un en tant qu'immanence absolue est un virtuel fini qui a son propre « pouvoir » (d')agir sans devenir une idéalité. D'où le fait qu'immanence radicale peut être considérée comme une multiplicité. Autrement dit, si l'Un est, il existe sous forme d'agir. C'est la seule « raison » de son pouvoir. C'est donc plutôt un (non-)pouvoir, au moins il n'est pas le pouvoir philosophique. Mieux encore, ce « pouvoir » (d')impouvoir est ce qui rend tous les pouvoirs – théoriques ou pratiques — possibles, un « matériel premier » en quelque sorte. Ainsi Laruelle réussit, parvient-il, à épurer la manifestation (d')immanence subjective depuis *Nietzsche contre Heidegger* : l'Un signifie un agir subjectif radicalement premier.

De surcroît, il donne une structure propre à cet agir : une modalité d'« une fois chaque fois » :

« *« Chaque » coupure est tout entière unaire [...] Chaque supplément-de-coupure est tout entier une division indivisible ou irréfléchie.* » (PM, p.155)

Donc, ce n'est pas une « multiplicité continue » dans l'idéalisme de la Différence. Chaque agir fini est par conséquent un commencement radical et chaque agir est à la fois la première et la dernière action. Ainsi Laruelle réussit-il à dégager toutes formes de pouvoirs imposées à l'agir subjectif. Si bien que l'agir (de) l'Un est un pur « agir » sans recourir au pouvoir du sens de la philosophie.

Cette conception de l'Un confirme une fois encore l'importance de la « pratique » dans la pensée de Laruelle. Il faut comprendre que toute l'entreprise de la non-philosophie n'est pas une négation contre la philosophie -- ce serait totalement une erreur. Mais la non-philosophie est une « invitation » à la pratique. Toute la non-philosophie tente de nous expliquer que la pratique peut se faire sans être déterminée par une idéalité théociste. Car si nous sommes, nous, en tant qu'Un, agissons.

En résumé, *Le principe de minorité* est un livre de transition entre la première période et *Une biographie de l'homme ordinaire*. Même si Laruelle critique profondément la pensée de la Différence, mais en effet, cette critique se fait en introduisant un Un réel et unilatéral dans la philosophie (de la Différence). Ce faisant, c'est un Un pour la philosophie et non pas un regard de la philosophie depuis l'Un. Donc, ce n'est pas encore une « sortie » radicale du dispositif de la Différence. Laruelle a encore un pied sur le terrain de la philosophie.

DEUXIÈME SECTION
La pensée politique dans *Une biographie de l'homme ordinaire*

Ce livre est une vraie rupture dans la pensée de Laruelle. Beaucoup de points importants y sont proposés. Il mérite une attention particulière.

Commençons par le statut de ce livre dans les œuvres de la non-philosophie. Le livre précédent, *Le principe de minorité*, procède de la manière suivante : de la philosophie à la philosophie de la Différence et de la philosophie de la Différence à la postulation de l'Un. L'Un est conçu comme un « fondement » dénié par la philosophie (de la Différence). Autrement exprimé : Laruelle regarde l'Un encore avec les yeux philosophiques, presque depuis un point de vue extérieur. Mais dans ce livre, il fait un déplacement de taille : il est conscient qu'il est problématique de procéder ainsi et il faut inverser cette direction, sinon on reste toujours dans la « philosophie-politique ». Il faut non seulement laisser donner l'Un, mais *regarder la philosophie depuis l'Un et non pas l'inverse.*

C'est pourquoi dès la première page, il écrit :

« Le Principe de minorité *est une œuvre de transition, une tentative mixte, d'esprit philosophique traditionnel, pour rompre avec celui-ci et en particulier avec les ouvrages précédents de l'auteur. C'est une « percée » qui procède encore pédagogiquement et philosophiquement, c'est-à-dire par les voies de la transcendance, à partir de problématiques philosophiques (Kant, Husserl, Nietzsche, les Contemporains) vers une pensée de l'Un ou des individus. L'essai présent au contraire abandonne ce procédé et commence avec l'Un ou les Minorités et en tire les conséquences.* » (BHO, p.5)

Le deuxième problème dans le livre précédent est que, malgré tout, l'Un est presque un « concept » (philosophique), au sens banal du terme : une idée « anonyme » et « impersonnel ». C'est un résultat inévitable de la non-sortie de la philosophie, dans la mesure où les concepts philosophiques sont toujours anonymes (car ils sont le résultat d'un jeu d'auto-position et de la non-donation d'identité humaine). Donc, le deuxième changement capital est le suivant : il faut commencer par l'Un et « humaniser » l'Un - pour le dire d'une manière simplificatrice. D'où l'idée d'un « homme ordinaire » (transcendantal, bien entendu).

Il est lucide sur ce point qui est peu perceptible auparavant : l'Homme « est » réellement. Il faut penser à partir de ce fait et déduire les conséquences et les axiomes adéquats. L'homme ordinaire existe réellement et il est l'Un « individual » (plutôt qu'« individuel »). Et il faut regarder le Monde et la philosophie avec les yeux humains et non pas l'inverse.

La première conséquence de ce double geste est que l'homme ordinaire est radicalement antérieur au Monde et à la philosophie. Et il n'a absolument pas besoin de philosophie pour justifier sa raison d'être. Mieux encore : il est déjà là avant toutes les justifications humanistes de la philosophie. Ce sont le Monde et la Philosophie qui doivent être déduits à partir de ce donné radicalement humain et premier – non pas l'inverse. Cette démarche est en fait très proche de Rousseau : l'homme existe avant la société, il n'a pas besoin de la culture et c'est la culture qui est problématique, non pas l'essence humaine. Il en va de même chez Laruelle : l'homme ordinaire « est » et l'essence humaine est finie avant toutes les opérations philosophiques de finitude. C'est-à-dire que l'essence (de) l'Homme n'attend aucune intervention politico-philosophique pour que l'homme puisse passer de l'état inachevé à la plénitude. L'identité humaine est donnée radicalement et définitivement. Ce qu'il est en train de montrer, c'est presque un état de nature rousseauiste — il faut regarder la chose depuis le point de vue de l'état de nature, au lieu de celui de l'état civil.

La deuxième conséquence est que, si l'Un « est » et il existe antérieurement à la philosophie sans être déterminé par elle, on peut légitimement utiliser l'article lorsqu'on parle de « La » philosophie. Sans un appui réel qui est radicalement autre-que-la philosophie, toutes les appellations de la soi-disant « la » philosophie n'est qu'une torsion topologique « dans » la philosophie. C'est justement grâce à cette inversion de vision que naissent simultanément « la » philosophie et la « non-philosophie ».

Comme nous insistons souvent, la philosophie n'est pas fondamentalement différente de la politique, la naissance de la « non-»philosophie est simultanément une non-politique. Maintenant, avec l'Homme comme l'antériorité radicale « par rapport à » la philosophie, il est absurde et insensé de parler de la problématique de « sortir » les jeux de pouvoir de « La PhilosophiePolitique »[205]. Étant donné que ce qui est premier, c'est le donné-sans-donation de l'essence (de) l'Homme -- non pas la philosophie et ses réseaux de pouvoir, l'essence (de) l'Homme n'entre jamais dans LaPhilosophiePolitique. Ou bien l'homme fini « entre » dans laPhilosophiePolitique sous le mode d'unilatéralité. Certes, il faut par conséquent expliquer la modalité d'« articulation » entre l'homme ordinaire et LaPhilosophiePolitique, parce que si Laruelle estime qu'il y a un « non-rapport » entre l'Homme et LaPhilosophiePolitique, cela ne veut pas dire que c'est un « sans-rapport ». Mais l'essentiel est de s'aviser que les jeux de pouvoir de LaPhilosophiePolitique sont donnés strictement « après » l'homme ordinaire et ne détermine guère l'essence (de) l'Homme. C'est la raison pour laquelle il juge que :

« *il ne peut être question de faire « sortir » l'homme de la clôture qu'elles* [la philosophie et des Sciences de l'homme] *forment ensemble par leur conflit même. Il s'agit plutôt de montrer qu'il n'y est jamais entré, que ce conflit n'est pas son affaire, sinon par une hallucination unitaire* » (BHO, p.13).

Autrement dit, « ***Elle*** [la science absolue proposée par Laruelle] ***appartient à tout homme comme sujet fini ou ordinaire, qui n'ayant pas besoin de la philosophie, n'y est jamais entré et ne se propose pas d'en sortir***. » (BHO, p.172)

---

[205] Pour imiter et pour paraphraser le style de Laruelle dans ce livre où il utilise systématiquement les expressions de « Laphilosophie » et de « Lemonde », nous utilisons le mot « LaPhilosophiePolitique » pour souligner l'identité entre la philosophie et la politique depuis le Réel qui est donné radicalement « avant » la philosophie.

Si l'homme fini est donné avant la LaPhilosophiePolitique et il n'y « entre » jamais, comment expliquer ce non-rapport entre les deux, si ce n'est pas un sans-rapport ? Pour résoudre ce problème d'« articulation », il faut expliquer l'idée de « science » chez Laruelle.

Ce qui est contemporain à l'apparition de l'Un comme l'homme ordinaire, c'est l'idée de la « science ». Elle est bâtie sur ce constat : le questionnement philosophique est toujours une « auto-position », une « auto-décision », un « revenir sur soi » et un acte d'« auto-englober », alors que la science est basée sur le donné déjà existant qui est Réel sous la forme d'un « inconnu = X ». La recherche « scientifique » est donc une activité « unilatérale » qui part du Réel déjà donné en étudiant le sens encore inconnu de cette donnée X. La « science » signifie une recherche avec un sens unique : il n'y a pas d'aller-retour (réciproque), mais seulement un « aller simple ». Donc, on doit concevoir cette « (non-)articulation » comme une détermination « unilatérale » de l'ordre scientifique. D'où le but de ce livre qui est d'élaborer « *une science rigoureuse de l'homme, mais distincte à la fois [...] de la Philosophie et des « Sciences de l'homme » qui en dérivent.* » (BHO, p.5) : « *une science transcendantale des individus comme tels.* » (BHO, p.5)

Cela étant, pour rester fidèle à cette découverte de l'homme fini, tout ce livre se structure comme un approfondissement des « *cinq « théorèmes »* » fondamentaux :

« *1) l'homme existe réellement et il est distinct réellement du Monde [...] 2) l'homme est un vivant mystique condamné à l'action, un être contemplatif voué à la pratique pour des raisons qu'il ignore ; 3) comme vivant pratique, l'homme est condamné une seconde fois, et pour les mêmes raisons, à la philosophie ; 4) cette double condamnation organise son destin, et ce destin s'appelle le « Monde », l'« Histoire », le « Langage », la « Sexualité », le « Pouvoir », etc., ce que nous désignons comme les* ***Autorités*** *en général ; 5) une science rigoureuse de l'homme ordinaire, c'est-à-dire de l'homme, est possible ; une biographie de l'individu comme Minorités et comme Autorités ; une description théoriquement fondée de la* *vie qu'il mène entre ces deux pôles et qui suffisent à le définir.»* (BHO, p.7)

Toutes ces cinq « thèses » sont une déduction à partir de l'existence réelle de l'homme ordinaire et on analyse LaPhilosophiePolitique depuis ce Réel. Si l'homme ordinaire existe avant les opérations de LaPhilosophiePolitique et si l'entreprise de la non-philosophie n'est pas une « négation » de la philosophie, mais un « usage » ou une « transformation » de cette dernière, la tâche urgente est, d'une part, d'approfondir cette découverte qui est l'Homme comme le donné premier et, d'autre part, d'étudier à fond de l'« articulation » entre l'homme ordinaire et LaPhilosophiePolitique (le sens du « non-rapport »). Donc, pour affronter ce que nous venons d'évoquer, quelques points méritent d'être développés : (1) l'homme est un donné réel et il est un donné avant toutes les donations de LaPhilosophiePolitique, (2) LaPhilosophiePolitique est une dénégation de ce donné premier, de là l'*« oubli politique de l'essence de l'État »* ; (3) la philosophie comme l'ensemble des a priori de l'Autorité et l'identification entre la philosophie et la politique.

En premier lieu, concernant le donné réel de l'essence (de) l'Homme, ce n'est ni une « thèse » idéaliste ni une auto-position ou une auto-décision, mais c'est plutôt un « donné (réel)-sans-donation(philosophique) » ou un « présupposé-sans-l'opération de présupposition ». Donc, ce n'est pas un acte de « poser-au-devant » par un (non-)philosophe qui est Laruelle. Il est absurde de parler d'un Un « inventé » par Laruelle. (par contre, il est l'inventeur d'un langage adéquat à une découverte qui est déjà là). En tout cas, c'est une « hypothèse an-hypothétique » de l'ordre scientifique.

Donc, l'homme ordinaire existe radicalement « avant » le Monde, la Philosophie et l'Autorité. C'est pourquoi il dit que :

« Les individus ne sont pas « au-delà », ils sont « avant »...le Monde ou les Autorités, mais dans une antériorité qui n'est irrattrapable que pour ceux-ci. Car dans leur essence ils sont inhérents (à) eux-mêmes et commencent par eux-mêmes.

Leur antériorité n'est pas donc pas celle d'un Autre » (BHO, p.48)[206].

Notre interprétation tend à montrer que l'homme en tant que minorité est une « antériorité » réelle à LaPhilosophiePolitique. Les hommes ordinaires sont des « parties » minoritaires qui existent « avant » le Tout. Elles sont la condition de possibilité réelle de l'État. En un mot, « ***Les minorités sont des données immédiates qui précèdent les jeux de pouvoir*** » (BHO, p.81).

En second lieu, une (dé)négation de cette donnée première dans LaPhilosophiePolitique n'est pas datée d'hier. D'où la thèse de « ***l'oubli politique de l'essence de l'État*** » (BHO, p.33) dans l'histoire de la philosophie politique occidentale :

« *l'essence de l'État fut toujours oubliée et impensée malgré la réflexion politique, ou précisément à cause d'elle [...] la fonction et l'essence de la « philosophie politique » s'épuisent dans le refoulement ou la dénégation hallucinatoires de l'essence de l'État, dont l'« oubli » n'est pas accidentel.*» (BHO, p.34)

Même si l'homme ordinaire est la condition de possibilité de LaPhilosophiePolitique, c'est-à-dire que « ***L'autorité est une conception « mondaine » et « philosophique » de la causalité humaine finie*** » (BHO, p. 98), la philosophie est toujours une dénégation de ce fait premier. Sans cette dénégation, les gestes fondamentaux comme l'auto-position idéaliste n'auraient pas lieu. C'est pourquoi, dans LaPhilosophiePolitique, cette négation est la « foi » ou la raison d'être de sa propre existence. D'où « La » question étatique : de définir la minorité « *comme différence **dans** ou **sous** la Nation et l'État, particularité à l'intérieur d'une totalité qui a le privilégie de l'unité* » (BHO, p.31). Bref, la tâche d'État n'est que ceci : « *comment les intégrer* » (BHO, p.26).

Mais une des nouveautés fondamentales de la pensée laruelliennne est de montrer que le (non-)Un est aussi l'Un en dernière instance. Ce qui est oubli est en fait « inoubliable ».

---

[206] On peut considérer cette thèse comme une critique ou un dépassement de la pensée développée dans *Au-delà du principe de pouvoir*. Voir BHO, p. 47-48.

Dans le cadre qui nous occupe ici, cela veut dire que la dénégation de la causalité de l'homme fini est aussi déterminée en dernière instance par cette cause humaine. Cet « oubli » inoubliable n'existe que dans le fonctionnement de l'État :

« *Comment se dissout cette contradiction, cette stricte identité d'un oubli total et d'un absolument in-oubliable ? La thèse de* ***l'oubli politique de l'essence de l'État*** *n'est pas une thèse seulement minoritaire, elle est aussi une thèse elle-même intra-étatique, un dernier effet ou un ultime aveu polito-logique.* ***Seul l'État peut croire qu'il a réellement oublié son essence : et cette croyance est le contenu réel de cet « oubli », une hallucination****. C'est la croyance ou l'illusion d'un oubli de l'essence de l'État qui est le véritable oubli et son contenu réel.*» (BHO, p.35-36)

C'est pourquoi il n'y a pas de contradiction lorsque Laruelle souligne que « *cette essence, celle aussi de l'État en dernière instance, est rigoureusement inaliénable et in-oubliable, et la pensée politique n'a jamais pu l'oublier réellement.*» (BHO, p.35)

En troisième lieu, même si l'homme existe réellement et la causalité humaine est quelque chose d'inoubliable, il faut reconnaître que la mécanique de la « philosophie – politique » a sa propre logique. Quelle est cette logique propre de LaPhilosophiePolitique ? Il serait trop simplificateur de définir l'État ou la politique comme un mal en soi ou comme un Appareil étatique toujours répressif contre l'individu.

Pour répondre à cette question, il soutient une thèse étonnante selon laquelle il ne faut pas traiter la politique comme une question de « politique » – tout serait perdu. Le problème de la politique est en effet un problème « philosophique » ou un problème du réel :

« *Le problème de l'État comme problème des Autorités, ce n'est pas un problème politique. Il y a une certaine barbarie à traiter politiquement un problème politique, philosophiquement un problème philosophique, etc. <u>Le problème de l'État, c'est un problème d'anthropo(-logie) transcendantale : d'abord plus philosophique que politique</u> ou autant l'un que l'autre, si l'on se place sans l'État pour traiter de celui-ci ; <u>ensuite réel plutôt</u>*

que philosophique et politique, si l'on se replace dans l'homme ordinaire et son expérience absolue.» (BHO, p.99. Doublement souligné par nous).

En d'autres termes, le fait que le problème de la politique est au fond un problème du réel signifie que le « pouvoir du sens » est en dernière analyse une production d'a priori afin que tous les phénomènes politiques soient possibles. Il faut comprendre que l'Autorité chez Laruelle ne signifie jamais le pouvoir concret, mais toujours *un ensemble d'a priori qu'est la « philosophie »* ou mieux encore, une forme a priori de « pensée-monde ». C'est seulement à partir de ces a priori philosophiques que tous les problèmes politiques deviennent possibles. D'où une thèse extrêmement importante dans ce livre : « *les Autorités comme structure a priori du Monde* » (BHO, p.94).

L'Autorité est l'ensemble de présuppositions « logico-réel » et ce n'est pas un problème de politique :

« *Puisque la minorité est l'essence inaliénable de l'homme en tant qu'individu ordinaire, l'autorité et les Autorités sont encore une interprétation de cette essence, une conception de l'homme et de l'individu : l'autorité n'est pas un concept éthico-politique, c'est un concept logico-réel. Mais il suppose sur cette essence un point de vue autre que cette essence elle-même : c'est bien un concept réel ou transcendantal, mais qui reste logique, philosophique, mondain.*» (BHO, p.96).

Autrement dit, « ***L'autorité doit être traitée non comme un concept éthico-politique, mais comme un concept logico-réel.*** *[...] donc comme un a priori* ***transcendantal*** » (BHO, p.97)

Donc, pour lui, la vraie puissance de la philosophie n'est pas seulement le pouvoir de dire « ceci est légitime et cela est illégitime » (le pouvoir du sens), mais elle constitue un « horizon » incontournable par lequel un discours sur la « légitimité » est possible. Pour que l'exercice du pouvoir concret soit possible, il faut au préalable une « ouverture » mondaine par la pensée philosophique. Il faut agencer une « vision du monde » : notamment par une « temporalisation » et par un « espacement » comme un terrain du jeu « pour » le pouvoir actuel. C'est pourquoi il considère que l'Autorité est plutôt un ensemble d'a priori sous forme de « pensée-monde » :

« *On doit entendre l'autorité et les Autorités en un sens large et essentiel. Plutôt que leur concept politique, éthique et juridique, c'est ici, comme on l'a dit, une structure, une essence, un apriori qui vaut de tous les phénomènes particuliers qui ont lieu dans le Monde [...] c'est un apriori de degré supérieur qui vaut pour tous.*» (BHO, p.96-97)

Même si cette forme d'a priori est par définition « invisible », elle n'est pas moins dominante. *La production de l'« apriorité » (ou la « transcendance ») est le pouvoir le plus haut et le plus décisif dans la philosophie.* C'est là le vrai pouvoir de la philosophie :

« *Autorités ne sont pas spécialement politiques et administratives, ce sont donc des structures a prioriques de toute expérience dans le Monde, l'Histoire, l'État, etc., les formes les plus générales du pouvoir* » (BHO, p.97).

Cependant, quand on explique que le vrai pouvoir de LaPhilosophiePolitique est l'ensemble des a priori, on arrête l'interprétation à mi-chemin. Il y a encore quelque chose comme l'a priori pour l'ensemble de ces a priori. Ce qui anime la production des ces structures d'a priori dans les discours philosophiques, c'est le désir abusif au Réel. C'est là la « logique » propre de LaPhilosophiePolitique.

Or le pouvoir de la philosophie ne se limite pas au fait que les philosophes émettent les thèses « onto-théo-anthropologiques », mais l'essentiel est d'aviser que c'est *le discours philosophique qui détermine en dernière analyse ce qui est le réel de l'homme* : quelle que soit la définition que l'on donne à l'essence humaine, on est obligé de recourir au discours philosophique. C'est là le sens de la formule de Parménide : « l'Être et la Pensée sont le Même ». Mais Laruelle se demande : si la réalité est plutôt le fait que les philosophes interprètent le Réel et finissent toujours par s'identifier au Réel ? Si bien que c'est le philosophe qui « décide » arbitrairement ce qui est le Réel. D'où l'importance de Nietzsche pour Laruelle, dans la mesure où c'est Nietzsche qui rend visible ce geste (ou ce désir) le plus déterminant de

LaPhilosophiePolitique : ce que les philosophes fabriquent, c'est le « réel ». En d'autres termes, « *Nietzsche donne à sa manière la clé de la philosophie : le réel est une interprétation, l'interprétation est le réel ou représente le réel pour une autre interprétation.* » (BHO, p.19).

L'Autorité est animée par un désir de fabriquer l'essence de l'« homme », sous prétexte de la « recherche de vérité ». En réalité, la philosophie est une ambition « sur » le Réel et finit toujours par s'y identifier. C'est justement ce désir du Réel et cette identification arbitraire et abusive au Réel qui déclenchent tous les programmes politico-philosophiques. Mais le problème est qu'un philosophe est un politique qui s'ignore. Ce projet ultra-politique est masqué par une transformation « non politique » ou une application du Bien ou de la Vérité au domaine politique.

De plus, le processus de ce programme socio-politique est relativement similaire. Il consiste à prêcher un être humain conçu comme « parfait » et cet « homme idéal » devient invariablement le modèle pour les hommes empiriques. La « philosophie-politique » n'est qu'un devenir identique entre cet homme « ordinaire, trop ordinaire » et un philosophe « extra- »ordinaire.

L'argument laruellien revient à dire que les philosophes commencent toujours par traiter l'homme comme un « matériau premier » imparfait, donc à « travailler » et à « tailler » selon un modèle d'un « Philosophe ». Autrement dit, le philosophe-politicien commence à « diviser » l'homme selon le modèle d'un philosophe ou selon un idéal anthropo-logique afin de rendre l'homme ordinaire une « honte » de l'humanité - c'est-à-dire de le rendre comme un être « sous-humain ». Puis, pour s'en sortir, il faut l'intervention de la philosophie et ses projets socio-politiques d'éducation, de restauration et éventuellement de fabrication pour qu'un être « humain », voire « sur-humain », soit possible.

Ainsi entendue, la philosophie n'est qu'un « *eugénisme transcendantal* » pour ce misérable être qui est l'homme ordinaire. C'est ce mépris et ce désir de l'améliorer qui animent toute LaPhilosophiePolitique.

À l'appui des explications dégagées, ce à quoi Laruelle s'intéresse, ce n'est jamais les contenus propres, les justifications de « pour ou contre » à une telle ou telle question traditionnelle. Ce qui l'intéresse, c'est la « nature » de l'arrière-pensée de ces « arrières-mondes » chez ces philosophes politiques. Il le définit comme un « désir » abusif envers l'homme. C'est un désir du Réel qui se traduit par un projet destiné à fabriquer l'homme « parfait » ou au moins « acceptable » du point de vue du philosophe. Si on dit que LaPhilosophiePolitique se résume dans une formule de Hobbes, « *Let's make man* », cela ne règle pas tout. Il faut pénétrer jusqu'au désir inconscient des philosophes, c'est ce désir qui est le plus déterminant dans la philosophie. Un désir se manifeste à la fois par un « dégoût » odieux pour l'homme ordinaire et par un « appétit » dévorant pour l'homme extraordinaire. Pour lui, la nature de ce désir est parfaitement incarnée dans la philosophie de Nietzsche : un Vouloir « excessif » et un désir sans fin par rapport à l'homme fini.

Par ce procédé, Laruelle formule explicitement pour la première fois la thèse de l'identité entre la philosophie et la politique. Il est clair que c'est toujours l'influence nietzschéenne qui marque profondément l'interprétation laruellienne de la philosophie.

En termes concrets, il a d'abord précisé que la philosophie est tout entière dominée par une « pratique » de nature « politique » et « technique » :

« *La philosophie gréco-unitaire est d'origine et d'essence pratique : c'est une praxis et/ou une technè d'essence supérieure. [...] Bien entendu elle a des aspects théoriques, mais la **théoria** est incluse dans la philosophie seulement à l'état de prédicat pour des activités, des valeurs, des buts qui sont de simples préjugés socio-politiques. [...]la philosophie, répétons-le, fut jusqu'à présent une **praxis** avec des aspects théoriques, pas du tout l'expérience de l'essence réelle de la **théoria**.* » (BHO, p.19-20)

Si la philosophie cherche toujours la « Vérité » et si elle vise au Réel, ce n'est pas une affaire de théorie. Une fois le Réel atteint par la dialectique et une fois la vérité du Pouvoir prétendument acquise par les philosophes, le pouvoir actuel doit tirer sa raison d'être ou se justifier devant cette essence du Pouvoir - sinon ce n'est qu'une pure « violence » sans aucune « légitimité » (philosophique, bien entendu). C'est pourquoi il trouve qu'il y a une « foi » fondamentale dans la « philosophie politique » qui consiste à « croire », puisqu'ils ont l'essence du pouvoir, que le pouvoir effectif est légitimement le leur. Autrement dit, c'est « *une « foi essentielle », sinon toujours « rationnelle », identique à l'écart que l'essence du pouvoir entre-tient avec le pouvoir effectif, et qui est l'essence gréco-unitaire pratique de la philosophie.* » (BHO, p.37)

C'est le propre de la croyance de tous les philosophes (politiques) : l'« essence du pouvoir » implique nécessairement un « pouvoir d'essence ».

C'est la raison pour laquelle il conclut fermement que l'on peut identifier la philosophie et la politique :

« *la philosophie (politique) est un mixte qui identifie la philosophie (l'**essence**...du pouvoir) et la politique (le **pouvoir** ...de l'essence) [...] Non seulement le pouvoir est son propre enjeu et a à s'affirmer, se manifester, s'installer sans sa parousie, mais la philosophie a à devenir politique ou effective comme fusion du philosophique et du politique*. » (BHO, p.37. Souligné par nous).

En somme, LaPhilosophiePolitique est non seulement un « oubli » et une « dénégation » de l'essence de l'État qu'est le donné réel de l'homme fini, mais c'est une identité entre la philosophie et la politique qui est derrière l'ensemble des a priori. C'est là la vraie Autorité.

Après avoir analysé ces trois points importants, il faut souligner que, si nous venons de lancer une critique contre LaPhilosophiePolitique, ce n'est pas dans le but de la détruire. Bien au contraire, il s'agit de l'utiliser comme un simple « matériau occasionnel » en levant la prétention au Réel. La science de l'homme n'est pas une négation complète ou une destruction totale de la philosophie et ce qui est détruit, ce n'est que la « suffisance » (auto-proclamée) de la philosophie. Il s'agit toujours pour Laruelle d'en faire un autre « usage » :

« *On ne critique donc pas le Monde mais la représentation hallucinée qu'il se fait des individus ; on ne détruit pas les Autorités, on « dé-place » la représentation magique qu'elles se font des minorités* » (BHO, p.110).

Donc, si la tâche dans ce livre est de « *briser l'alliance de l'homme et des prédicats autoritaires* » (BHO, p.14) et s'il est déjà acquis qu'il faut « *Commencer par l'homme et en tirer les conséquences quant à l'État, au Pouvoir* » (BHO, p.11), l'un des gestes les plus importants consiste à nous apprendre que l'homme ordinaire est capable d'utiliser l'Autorité en dernière instance sans se faire une mixité avec elle : « *Les minorités déterminent en dernière instance les Autorités qui ne les déterminent pas en retour.* » (BHO, p.40).

L'autorité comme la forme a priori de « pensée-monde » est ce sur quoi la minorité s'appuie pour se manifester. Il faut comprendre cette mécanique complexe qui est au cœur de la pensée non-philosophique : l'agir (de) minorité est « premier », mais il est une « passivité » radicale qui doit être déclenchée par la philosophie, sans être déterminé par elle. Puisque l'Un n'est pas un « auto-agir » sans extériorité – dans un tel cas, ce serait un idéalisme absolu. La philosophie comme la « pensée-monde » sert ainsi à l'homme ordinaire comme un « apport » sans former un « r(e)-apport » avec le Réel. Ultérieurement, il parle de la philosophie comme un « matériau occasionnel » pour l'Un et dans ce sens, la philosophie est « première » mais, l'agir (de) l'Un est « avant-première ».

En conséquence, il faut traiter la philosophie comme un ensemble des a priori par lesquels l'agir unilatéral est possible :

« *il* [l'individu ordinaire] *fait aussi un second type d'expérience qui est celle des universels : le Monde, l'Histoire, la Sexualité, le Langage, le Pouvoir, la Philosophie, etc.* » (BHO, p.85)

C'est pourquoi dans les cinq théorèmes cités plus haut, Laruelle dit que l'homme est « condamné » à la philosophie. Mais ce « passage obligé » n'est plus une détermination réciproque. L'agir premier (de) l'Un signifie que c'est cette subjectivité comme l'immanence radicale qui détermine le sens de ce « matériau occasionnel » qui est l'ensemble philosophique des a priori. Si bien que le non-Un est identique à l'Un en dernière instance. Que le (non-)Un soit l'Un en dernière instance est une « thèse » extrêmement capitale dans la non-philosophie.

Avec la thèse selon laquelle le (non-)Un est l'Un, nous voulons dire aussi ceci : il n'y a pas de « dualisme » entre d'un côté l'Un et de l'autre côté le (non-)Un. Il n'y a qu'un seul côté en dernière instance. C'est ce que Laruelle appelle ultérieurement la « dualité unilatérale » et la pièce charnière « entre » l'Un et le (non-)Un qui est la « détermination en dernière instance ».

Autrement dit, l'Un unilatéral agit une fois chaque fois et toujours pour la première fois dans le sens unique. Le fait que le (non-)Un est l'Un s'explique par une mécanique de détermination en dernière instance. Cette utilisation unilatérale de l'« extériorité » nous permet de regarder LaPhilosophiePolitique depuis un point de vue humain ou minoritaire. Même si la philosophie est en quelque sorte « indispensable » et « nécessaire », nous ne sommes pas conditionnés par la philosophie. La vision de l'Un nous donne la confiance de re-user la philosophie -- c'est-à-dire de la pratiquer autrement. C'est une confiance de l'homme ordinaire en ce qui concerne « ***leur capacité à « uni-latéraliser » le Monde, l'État, les Autorités*** » (BHO, p. 62)

Cette modalité de détermination unilatérale est au cœur de l'articulation « entre » l'homme fini et les Autorités :

« *Elle* [détermination en dernière instance] *a deux aspects : elle enregistre d'abord l'autonomie pré-étatique des minorités, l'existence pré-autoritaire des individus ; elle en tire ensuite les conséquences pour leur « rapport » aux Autorités.* » (BHO, p.40)

Autrement dit, par cette modalité de l'unilatéralité, Laruelle peut substituer « ***l'hypothèse minoritaire sur l'État*** » à « ***l'hypothèse étatique sur les minorités*** » (BHO, p.32)

Donc, Laruelle réussit non seulement à concevoir l'essence de l'Homme comme une minorité donnée radicalement avant l'Autorité, mais à formuler un « non-rapport » unilatéral entre l'Un et le (non-)Un. Ce faisant, l'Un subsiste l'immanence radicale et il jouit toujours d'une antériorité par rapport à l'Autorité sans devenir une immobilité. Il est de part en part un agir pour « transformer » la pensée-monde.

Avant que l'on entre dans la section suivante, il faut parler un peu de l'idée de « pratique » analysée en profondeur dans ce livre.

La thèse fondamentale depuis l'*Au-delà du principe du pouvoir* via *le principe de minorité* reste valide (évidemment transformée) : l'Un comme « impouvoir » a son propre « pouvoir ». C'est pourquoi il dit que c'est « *cet im-pouvoir absolu qui contient le pouvoir* » (BHO, p.46) ou bien que « *La minorité est le pouvoir d'uni-latéraliser* » (BHO, p.77). Tout cela veut dire une pratique finie et subjective, dépourvu du « pouvoir du sens » philosophique. Comme si cet agir privé de toutes sortes de finalités était le « matériel premier » pour tous les questionnements philosophiques et pour tous les pouvoirs empiriques.

Or grâce à la découverte d'homme fini et son agir premier sous forme d'unilatéralité, Laruelle nous donne une nouvelle vision de pratique non-philosophique : « *l'agir est réel sans avoir besoin de toutes les généralités médiatrices (rapports de pouvoir, de force ou de production, désir, Être, etc.).* » (BHO, p.218). Si bien que la pratique n'est plus une action « autoritaire » comme une manifestation politique d'un « pouvoir » (philosophique) : elle est « *une simple poussée plutôt qu'un pouvoir-sur...* » (BHO, p.218).

C'est donc un « ***Agito*** *plutôt que* ***Cogito*** » (BHO, p.216) : l'existence se dit par une invitation à la pragmatique. Si l'Un est, l'Un agit. D'où la pratique. L'idée de pratique est immanente à l'Un.

Tout ce livre débouche sur ceci : un terrain immense ou une ouverture radicale pour une « pratique finie » enfin sans borne et sans limite. La rigueur théorique (non-philosophique) et l'invitation à la pratique ne font qu'un : « *Le sujet-sans-prédicat se prolonge par l'usage-sans-prédicat* » (BHO, p.197).

TROISIÈME SECTION
La pensée politique dans *Théories des Étrangers*

Ce livre, premier ouvrage de « Philosophie III », est peut-être le sommet de la pensée politique chez Laruelle. Même si tous les éléments sont déjà présents et élaborés dans les livres précédents, ce livre synthétise les points proposés précédemment. Trois points sont les plus importants : (1) l'élaboration d'une notion de « sujet » fondé sur la découverte de l'Un — celle de l'« Étranger » ; (2) la présentation de la critique de « la Différence anthropo-logique », l'essence de LaPhilosophiePolitique ; (3) la proposition d'une « science politique ».

En premier lieu, la notion de « sujet » nommé l'« Étranger ». L'idée de sujet comme « Étranger » est un « concept » capital dans la pensée de Laruelle. Il faut saisir ce concept pour mieux comprendre comment l'Un comme une antériorité non-politique s'articule avec la politique tout en demeurant une immanence radicale. Par ce concept de « sujet », nous pouvons observer comment un individu dans un état de nature « entre » dans l'état civil et la modalité de cette « entrée ». Nous mettons le verbe « entrer » entre guillemets, dans la mesure où il soutient une position en apparence contradictoire : Laruelle nous explique que l'homme ordinaire peut « entrer » dans l'état civil tout en restant dans l'état de nature. C'est là l'importance de la notion de sujet comme l'« Étranger ».

La notion de sujet est liée à l'idée de l'individu structuré comme une « indivi-dualité ». Il disait que la clé de continuité entre « Philosophie I » et « Philosophie II » est la notion de l'« individu » ou plus exactement cette question : « *Comment peut-on penser l'individu et la multiplicité qui lui est attachée ?* » (ETU, p.207)

Laruelle maintient sa « thèse » selon laquelle l'Un est radicalement subjectif et il est « individual », pour ne pas confondre avec l'idée « individuelle » toujours illusoire et idéaliste chez la philosophie : « *elle* [la philosophie] *n'a jamais été fait pour l'individu mais seulement pour le concept-de-*

l'individu » (TE, p.45). Donc l'Un est « *« individual » plutôt qu'individuel* » (TE, p.45).

Donc, l'individu comme une « l'Indivi-dualité » (TE, p.76). Avec cette expression, il souligne que, d'une part, l'Un existe réellement et l'Un est « indivisible » -- sans « scission », sans « pli », sans « différence », bref, rien qu'Un, et d'autre part, étant donné que l'Un est l'immanence radicale, lorsqu'il agit, il ne « sort » pas de soi. Quand il agit, il utilise unilatéralement le Monde et la philosophie sans devenir une rencontre substantielle. Pour résoudre cette difficulté d'un agir (d')immanence radicale, il faut une forme « intermédiaire » en quelque sorte entre l'Un et la philosophie/le Monde. C'est la fonction de « sujet » chez Laruelle.

Le sujet comme l'« Étranger » n'est assurément pas une reprise de « sujet » philosophique. C'est plutôt un facteur « opératoire » par lequel l'Un « ex-iste ». Pour le dire autrement, l'essence (de) l'homme qu'est l'Un est, mais l'Un n'« existe » pas dans le Monde, en raison de son immanence radicale. Mais si l'Un « est », il « ex-iste » en quelque sorte. La solution est que l'Un n'« existe » que comme l'Étranger. Chaque fois l'Un agit et chaque fois l'Un « existe », il le fait en tant qu'Étranger, non pas en tant qu'Un. C'est pourquoi Laruelle estime que « ***le Moi immanent existe aussi lui-même, mais sans « sortir » de soi, dans une nouvelle structure qui est celle de Etranger***. » (TE, p.13).

L'Un et l'Étranger ne forment pas un dualisme, parce que c'est l'Un qui détermine l'Étranger en dernière instance. L'Un et l'Étranger sont identiques en dernière analyse :

« *Moi et Etranger nous sommes identiques mais en dernière instance.* » (TE, p.13)

Autrement dit, « *Moi-existant-(comme)-Etranger* » (TE, p.115), « *je suis [...] donc je me pense comme Etranger. Ou encore : je pense l'homme comme cause-de-dernière-instance de la pensée, donc de l'exister-Etranger.* » (TE, p.91)

Approfondissons un peu l'enquête. Cette « indivi-dualité » non-philosophique n'est pas si simple que cela.

Comme dans *En tant qu'un*, il propose dans ce livre une science (de) l'homme. La « science » est invariablement pour lui une façon de penser ou une manière de travailler : les « scientifiques » présupposent que le réel est déjà donné mais encore inconnu, et leur travail est d'étudier le sens de cette donnée première qui n'est pas créée par eux. Autrement dit, la « science » est une « présupposition » du Réel déjà donné et c'est une exploration avec le sens unique sans retour. C'est pourquoi il dit, en ce qui concerne l'individu, que :

« *J'ai compris qu'il ne fallait plus chercher l'individu — car cette recherche est nécessairement vaine et perdue du fait même que c'est une recherche — mais qu'il fallait le supposer déjà donné et remodeler la pensée philosophique en fonction de cette donation primitive, originaire d'individu. [...] J'ai découvert aussi [...] que cette façon de faire est bien plus proche de la manière scientifique que de la manière philosophique de penser.* » (ETU, p.208).

En prolongeant cette ligne d'argumentation, dans *Théorie des étrangers*, il suggère qu'il faut « *cesser de considérer l'homme en son identité comme l'« objet » régional et philosophiquement « objectivé » d'un savoir et le traiter plutôt comme un donné premier, Donné-sans-donation, non objectivable ou transcendant, à la fois comme une découverte théorique émergente et comme l'objet d'un système d'axiomes.* » (TE, p.42)

C'est-à-dire qu'« *on supposera la réponse déjà faite, l'homme déjà donné et son indivisibilité déjà accordée - afin d'en titrer les conséquences théoriques et de décrire en quelque sorte cette science de l'intérieur d'elle-même au lieu d'en bricoler une fois de plus un concept ad hoc.* » (TE, p.43)

En titre de conséquence, il faut laisser donner « le donné premier » qu'est l'Un comme l'indivisibilité. C'est cette indivisibilité humaine qui est l'« objet » d'une science (de) l'homme. D'où l'expression de « ***l'indivisibilité de l'homme comme objet théorique*** » - c'est-à-dire de « *prendre pour objet l'homme comme réel ou vécu (d') indivision* » (TE, p.41).

Cependant, l'aporie surgit lorsque l'on constate que ce l'Un en tant qu'indivisibilité est depuis *Une biographie de l'homme ordinaire* toujours pensé comme une « Solitude » :

« *L'homme ordinaire est donc dépourvu de qualités ou d'attributs par une suffisance toute positive. [...] Je suis une Solitude suffisante* » (BHO, p. 15)

L'Un est l'immanence radicale et il ne sort pas de lui-même. Il n'a qu'un non-rapport avec ce qui est le non-Un. Il n'y a pas d'articulation d'intersubjectivité :

« *Le* ***relationnel*** *ou* ***inter-subjectif****, quelle que soit la manière dont on les spécifie, c'est le point de vue du philosophe qui survole la situation et dénie sa finitude radicale d'individu* » (BHO, p. 59)

Même si l'individu comme une « indivi-dualité » est déjà pensé dans ce livre, Laruelle n'a pas encore élaboré un concept « opérationnel » de sujet pour bien expliquer le non-rapport « entre » l'Un et l'extériorité -- il a simplement donné une description idéale entre la solitude et la multiplicité :

« *cette solitude est positive et s'accompagne de la multiplicité des individus, étant individual et non plus individuelle [...] l'individu implique une dualité [...] avec le Monde, sa solitude est toute positive et découle d'une suffisance plutôt que d'une privation.* » (BHO, p. 85)

Autrement dit, sans un facteur opératoire, il n'arrive pas à résourdre cette tension inhérente à cette idée de l'individu-alité, c'est-à-dire de bien articuler entre un Un comme la « Solitude » et un concept d'individu comme la « multiplicité ».

Par contre, à partir de *Théorie des étrangers* et en particulier avec la notion d'Étranger, il réussit à bien présenter cette mécanique complexe au cœur de la non-philosophie.

Comme nous avons indiqué, le Moi n'existe que comme Etranger. Le Moi est comme une donnée première, mais il n'« existe » pas. Mais le Moi n'est pas une entité immobile, mais il (est) un agir – dans *Une biographie de l'homme ordinaire*, il exprime que c'est une « pulsion »[207]. Il est donc clair que lorsque l'Un agit, il devient un Autre, un sujet, un Étranger.

---

[207] Par exemple, « *agir est pousser. L'action est d'abord une pulsion avant d'être une transformation ou une production.* » (BHO, p.217). Dans *Le principe de minorité*, il parle de « *dispersion* ».

C'est pourquoi dans ce livre, il est légitime de considérer que l'Un est une « Solitude » non-solipsiste :

« *L'identité de l'Ego, quoique absolument solitaire, ne reste donc pas « solipsiste ».* » (TE, p.76)

Autrement dit, « *ce n'est pas fonder non plus la science sur un solipsisme transcendantal* ». Car d'une part, « *le solipsisme est une objection intra-philosophique qui n'a de pertinence que pour qui a déjà manqué le réel-Un* » et d'autre part « *l'Ego ou l'Un-en-Un laisse exister l'Étranger à l'état de multitudes.* » (TE, p.95)

En d'autres termes, « *L'être-humain (de) l'homme, au-delà du Moi ou de l'Étranger, mais toujours du point de vue de sa réalité, n'existe qu'à l'état d'« Autre », c'est-à-dire identiquement de Multiple et d'Etranger. Par son concept scientifique, l'homme n'existe que comme multitude d'Étrangers* » (TE, p.24).

Donc, dans son analyse, l'Un reste toujours une « solitude », mais lorsqu'il agit, il agit sous forme intermédiaire qui est l'Étranger. Ce dernier n'est qu'un vecteur opératoire qui reçoit l'influence de l'extériorité (la philosophie ou la pensée-monde). Mais non seulement le Moi et l'Étranger sont identiques en dernière instance, mais l'Un et l'(non-)Un (c'est-à-dire la Philosophie et le Monde) sont aussi identiques en dernière instance.

Or l'Un n'est pas une subjectivité absolue. L'Un est tout premier, mais il n'agit qu'à partir d'une « cause occasionnelle » qu'est le Monde ou la philosophie. C'est la raison pour laquelle la philosophie ou la pensée-monde a sa propre autonomie relative dans la non-philosophie : elle joue ou jouit de la fonction d'un matériau occasionnel :

« *Moi ne peut pas être automatiquement Etranger, encore y faut-il la cause « en général » du Monde et que Je me mette à exister, non pas au-Monde mais en fonction du Monde et à son occasion.* » (TE, p.144-145. Souligné par nous)

C'est là le caractère paradoxal de ce l'Un-en-Un : d'une part, il est l'immanence radicale ou la Solitude. Entre l'Un et le Monde, c'est un « non-rapport » -- il n'entretient aucun rapport avec la philosophie ou le Monde. Cela étant, *il n'y a pas de lien originaire, un rapport social originel ou une intersubjectivité constitutive dans l'essence (de) l'homme* :

« *Toute relation originaire [...] est ultimement de la forme « dyade », et relève d'un couplage de termes que la pensée se donne le droit exorbitant de survoler et donc d'inscrire dans la transcendance du Monde[...] Il se peut pourtant qu'il n'y ait pas, au moins à titre constitutif, de rapport social originaire – pas plus de rapport humain que de rapport sexuel – et que l'Intersubjectivité soit un faux problème « gonflé » par la philosophie* » (TE, p.121-122)

Mais d'un côté, cet Un n'est pas un Cogito solipsiste. Il est plus plutôt un « *Agito* »(dual) : l'Un agit en tant qu'Étranger. Il faut comprendre l'Étranger comme une forme « intermédiaire » dans la mesure où il est un « milieu » ou un « entre-deux » - c'est-à-dire que l'Étranger est le résultat des deux influences : d'une part, il est déterminé en dernière instance par l'Un et de l'autre côté, il est déterminé aussi par la donation philosophique et mondaine. Ainsi arrive-t-il à garder la subjectivité radicale tout en maintenant une ouverture réelle pour la philosophie et le Monde.

Donc, si l'on comprend correctement la notion d'Étranger, il n'y a pas de contradiction entre l'Un et le Multiple, la Solitude et l'Ouverture, à savoir que c'est justement un Un solitaire pour le Multiple – l'Un n'est jamais un en-soi fermé :

« *Si les multitudes humaines sont de droits multiples, solitaires mais non solipsistes, et si elles ignorent, dans leur essence du moins, l'exigence du lien social, le problème de leur communication originaire est déjà réglé par leur essence d'Étrangers. Le seul « lien » est la Multitude et n'existe que comme non-social (sauf à redéfinir le social par ce niveau de réalité), et l'on apprendra dans cette science à dissocier les amphibologies du multiple et des formes d'unité, des humains et du corps social, de l'être-homme-comme-multitude-des-Etrangers et de Robinson.* » (TE, p.163)

En résumé, avec cette idée de sujet qui est l'Étranger, Laruelle explique que, en terme de contrat social, l'Un — l'essence (de) l'homme reste toujours dans l'état de nature et que ce qui entre dans l'état civil, c'est un sujet–Étranger. Mais si l'Un et l'Étranger sont identiques en dernière instance, cela veut dire que l'état civil et l'état de nature se superposent aussi en dernière instance. Donc, sans saisir cette notion de sujet chez lui, l'on ne peut pas comprendre l'articulation unilatérale entre la politique et la non-politique.

En second lieu, Laruelle synthétise toutes ses critiques contre la philosophie par une idée centrale : la « *Différence anthropo-logique* » -- peut-être est-ce, de notre point de vue, la critique la plus décisive dans la pensée politique contemporaine.

La critique de la « Différence anthropo-logique » est déjà présente explicitement dans « *Une biographie de l'homme ordinaire* », où il parle de « ***l'essence non-anthropologique de l'homme*** » (BHO, p. 10) tout en critiquant la différence anthropo-logique omniprésente dans la philosophie :

« *ils* [les figures unitaires du sujet] *sont tous sans exception fondés dans* **le parallélisme anthropo-logique**, *dans le mixte ou la parallélité, plus ou moins déformé mais jamais invalidés, de l'homme et du logos, dans ce berceau ruiné des Sciences de l'homme qu'est la philosophique différence anthropo-logique.* » (BHO, p. 11)

Néanmoins, cette notion de « Différence anthropo-logique » dans ce livre n'est qu'une esquisse, du fait qu'il ne parle que d'un « *parallélisme* » entre le Logos et l'homme. La structure véritable est plutôt une « triade » (l'unité des contraires), au lieu d'être une « dyade » parallèle.

En effet, cette notion de « Différence anthropo-logique » est indissociable d'une autre notion centrale de la non-philosophie, celle de la « Décision philosophique ». Cette notion n'est autre chose que le geste de l'« unité des contraires » ou la double « transcendance » dont nous parlions auparavant. Non seulement elle est animée par un désir abusif du Réel, mais elle est une structure « triangulaire », au lieu d'une simple liaison parallèle.

Après avoir suffisamment élaboré cette notion de la « Décision philosophique » qu'est une structure triangulaire, dans ce livre, il aboutit enfin à une version complète et sophistiquée de la « Différence anthropo-logique » qui est

« *l'invariant des rapports de la philosophie à l'homme* » (TE, p.41)

« *De cette structure de la Décision philosophique, on peut déduire les grands traits invariants de son concept d'homme* » (TE, p.40) et Laruelle donne quelques remarques qui méritent une explication approfondie.

Premièrement, « *L'essence de l'homme est d'abord l'être-divisé, elle prend la forme d'un doublet ou d'une hiérarchie : division entre un sujet et un attribut (l'homme comme animal... religieux, politique, langagier, métaphysique) ; entre un sujet proche de l'empirique ou de l'animalité et un attribut ouvert sur l'universel [...] L'homme est le système de cette dévalorisation et de cette survalorisation* » (TE, p.40).

Le premier geste de LaPhilosophiePolitique est toujours une « division ». Le philosophe divise l'humanité selon un critère du Logos en choisissant un attribut qui joue le rôle de l'« Essence ». Par une auto-donation d'une qualité idéale, les philosophes « hiérarchisent » les êtres humains. C'est par cet attribut universel qu'ils dévalorisent les hommes ordinaires et survalorisent un sur-homme extra-ordinaire.

Deuxièmement, « *La philosophie soumet l'essence de l'homme à sa téléologie, prétend y intervenir et la changer en fonction de l'essence de l'Être ou des fins de la pensée. La philosophie est la forme supérieure de la bio-technologie, elle se présente comme la technique supérieure, « transcendantale », de gouvernement et de transformations des vivants. Elle ne cesse de révolutionner son assise, de l'inquiéter, de le rendre problématique, etc.* » (TE, p.40)

Par une auto-position du réel et par l'auto-donnation d'un attribut logoscentriste, l'humanité est divisée en deux parties : d'un côté, un homme parfait qui « est » l'incarnation de cet attribut et de l'autre côté, le reste de l'humanité tout entière qui est considéré comme « imparfaite », une « non-existence ». Mais ce non-être est doué d'un potentiel qui peut passer de l'état de la « non-possession » à celui de « possession » de cet attribut idéalisé. D'où l'impératif d'intervention du projet socio-politique afin d'« aider » l'homme à se réaliser. C'est pourquoi la philosophie est toujours une politique ou une bio-technologie transcendantale. Bref, il faut d'abord rendre l'homme ordinaire « problématique » à un tel point que l'intervention philosophique devient urgente et indispensable pour résoudre ce « problème ». Tout cela est un « eugénisme transcendantal ». D'où l'identité entre la philosophie et la politique.

Troisièmement, « *L'essence de l'homme est ensuite dans son devenir : l'animal-homme comme « pont », comme devenir continu, devenir-animal de l'homme et devenir-humain de l'animal. Conséquence : l'homme commence dans le pré- ou l'in-humain et aboutit au surhumain. Ce n'est pas seulement Nietzsche, c'est toute la philosophie en réalité qui ne connaît que l'inhumain, le trop-humain, le surhumain, toutes ses déclinaisons, mais qui ignore le radical « humain ».* » (TE, p.40)

LaPhilosophiePolitique est toujours un devenir-identique entre la l'Idéal et l'Empirique. Ou précisément, le projet invariant de LaPhilosophiePolitique est le devenir-identique entre l'homme ordinaire et l'homme « extra- »ordinaire, à condition de comprendre l'homme ordinaire comme une « animalité », un « non-humain » -- si ce n'est pas le « dernier homme » à combattre et à éliminer, comme chez Nietzsche.

Quatrièmement, « *L'homme n'est donc pas pour la philosophie une donnée première, hors de question et de donation ; plutôt d'abord une matière confuse et mélangée, à dresser ou à éduquer [...]Conséquence : 1) l'identité humaine est barrée, refoulée et « substituée » par l'identité en devenir de la philosophie ; 2) l'homme de la philosophie est un ensemble mouvant de figures ou de masques instables [...]3) l'homme est un doublet empirico-philosophique ; son essence est une différence.* » (TE, p.40-41)

Dans cette mécanique de « Différence anthropo-logique », la « différence » signifie une non-donation (ou non-donné) de l'identité (de) l'homme. C'est là le commencement éternellement répété du questionnement philosophique lorsque les philosophes se proposent de répondre à la question de « Qu'est-ce que l'homme ? ». Ce qui est le donné premier dans LaPhilosophiePolitique, c'est toujours une « différence » entre le Logos et l'homme empirique. Les philosophes ne cessent de fabriquer les hommes idéals pour remplacer les hommes empiriques. C'est un « harcèlement » transcendantal et les philosophes sont par nature agressifs. La donation de l'identité humaine est toujours fragmentaire et les travaux principaux des philosophes sont exactement de rendre l'identité humaine douteuse et incomplète. C'est cette donation insuffisante qui nécessite un « devenir » et une intervention socio-politique pour que l'homme soit enfin l'homme.

C'est pourquoi il ne faut surtout pas se tromper, l'expression « Différence anthropo-logique » signifie que la tâche éternelle de LaPhilosophiePolitique est justement d'effacer cette différence. D'où un projet destiné à rendre identiques l'« Homo » et le « Logos ».

Pour finir, « *Les sous-ensembles de la philosophie qui s'appellent anthropologie et humanisme ne sont qu'apparemment contraires à l'ontologie et à la métaphysique ; ils sont plutôt commandés par celles-ci, par la hiérarchie générale qui soumet l'homme à l'Être, au Cosmos, à la Physis, à Dieu, à l'Esprit, au Sujet, au* Dasein, *etc. ; mais à l'intérieur de cette hiérarchie ils représentent une exacerbation locale de l'homme, une tentative de le sauver, mais sur un mode encore philosophique.* » (TE, p.41). C'est pourquoi Laruelle conclut en disant que « *La philosophie parle de l'homme, mais pense à autre chose, à un anthropoïde transcendantal, à l'image d'un être divisé et doublé.* » (TE, p.41).

En effet, Heidegger a déjà indiqué que « *Tout humanisme se fonde sur une métaphysique ou s'en fait lui-même un fondement [...] le propre de toute métaphysique se révèle en ce qu'elle est « humaniste ». De la même façon, tout humanisme reste métaphysique.* [208]». Suivant cette ligne tout en la radicalisant, Laruelle juge que l'humanisme n'est que « *l'humanisme idéaliste* » (TE, p.73) et « *l'Idéalisme humaniste est d'abord idéaliste avant d'être humaniste* » (TE, p.74). La fonction la

[208] M. Heidegger, *Lettre sur l'humanisme*, in *Question III et IV*, tr. Roger Munier, éd., Gallimard, Paris, 1966, p 77.

plus propre de la philosophie est une gestion de ce jeu d'« identité-différence » entre le sous-humain et le sur-humain.

Le porte-parole de l'« homme ordinaire » a raison lorsqu'il dit que le philosophe est capable de parler du « surhomme » ou du « sous-humain », voire la « mort de l'homme », mais il n'arrive jamais à parler de « rien-que-homme » ou l'« homme en tant qu'homme ». C'est à cause de cette incapacité que l'on comprend que toute la mécanique de « Différence anthropologique » n'est qu'un humanisme « inhumain ».

Pour l'exprimer synthétiquement encore une fois, c'est une structure de triangulation : « *une dyade ou d'un couplage* » qu'est l'« *anthropos/logos* » survolé et synthétisé par « *une unité qui balance cette dyade et en fait une triade* » (TE, p.89). Cette triangulation est la suivante : la « Dyade » entre l'homme ordinaire et l'homme extraordinaire est survolée par l'Un qui synthétise ou qui unifie ces contraires -- c'est-à-dire de les rendre identiques – par un discours de « philosophie politique » qui se traduit par un programme socio-politique. Tout cela est dominé par le « *Principe d'humanisme suffisant* » (TE, p.105) toujours présent dans le geste de la philosophie. Pris de ce point de vue, « *L'« humanisme » est l'ensemble des images philosophiques de l'homme [...] une opération de synthèse des contraires ou comme Un-de-la-Dyade.* » (TE, p.105).

Sophie Lesueur est, mieux que personne, celle qui saisit profondément cette mécanique découverte par Laruelle en la résumant dans deux formules élaborées dans sa thèse consacrée à la politique chez Laruelle : d'une part, « *la structure invariante du sujet est une unité divisée* » et d'autre part « *le sujet philosophique est un sujet politique : il fait cercle avec le mécanisme de son assujettissement* [209]». Tout cela est animé par un désir « inconscient » - la « mauvaise foi » la plus persistante dans la philosophie : « *l'homme est X ; il doit devenir Y* [210]».

---

[209] S. Lesueur, *Une généalogie du pouvoir : peut-on parler de non-philosophie politique ?* Dans son site internet : uni-s-vers-de-sophie.blogspot.com.

[210] S. Lesueur, *Pensée-machine et ordre politique*, in *Homo ex machina*, édité par F. Laruelle, éd., l'Harmattan, Paris, 2005, p 251.

Ce que Laruelle veut démontrer est que l'homme et l'humanisme ne sont que l'en-jeu de la philosophie. Plus précisément, ce n'est pas un jeu, mais une « guerre » qui destine à fabriquer le réel de l'homme. LaPhilosophiePolitique a besoin de guerre et c'est sa raison d'être. Pourquoi ? Parce qu'elle est obligée d'introduire une guerre quelconque entre les hommes pour les rendre comme une masse chaotique ou une foule qui entre-tue. Si bien qu'il faut une intervention philosophico-politique pour expliquer et arrêter ce conflit. LaPhilosophiePolitique doit impérativement créer un état de guerre pour jouer le rôle le « cesser-feu » :

« *La pratique philosophique traditionnelle transfère cette situation de l'être-en-guerre de la réalité historique à sa théorie. Elle la reproduit dans sa propre explication, l'éternise ou la réfléchit, la porte à l'essence, elle s'interdit donc de la transformer réellement. La guerre est ainsi essentiellement à la pensée philosophique* » (TE, p.124).

Donc, « *elle* [la philosophie] *sait que le Maître n'est maître que par la gestion des conflits.* » (TE, p.155). En somme, la non-donnée de l'identité humaine, la donation idéaliste d'une différence anthropologique, une guerre et un projet archi-politique, c'est là la mécanique du pouvoir philosophique. C'est aussi l'ultime sens de la « Différence anthropo-logique ».

En troisième lieu, l'invention de la « science politique ». Cette notion est intrinsèquement liée aux deux premiers points que nous venons d'analyser.

Qu'est-ce que « *la science « non-politique » des humains* » (TE, p.161)[211] proposée dans ce livre ? Ce n'est ni une science positiviste ni une philosophie politique.

---

[211] L'expression de « science politique » n'est pas différente à celle de « science non-politique ». Car c'est dans le domaine politique que l'on utilise la « science politique ». Si on comprend qu'il y a une identité entre la politique et la philosophie et que la « non-philosophie » est identique à la « non-politique », on peut comprendre que, dans le domaine proprement politique, on parle d'une « science politique » pour toutes les philosophies politiques, tandis que, concernant la philosophie, c'est mieux de parler d'une « science non-politique » pour les pouvoirs de LaPhilosophiePolitique.

Pour comprendre cette « science non-politique », il faut d'abord saisir le sens de « science ». La « science » chez lui signifie toujours une recherche avec le sens unique. Il en va de même pour la « science » politique. C'est donc une science pour la politique (plus exactement pour LaPhilosophiePolitique), qui est elle-même non-politique. Le trait le plus fondamental pour cette science politique est que l'homme est une donnée première sous forme de réel inconnu (= X), non pas sous forme d'une différence.

L'idée de la science veut dire qu'elle n'est pas un « humanisme » philosophique et il n'y a pas d'opération de l'« unité des contraires » ou de la mécanique de Différence anthropo-logique. C'est par conséquent « ***le « non-humanisme »*** » (TE, p.105). Il faut commencer par laisser donner le donné premier qu'est l'Homme. L'Homme n'est pas un « en-jeu » de la philosophie et il n'est jamais le butin dans la guerre incessante de LaPhilosophiePolitique. Donc, une théorie unifiée « *commence au contraire en mettant l'homme hors-question. Ce n'est plus un être problématique par son essence, c'est sa pensée qui l'est ou sa théorie seule. Que son être soit hors-question explique que sa théorie, elle ne le soit pas, ou doive être rectifiée, voire refondue « à partir de lui » et avec l'aide maintenant du simple matériau métahumain des Sciences humaines et de la philosophie.* » (TE, p.84).

Autrement dit, dans la science, l'homme est donné en tant qu'« identité », sans aucune « Différence anthropo-logique » : « *l'homme « réel » (un pléonasme) précède unilatéralement la différence anthropo-logique, ses avatars et ses images « humanistes ».*» (TE, p.51)

Mais, la non-philosophie n'est pas une « anti-» philosophie ou une recherche destinée à critiquer, voire à détruire la philosophie. Ce qui est problématique, ce n'est pas le questionnement philosophique, mais seulement sa prétention au Réel et à l'Homme. Ce qui doit être critiqué et être détruit, c'est le « principe de la suffisance philosophique » et non pas la philosophie. Dans un tel cadre, la philosophie privée de sa prétention et sa suffisance -- c'est-à-dire elle est « simplifiée » ou « aplatie » -- devient un matériau occasionnel pour cette science. La philosophie est considérée et utilisée comme un discours « *méta-humain* » (TE, p.54).

La science signifie donc exactement un usage « simple » et « humain » de tous les discours possibles méta-humains. L'adjectif « simple » signifie que « *D'une manière générale, une théorie unifiée ne prétend pas intervenir dans l'effectivité qui lui est donné mais simplement en faire usage.* » (TE, p.75)

En d'autres termes, « *Leur signification et leur pertinence sont « transcendantales » au sens rigoureux où ce terme désigne des prédicats ou propriétés qui n'apportent rien au donné [...] mais qui se rapportent à de la connaissance et à de la « manifestation » déjà constituées et dont elles font un* ***usage théorique*** » (TE, p.16).

Tout ce qui précède se résume comme ceci : dans une science, il y a « *La dualité des donations de l'homme* », « *le Donné-humain-sans donation et la donation méta-humaine* » (TE, p.64)

Après avoir compris l'idée de « science » chez Laruelle, on peut maintenant expliquer le sens de cette « science (non-)politique ».

Pour le dire vite, sous peine de malentendu, la « science politique » est une « méta-» théorie destinée à accueillir et à transformer toutes les philosophies politiques. L'« accueil » et la « transformation » signifient que toutes les philosophies politiques sont inscrites dans cette science – mieux encore, toutes les philosophies politiques se construisent en présupposant cette science. Si bien que les résultats de leurs études ne sont que les connaissances effectives, mais dépourvues de toutes les prétentions au Réel et à l'essence (de) Homme.

La « science politique » est un dispositif universel « pour » les philosophies politiques -- c'est-à-dire que cette science commence par une confirmation d'un donné réel humain sous forme inconnue (= X) et elle utilise les discours méta-humains qui sont les philosophies politiques pour étudier le sens de ce donné réel tout en enlevant sa prétention et sa suffisance. Donc, il y a une dualité des donations – le Donné humain et la donation méta-humaine qui est l'ensemble des explications socio-anthropologico-politique. En termes encore plus nets : dans cette science, d'une part, l'essence (de) l'Homme est déjà « dit » et elle n'est pas donné par le « dire » de philosophie politique, et d'autre part, ce dit doit être expliqué à l'aide des dires philosophiques. L'Homme est une réponse sans question. Mais son sens est ouvert et nous pouvons l'approfondir par le questionnement des philosophies politiques. Ce faisant, ce donné est le vrai objet non-politique pour les études politiques :

« *C'est évidemment donner à la « science politique » son véritable objet — elle n'a pour l'instant que des objets philosophiques [...] L'un des effets de ces recherches est d'établir une science politique qui se fonde sur le Donné de l'homme-comme-Etrangers(s) ; par conséquent sur une donnée non-politique. La « science » politique actuelle est pour l'essentiel vicieux ou l'auto-positionnelle : elle se donne des objets déjà politiques.*» (TE, p.132)

À titre de conséquence, la non-politique, c'est-à-dire la « science politique », est ce qui est capable d'utiliser occasionnellement et unilatéralement tous les discours politiques sans être déterminée par eux. Les discours politiques ne sont pas détruits, mais ils sont transformés comme une simple cause d'occasion pour les Étrangers :

« *la Société qui vient au-devant de moi avec sa transcendance autopositionnelle n'est pas ce qui me donne mon statut d'Étranger. Elle est seulement la cause occasionnelle de laquelle le Moi extrait ce qui indique et surdétermine cette dimension phénoménale de l'Étranger ou de l'Existence.*» (TE, p.152)

Donc, dans cette « science politique », il faut regarder l'Autorité depuis le point de vue de l'Homme et non pas l'inverse. Il faut considérer les phénomènes politiques ou le discours politique comme des simples « matériaux » à transformer :

« *L'Étranger est index sui – sans doute moins que l'Ego – et mesure de l'État comme il est mesure du discours démocratique universel et, par là même, du discours politique. Plutôt qu'une conception « marginale » de l'Étranger, il s'agit d'une conception « occasionnaliste » de la Société, de la Cité, de l'État. Plutôt que d'une démocratie cherchée qui exalte des Minorités écrasées mais résistantes, il s'agit d'une démocratie positive qui utilise des Autorités secondarisées.*» (TE, p.159. Souligné par nous)

Donc, une « science non-politique » est « *une science de pouvoir de la philosophie* » sans devenir « *une méta-politique* » (TE, p.15). C'est une « dualité unilatérale » -- c'est-à-dire qu'il y a deux parties d'importance inégale (mais cela ne veut pas dire hiérarchique) et que ces deux parties ne font qu'une en dernière instance. Il y a une « superposition » entre la science politique et les philosophies politiques ou une « sous-venue » de science politique à la base de tous les discours politiques.

Dans cette science politique, l'individu, l'« indivi-dualité », est structuré comme une « science » qui utilise ou unilatéralise le pouvoir de LaPhilosophiePolitique. On évoque souvent que la pensée politique de Laruelle ne vise pas les phénomènes empiriques du politique, mais le discours de la « philosophie politique ». Ce qu'il cherche, c'est un usage « démocratique » et « humain » du discours de la philosophie politique tout en la privant de la hiérarchie constitutive et de l'effet de la Différence anthropo-logique.

CHAPITRE V

Une non-généalogie de la non-philosophie

Pour évaluer l'importance et la nouveauté de la pensée laruellienne dans l'histoire de la philosophie politique occidentale, après voir effectué une analyse historique, nous voulons dans ce chapitre comparer sa pensée politique avec quelques grands philosophes politiques. C'est en quelque sorte une mise en rapport avec quelques grands penseurs politiques, mais on verra que, chaque fois la proximité doctrinale n'est que le résultat d'une profonde transformation. C'est pourquoi il a multiplié différentes désignations pour caractériser sa propre pensée, comme « non-marxisme » ou « non-rousseauisme », etc.

Or Laruelle dit souvent que sa pensée vient d'un « quadrangle » : Nietzsche, Heidegger, Deleuze et Derrida. De notre point de vue, nous voulons proposer ici un autre « quadrangle » pour mieux comprendre la non-politique laruellienne. Nous ne prétendons pas que ce quadrangle soit plus fondamental que le précédent, mais nous pensons qu'au moins, dans le domaine politique, ces quatre penseurs sont de la première importance. Ce sont Nietzsche, Rousseau, Marx et Freud/Lacan.

PREMIÈRE SECTION
Nietzsche et la non-philosophie

Nietzsche est le philosophe le plus important dans le développement de la pensée non-philosophique. D'ailleurs, il est le seul penseur qui se présente dans les deux quadrangles différents. Son influence sur Laruelle est indéniable.

Déjà montré dans le chapitre consacré à la première période de la pensée laruellienne, le vrai sens de la philosophie nietzschéenne est que le nom propre de « Nietzsche » est synonyme de « LA » philosophie. Nous avons expliqué également que la pensée-nietzsche est une démonstration d'une identité entre la philosophie et la politique. Si bien que nous préférons l'écrire comme « philosophie-politique ».

Néanmoins, il faut aussi s'interroger sur le rôle de la « philosophie » dans la pensée nietzschéenne pour mieux comprendre la proximité et la différence entre la « philosophie de l'avenir » et la « non-philosophie ».

On sait que Nietzsche ne s'intéresse pas à une doctrine particulière de la philosophie. Ce qu'il veut interroger, c'est « la » philosophie : « la » modalité invariante du questionnement philosophique. Autrement dit, Nietzsche prend la « philosophie » comme un ensemble. L'un des textes les plus nets à ce sujet est le paragraphe 20 de *Par-delà bien et mal* :

« *les philosophes les plus différentes ne cessent de remplir un certain schéma fondamental de philosophies* ***possibles****. Sous l'emprise d'un charme invisible, ils reparcourent constamment la même orbite : si indépendants qu'ils continuent à se sentir les uns des autres avec leur volonté critique ou systématique : quelque chose en eux les guide, quelque chose les pousse dans un ordre déterminé, l'un après l'autre, cette systématicité et cette parenté innées de concepts, précisément. Leur pensée est en fait bien moins une découverte qu'une reconnaissance, un re-souvenir, un retour au foyer, dans une économie d'ensemble de l'âme lointaine et vieille comme le monde, à partir de laquelle ces concepts ont pris leur essor autrefois :* --

philosopher est dans cette mesure un atavisme de tout premier ordre.[212] »

Il n'est pas étonnant que Nietzsche préconise une attitude « non-philosophique ». C'est pourquoi il nous prévient : « *soyons « non philosophes »* [213]».

Peut-on dire qu'en un certain sens, Nietzsche est le premier « non-philosophe » ? La réponse est négative, du fait que le désir de dépasser « la » philosophie est presque un point commun pour tous les philosophes. La question qu'il faut poser, c'est la manière par laquelle un philosophe dépasse la philosophie. Donc, qu'est-ce qu'un dépassement de la philosophie signifie pour lui ? Qu'est-ce que la « non-philosophie » signifie chez Nietzsche ? Comment franchit-il le pas de « la » philosophie pour atteindre sa « non-philosophie » ?

Paradoxalement, la « non-philosophie » nietzschéenne n'est autre chose que « La » philosophie -- c'est-à-dire une philosophie en tant que philosophie totalement réalisée.

Malgré l'effort de Deleuze et de ses disciples contre l'interprétation hégélienne de Nietzsche, nous sommes convaincus qu'il y a profondément une « dialectique » dans sa pensée. Comme Nietzsche aime particulièrement une méthode selon laquelle une « thèse » n'est pas réellement une opposition par rapport à son « antithèse » -- c'est-à-dire qu'il cherche toujours à montrer, par la voie d'une « généalogie », qu'il y a une unité ou une synthèse entre la thèse et l'antithèse. C'est la raison pour laquelle il démontre que « le fond de la logique est illogique », « le fond de la morale est immorale », « un chrétien est un anti-christ », « la vérité est une organisation de la fausseté », « la logique de la vie débouche sur la mort ou la volonté de néant »...etc. C'est dans une telle logique qu'il croit que le déploiement et la réalisation complète de la philosophie ne sont autre chose qu'une « non-philosophie ».

Ce que Nietzsche veut faire et il l'a fait, ce n'est pas de « renverser », au sens propre du terme, la philosophie, mais de

---

[212] Nietzsche, PBM : 20 : p 643.
[213] Nietzsche, PBM : 19 : p 641.

poursuivre et de déployer radicalement toutes les conséquences de la logique philosophique, à tel point qu'elle atteint son contraire. C'est-à-dire que l'« hyper-» philosophie n'est pas forcément l'antinomie de la « non-» philosophie. Bien au contraire. *La relation entre la philosophie et la non-philosophie est exactement comme une torsion et comme une communication de la bande de Möbius*[214].

La réponse nietzschéenne à la recherche de la « non-philosophie » est donc une fusion de la « philosophie » et la « non- philosophie » sous le primat de la philosophie.

Mais qu'est-ce que « La » philosophie signifie pour Nietzsche ? Quelle logique doit-il poursuivre pour en déployer toutes les conséquences ? En fait, Nietzsche veut faire explicitement et consciemment ce que les philosophes font inconsciemment et automatiquement, sinon mensongèrement -- c'est-à-dire la « politique ».

Pour lui, « philosopher », c'est « légiférer ». « Philosopher », c'est « commander » et « dominer ». La formule nietzschéenne de la « *transvaluation de toutes les valeurs* » et la « *création des nouvelles valeurs* » n'est pas quelque chose de théorique. La distinction et le dualisme impliqué dans la fameuse phrase de Marx – l'« explication du monde » et la « transformation du monde » -- ne valent pas chez Nietzsche, puisque sa philosophie est de part en part une « pratique ». C'est pourquoi nous justifions qu'il y a une identité entre « la philosophie de l'avenir » et la « grande politique ». Nietzsche non seulement exercice le pouvoir de la philosophie, mais il l'augmente au maximum, si bien que la « méga- » philosophie débouche inévitablement sur la « grande politique ». C'est là l'ultime sens de la (non-) philosophie chez lui.

De notre point de vue, si Nietzsche n'est pas le premier « non-philosophe », il est peut-être le premier penseur situé au

---

214 « *Le fameux problème nietzschéen : non pas les contraires, mais le passage d'un contraire à l'autre, trouve sa solution dans l'anneau de Möbius et son éternel, son infini retour. L'identité des contraires perd sa forme « être » ou transcendante et prend la forme « devenir » ou « bande ».* », Cf., Laruelle, *Réponse à Deleuze*, *op.cit.*, p 70.

carrefour entre « La » philosophie et « La » non-philosophie. C'est pourquoi l'échec de Nietzsche laisse des traces profondes chez Laruelle.

En termes plus précis, toute la première période de non-philosophie peut être considérée comme une « poursuite » et un « déploiement » du geste de Nietzsche - c'est-à-dire de réaliser le projet nietzschéen en considérant la politique comme l'essence de toutes les déterminations.

Mais à partir de la seconde période de la non-philosophie, il se rend compte que l'échec de Nietzsche est plus qu'un simple échec personnel. Le sens de cet échec est que, « dans » la philosophie, il n'y a pas de moyen de s'en sortir. Toutes les tentatives de dépasser la philosophie, la « méta-philosophie », la « philosophie faible », voire la « mort de la philosophie » sont toujours en fin de compte un geste d'« intra-» philosophie, dans la mesure où elles recourent en dernière analyse au « pouvoir du sens » de la philosophie. La « rupture » nietzschéenne et le prétendu « casser en deux l'histoire de l'humanité » s'inscrivent dans une continuité rigoureuse de la « Philosophie ». La « Rupture » ou le « Dépassement » de la philosophie n'est qu'une preuve de la continuité ou ne fait qu'une « impasse » *dans* la philosophie.

Par conséquent, la tâche de l'« après-Nietzsche » est une recherche de la « non-philosophie » et de la « non-politique ». Cela se traduit par la découverte de l'Un et de l'homme ordinaire.

Le pas décisif de « sortir » de la pensée nietzschéenne se fait à partir de la seconde moitié de la deuxième période de la non-philosophie. La découverte de l'Un est capitale, dans la mesure où le non-philosophe prend conscience qu'il ne faut pas chercher à « sortir » la philosophie (politique), mais de se rendre compte que l'homme n'y entre jamais. À partir de là, le jugement selon lequel Nietzsche est « LE » représentant de la philosophie (politique) est définitivement validé.

Or à partir du présupposé du Réel individual, Laruelle peut enfin regarder et observer le cas Nietzsche depuis un point de vue radicalement « extérieur ». Dès lors, il ne cesse de le fasciner de plus en plus, à tel point qu'il devient presque « LE » philosophe pour le fondateur de la non-philosophie. Car il est, d'une part, le symptôme par excellence de la philosophie — sa pensée est un cas qui a une valeur cliniquement inestimable si l'on veut étudier la maladie héréditaire de la philosophie : tous les non-dits sont dits à voix haute chez lui. C'est pourquoi lorsqu'il parle de l'humanisme philosophique et de la mécanique de la « différence anthropo-logique », le nom de Nietzsche est systématiquement impliqué.

En second lieu, il est temps de comparer le rôle de « la » philosophie chez Nietzsche et chez Laruelle. Dans les chapitres précédents, un de nos efforts fût d'expliquer qu'il y a une « identité » entre la philosophie et la politique chez ces deux penseurs. Mais ces deux identifications sont fondamentalement différentes.

Ce que Nietzsche revendique, c'est une « identité » de « philosophie–politique ». Il met un « tiret » pour rendre ces deux domaines identiques. Mais, en même temps, le « tiret » signifie que ces deux domaines sont relativement distingués pour souligner le rapport de « circularité » et de « réciprocité » « entre » les deux.

De surcroît, il situe la « volonté de puissance » au cœur de l'identité entre la « philosophie de l'avenir » et la « grande politique ». « Philosopher » dans un temps de l'à-venir, c'est « commander », « dominer », « tyranniser », donner des « hiérarchies ».

Toutefois, cette thèse qu'il revendique -- c'est-à-dire « philosophie-politique » -- n'est pas une « vérité » aux yeux de Nietzsche. Si la philosophie nietzschéenne est une interprétation des interprétations philosophiques et si par l'idée de « volonté de puissance », il la considère comme une « hypothèse » de l'interprétation -- ou pour le dire avec P. Wotling, « ***une interprétation inévitable***[215]», Nietzsche estime que c'est la seule manière de philosopher « non-philosophiquement ». Mais il est lucide sur ce point : la « volonté de puissance » en tant qu'interprétation inévitable n'est pas une « vérité » et elle vient plutôt de la « *reconnaissance des contraintes et limitations*

[215] P. Wolting, *Le Monde de la volonté de puissance*, *op.cit.*, p 23.

interprétatives qui caractérisent l'homme (dans son état actuel), et de l'explication détaillée de ses conséquences.[216]» Bref, comme il le dit dans le paragraphe 36 de *Par-delà bien et mal*, la volonté de puissance, *« c'est* ***ma*** *thèse* [217]».

Or, comme W. Müller-Lauter l'a bien montré, *« la volonté de puissance est l'unique qualité que l'on puisse découvrir quoique l'on prenne en considération.* [218]». De plus, l'essentiel est le fait que, « *Lorsque Nietzsche entend par volonté de puissance la qualité unique, il fait très souvent tomber l'article* [219]».

Nietzsche sait parfaitement qu'il ne quitte pas la philosophie et qu'il ne jouit pas d'une position en dehors de la philosophie. Donc, pour nous, *l'identité nietzschéenne entre la philosophie et la politique s'écrit comme « philosophie politique » sans article.* Pour lui, il n'y a pas un point réel justifiable par lequel on peut prétendre être en dehors de la philosophie. C'est-à-dire qu'il est injustifiable en dernière analyse de mettre l'article devant le mot de « philosophie politique ».

Par contre, à cause du « donné » premier et réel de l'Un qui est une « antériorité » radicale au (non-)Un (la philosophie ou la pensée-monde), *l'identité laruellienne entre la philosophie et la politique s'écrit comme « LaPhilosophiePolitique » - avec l'article et sans le tiret.*

Dans la non-philosophie, le donné (de) l'homme fini est radicalement donné « avant » les rapports de pouvoir. C'est par ce donné en tant qu'antériorité que l'homme fini peut regarder l'ensemble du non-Un comme tel et le définit en utilisant un article avec la majuscule. C'est par ce point réel et depuis ce point réel que l'on peut saisir la « totalité » de la philosophie et de la politique comme un « ensemble » (LaPhilosophiePolitique), donc, sans l'utilisation d'un tiret.

---

[216] Ibid.
[217] Nietzsche, PBM:36:662.
[218] W. Müller-Lauter, *Nietzsche, physiologie de la volonté de puissance, op.cit.*, p 54-55
[219] Ibid, 56.

De plus, ces deux identifications ont un lien intime. Laruelle regarde en fait l'identité nietzschéenne de « philosophie-politique » depuis l'identité réelle qu'est l'Homme et la radicalise. En un certain sens, il accepte ce que Nietzsche a avancé dans l'histoire de la philosophie occidentale. Mais c'est une confirmation depuis l'Un. Donc, même s'il ne fait qu'« ajouter » l'article et « supprimer » le tiret, cela change fondamentalement tout le sens de cette identité nietzschéenne de « philosophie-politique ».

Or les commentateurs remarquent souvent la définition spécifique de « La » philosophie chez Laruelle qui revendique explicitement l'article devant le mot « philosophie » - parfois avec la majuscule. On constate également que l'interprétation laruellienne de la « philosophie » est fondamentalement une interprétation « nietzschéenne ». C'est-à-dire que la philosophie n'est pas fondamentalement différente à la politique, le désir inconscient de tous les philosophes est une forme de « volonté de puissance », la philosophie est toujours une forme de « hiérarchie »… etc. C'est là la proximité et l'éloignement de Laruelle par rapport à Nietzsche.

Autrement dit, c'est Nietzsche qui oblige Laruelle à chercher simultanément quelque chose de non-philosophique et de non-politique. C'est Nietzsche qui lui a appris que le vrai pouvoir de la philosophie, c'est le « pouvoir du sens », le pouvoir de « transcendance » inhérent dans tous les gestes philosophiques. C'est donc toujours un dialogue critique avec la pensée nietzschéenne, de sorte que la méditation laruellienne de la politique est centrée autour du problème des pouvoirs de discours et d'a priori philosophiques. Si on peut saisir le sens profond de l'identité entre la « philosophie à l'avenir » et la « grande politique », on comprend mieux tous les caractères singuliers dans la pensée politique et philosophique de Laruelle.

En somme, tout au long de sa pensée, *il s'adosse toujours « contre » Nietzsche – au double sens du terme : à la fois une « proximité » intime et une « critique » radicale.*

DEUXIÈME SECTION
Rousseau et la non-philosophie

L'influence de Rousseau est également très importante. Mais ce n'est pas un héritage de la « doctrine » qui influence l'auteur de *Principes de la non-philosophie*, mais l'« *esprit* » de la théorie de Rousseau. C'est donc un « rousseauisme » transformé.

En premier lieu, concernant l'influence de Rousseau, on doit remarquer l'« esprit » rousseauiste développé dans *Discours sur l'origine et les fondements de l'inégalité parmi les hommes*.

Pour Rousseau, l'homme sauvage et noble existe « avant » la société. Cet être solitaire est auto-suffisant et il n'a pas besoin de la culture. Toute l'entreprise de Laruelle est presque de « non-philosopher » cette thèse anthropologique de Rousseau. L'homme comme la « Solitude », comme une « antériorité », l'appellation et la revendication de l'« homme ordinaire » en témoignent. À tel point qu'il considère l'homme ordinaire comme un « *Idiot transcendantal d'une simplicité anté-décisionnelle* » (TE, p.110). En d'autres termes, selon Laruelle, comme chez Rousseau, *il faut revenir à la « simplification » et à la « paupérisation » de l'être humain en dé-restaurant et en dé-sophistiquant l'opération de l'humanisme philosophique.*

Par ailleurs, *c'est LA philosophie qui est l'Autre de l'homme solitaire et non pas l'inverse.* C'est pourquoi Laruelle insiste sur le fait que « *c'est la philosophie qui est l'Autre de la cause (de) la science, la dimension méta-humaine ; ce n'est pas l'homme qui est l'Autre de la philosophie.*» (TE, p.69). Il faut donc regarder la philosophie depuis l'Un pour comprendre la « résistance » - au sens psychanalytique du terme - de la philosophie :

« *La philosophie autant que ces disciplines [...] refusent d'admettre qu'elles sont l'Autre de l'humain* » (TE, p.39).

Autrement dit, la découverte non-philosophique d'un homme intrinsèquement « fini » et qui n'est rien qu'un homme cause la « vexation psychologique » des philosophes. Parce que cette révélation frustre radicalement le désir inconscient de « *Let's make man* » de tous les philosophes.

En second lieu, en un lien intrinsèque avec le premier point, c'est l'esprit rousseauiste développé dans « *Le contrat social* ».

Il est connu que Rousseau conteste la notion de la « représentation » dans la politique et il préconise une « démocratie directe ». Même si la non-philosophie n'est pas une théorie politique au sens traditionnel du terme, l'idée d'une « démocratie directe » n'est pas une idée anodine dans la pensée politique de Laruelle. Mais la transformation qu'il effectue, c'est de déplacer cette démocratie rousseauiste au niveau de « méta- » philosophie (politique). Dans ce théorème universel qu'est la « science politique », tous les discours de philosophie politique sont radicalement « démocratisés », dans la mesure où leurs prétentions au réel et à l'essence de l'homme sont enlevées. La science politique ou la non-politique, c'est une « base » réelle pour que toutes les « démocraties » philosophiques - condamnées désormais à n'être qu'une démocratie « indirecte » et « représentative » - puissent fonctionner.

De plus, cette démocratie directe a encore un sens profond. Dans les humanismes philosophiques animés par la mécanique de la « Différence anthropo-logique », la marque de fabrique de la démocratie philosophique est foncièrement l'idée de « représentation ». L'homme ordinaire n'a aucun droit de « participer » à la démocratie imaginée par la philosophie. Il n'y a jamais de « suffrage universel » dans le régime « démocratique » de la philosophie. L'égalité des hommes n'est pas la « vraie » démocratie. C'est seulement le « philosophe » qui seul a le droit de voter, car il possède la valeur suprême qui est l'essence méta-physique de l'homme. En revanche, chez Laruelle, la « démocratie réelle et directe » signifie que ce sont des hommes ordinaires qui ont les pouvoirs d'agir et de parler sous forme de « détermination en dernière instance ». La démocratie n'est que directe. L'agir (de) l'homme fini est strictement la condition et la production de tous les discours démocratiques. Donc, toutes les autorités sont déterminées en dernière instance par l'immanence radicale et subjective.

Un des traits les plus déterminants de la pensée laruellienne est le fait qu'une démocratie « réelle », « directe » et « participative » doit être présupposée, non pas être voulue. Elle cesse d'être un « but » à chercher, mais elle est un présupposé-sans présupposition au cœur de tous les phénomènes politiques.

Chez Rousseau, la démocratie directe a pour but d'établir une « autorité légitime » via le pacte social. Par contre, la « démocratie directe » dans la non-philosophie est la « légitimité » de tous les discours sur l'autorité. Le non-rousseausime chez Laruelle est donc ce qui rend la théorie politique rousseauiste possible sans la nier, du fait que toute l'entreprise de la non-philosophie est d'établir un « état (de) nature » -- on l'expliquera dans le prochain chapitre — pour tous les états civils. Il serait plus juste de dire que Laruelle ne cesse d'expliquer l'existence réelle du « droit naturel » de l'homme ordinaire avant tous les gestes des pactes sociaux. Cet argument revient à dire que l'« état (de) nature », le « droit nature » (un « droit » donné avant toutes les législations philosophiques), la « loi naturelle » (qui est antérieur à la loi philosophique de l'unité des contraires) sont réellement donnés avant tous les « états civils », le « droit de citoyenneté » et la « souveraineté » de LaPhilosophiePolitique.

Ce faisant, on comprend pourquoi le fondateur de la non-philosophie mentionne souvent le rapprochement entre Rousseau et la non-philosophie. La non-philosophie, c'est un « non-rousseauisme » :

« *Appelons cette mutation un non-rousseauisme, ce qui ne veut surtout pas dire qu'elle soit contraire à Rousseau. Par bien des traits psychologiques et des formules théoriques que l'on n'approfondira d'ailleurs pas, cet essai s'apparente en effet à la pensée-Rousseau qu'il tente de « généraliser » en mode « non-philosophique ». Mais la généralisation quasi-scientifique de Rousseau ne peut donner lieu qu'à un non-rousseauisme.* » (TE, p.57)

Dans un tel cadre qui est « *le rousseauisme en mode théorique-unifié* » (TE, p.98), toutes les théories fondées sur la Différence anthropo-logique ne sont que des explications

« méta-humaine » de l'homme réel et elles sont déterminé d'une manière scientifique par l'homme ordinaire (de) l'état de nature non-philosophique. Et la science politique est conçue pour traiter ces discours des philosophies politiques tout en leur accordant une autonomie relative donc restreinte :

« *Une telle généralisation est des généralisations scientifiques [...] ici nous disons : « non-rousseauiste » ou « non-anthropologique ». Elle réduit les sciences actuelles de la société et de l'homme à l'état de simple savoir, fournisseuses d'énoncés méta-humains sur l'homme-dans-le-Monde, ou dans-la-Société, puis à l'état d'interprétations « restreintes ».* » (TE, p.99)

Ne pas supposer une « bonne volonté » dans la philosophie, mais supposer une « suffisance » réelle de l'essence (de) l'homme et tirer les conséquences dans la politique. C'est là la leçon de Rousseau pour Laruelle. Et la vraie démocratie n'est qu'une démocratie « directe » et « participative » à partir des hommes ordinaires. C'est là le legs de Rousseau dans la non-politique laruellienne.

TROISIÈME SECTION
Marx et la non-philosophie

Les contributions de Marx à la non-philosophie sont les suivantes : (1) l'importance de la « pratique » chez Marx ; (2) une facilité métaphorique pour comprendre la structure de la non-philosophie ; (3) la notion capitale de la « détermination en dernière instance ».

Ici nous expliquons rapidement que les deux premiers points - car la vraie influence de Marx est ailleurs.

Ces deux points, la compréhension de la non-philosophie par une métaphore (non-)marxiste et l'importance de la pratique, en réalité, ne font qu'un.

Un des concepts les plus difficiles à comprendre dans la non-philosophie, la « dualité unilatérale » et sa corrélative de « détermination en dernière instance », peut être bien illustré par le schéma marxiste.

La « dualité unilatérale » n'est ni une « duplicité » (monisme) ni un « dualisme ». Il y a « deux » parties, mais il n'y a qu'« Un » : les deux parties sont identiques en dernière instance.

Dans le non-marxisme, Laruelle pense qu'il faudrait penser le « Réel » comme une « infrastructure » et la philosophie/ Monde comme une « superstructure ». C'est pourquoi il dit que le Réel « *comme **base** et non plus comme **synthèse** supérieure ou totale* » (INM, p.11). Ce schéma marxiste nous permet de comprendre facilement l'Un comme une « indivi-dualité » : il est à la fois indivisible et il est une dualité unilatérale. C'est pourquoi il faut imaginer l'Un comme une « base » - sinon l'on ne comprendra pas le vocabulaire non-philosophique comme la « sous-venue » ou la « superposition ».

Donc, le non-marxisme est « *Une uni-versalisation du concept de « base » ou d'infrastructure* » (INM, p.27).

En d'autres termes, « *« il y a » une infrastructure, il y a une superstructure qui « tombe » sous son efficience* » (INM, p.51). C'est pourquoi Laruelle aime à nous expliquer que les transcendances philosophiques sont toujours « tombées » dans l'immanence radicale.

De surcroît, l'Un dans la non-philosophie n'est pas le « Un-Tout » ou l'Un absolu. Un des sens de l'adjectif de « radical » signifie qu'il est une « non-suffisance ». Cela ne veut pas dire qu'il attend une détermination extérieure. Mais il n'est pas non plus une « auto-suffisance ». La suffisance de l'Un est radicale, non absolue. Donc il a « besoin » en quelque sorte d'une autre détermination en tant que cause ou matériau occasionnel. Donc, l'Un – Réel, c'est « *une conception **non-suffisante** [...] de la base réelle ou de l'infrastructure, non-suffisance ontologique qui ne contredit pas son être-forclos à la superstructure, au contraire.* » (INM, p.37)

En tout cas, il est inimaginable de penser une structure où il n'y a que l'infrastructure. Il y a forcément une dualité : il faut imaginer une dualité unilatérale où il y a une infrastructure qui est un « *donné-sans-donation* » et une superstructure qui est « *donné-par-donation* » (INM, p.50) :

« *Il s'agit d'une causalité dont on peut dire qu'elle est unique mais qui en appelle ou en suppose une autre, comme si elle était la seule mais par ailleurs insuffisante. Donc deux causalités dont l'une principale, l'autre secondaire, toutes deux insuffisantes à leur manière chaque fois propre. Hétérogènes mais nécessaire aussi l'une à l'autre pour former une unique causalité, elles ont – ou elle a – cette nature paradoxale d'être précisément une unique causalité mais formée de deux pièces qui restent deux et ne reforment pas une synthèse ou un système.* » (INM, p.40)

La pensée de Marx nous aide énormément à comprendre le mécanisme complexe de la non-philosophie, par exemple la transformation laruellienne des thèses marxismes comme la dualité d'« infrastructure-superstructure », la base de l'infrastructure est le seul réel ou la critique contre le caractère chimérique de la prétention de l'auto-suffisance de la superstructure, etc. Il n'y a qu'une seule structure, mais avec le caractère « dual » de cette structure.

Quant à la pratique, c'est certes très important, mais nous avons déjà, à plusieurs reprises, insisté sur ce point. Pour le dire en peu de mots, l'infrastructure n'est pas une base immobile, mais elle est de part en part un agir. D'où la nécessité de la pratique.

Après avoir brièvement évoqué quelques points communs entre Laruelle et Marx, il faut souligner que le rôle indispensable de Marx est ailleurs. Précisément, la pensée de Marx est récupérée afin de résoudre une difficulté propre à la non-philosophie.

Nous avons expliqué dans l'analyse d'*Une biographie de l'homme ordinaire* deux points importants dans la pensée politique laruellienne : d'une part, l'Autorité n'est pas un pouvoir concret, mais l'ensemble des a priori du Monde et, d'autre part, l'État est interprété comme un « oubli politique de l'essence de l'État ». Le (non-)Un (dans le domaine politique, c'est l'État) a une tendance « naturelle » à dénier l'existence réelle de l'Un. Que l'État soit toujours une (dé)négation de l'individu n'est pas une critique nouvelle. Mais l'argument de Laruelle ne s'arrête pas là.

Dans la non-philosophie, la « philosophie » est considérée comme l'ensemble de structures a priori du Monde. De plus, il y a une identité entre la philosophie et la politique. Le résultat de ces combinaisons est que le Monde/Philosophie est « presque » une structure d'a priori « autoritaire ». L'aporie surgit lorsque l'on combine les deux caractères principaux de la pensée-monde : elle est à la fois « a priori » et « autoritaire ». De plus, si l'on combine ce trait avec la structure fondamentale de la non-philosophie – la dualité unilatérale, l'aporie s'aggrave. C'est-à-dire que l'Un est « forcé » à utiliser un matériau qui est par nature non-démocratique. Cet argument revient à dire que *l'Un a radicalement besoin du matériau occasionnel qu'est la « pensée-monde », mais cette dernière est par nature « hostile » à l'Un : dans la philosophie, il y a une tendance de dénier l'Un*.

Cette difficulté est présente clairement dans l'article de « *Pour une science non-politique du pouvoir* » où la tension immanente entre l'Un et le non-Un (le Monde) exige une solution. Dans cet article, Laruelle interprète le Monde comme le « mal » et la cause est double : d'une part, l'« Homme-en-personne » garde fatalement « *une suture ultime à la pensée-monde* » (PSNP, p.485) à cause du caractère « radical » de l'Un et de la structure de dualité unilatérale et d'autre part, la « pensée-monde » est une structure autoritaire qui se manifeste sans cesse par l'« harcèlement » envers l'homme ordinaire. Même si l'homme est forclos au monde où il n'y a que non-rapport entre l'homme et monde, cela ne veut pas dire qu'il est un sans-rapport pur et simple. Bien au contraire. Jean-Luc Rannou a raison quand il présente l'Un radical comme une « *faiblesse radicale* [220]», dans la mesure où l'Un n'est pas un Un-Tout, mais il n'est que l'Un-en-Un. Le résultat : le harcèlement est permanent, voire radical. Donc, il faut saisir le « lien » paradoxal entre l'Un radical et la philosophie comme structure totalitaire -- LaPhilosophiePolitique est en permanence une « attaque » au niveau d'a priori et de transcendantal :

« *la suffisance du monde se manifeste pour les sujets par un harcèlement plus universel, générique, que la philosophique aliénation puisqu'il se fait au nom du monde ou de la philosophie comme tout supposé suffisant, pas de la seule altérité ou négativité du mal ou de la seule domination mais par les valeurs positives de la philosophie (sagesse, vérité, bonheur, devoir, etc., toute les sophiadicée) comme témoin de la primauté supposée du monde.*» (PSNP, p.480)

D'où « *le harcèlement des impératifs philosophiques (malgré l'être-forclos de l'Homme) qui témoigne du mal-monde* » (PSNP, p.483. Souligné par nous).

Si bien que la tension entre l'Homme-en-persone et le Monde ainsi présente est maximale. Le Monde devient « L' » ennemie de l'Homme. C'est pourquoi le non-philosophe écrit que :

« ***le pouvoir du monde comme mal absolu, un plan indissociablement politique et éthique*** *parce qu'il est le*

[220]J.L. Rannou, *François Laruelle et la gnose non-philosophique*, éd. l'Harmattan, Paris, 2003. C'est à cause de cela qu'il propose de comprendre la politique laruellienne comme une reinterprétation de « liberté, égalité, fraternité ».

principe adverse du génétique, l'Adversaire de l'Homme-en-personne auquel il est opposé comme Tout avec sa prétention à la primauté.» (PSNP, p.479)

S'il y a une identité entre le Monde, la philosophie et la politique toujours tyrannique, nous comprenons que Laruelle finit par identifier le Monde, le « Mal » et l'Enfer : le « ***mal-monde*** » (PSNP, p.484) en tant qu'« ***Enfer*** » (PSNP, p.486). En conséquence, « *nous définissons le pouvoir du monde sur les sujets comme* ***ultra-aliénation***. » (PSNP, p.480)

C'est dans ce contexte qu'apparaît l'importance de la doctrine de Marx. À cause de cette tension inhérente à sa propre pensée, Laruelle est obligé d'affronter une double tâche : *d'une part, il doit expliquer l'essence « (sur-)exploitant » du Monde, et d'autre part, il doit esquisser une manière adéquate de « lutte » contre cette exploitation.* C'est à cause de cette double tâche que la théorie marxiste intervient dans la pensée laruellienne. D'où l'élaboration d'un « non-marxisme »

Dans *Introduction au non-marxisme*, il ne tente pas de re-interpréter le marxisme, mais ce qu'il veut, c'est une nouvelle théorie du « Monde ». D'où le fait que « *l'universalité non-marxiste devient la théorie du Monde tout court.* » (INM, p.8). Il faut saisir le lien entre l'introduction de Marx et le dilemme proprement non-philosophique, à savoir que le Monde (la philosophie) est un l'ensemble des a priori autoritaires.

Avec l'arsenal marxiste, Laruelle peut identifier sans difficulté le « capitalisme », la « philosophie », le « Monde » et le caractère intrinsèque d'« exploitation » en une seule et même chose. De là la simultanéité entre le « ***capital-monde*** » et la « ***pensée-monde*** » (INM, p.18).

En d'autres termes, « *l'objet réellement universel du non-marxisme sera le capitalisme* ***plus*** *ensemble, structuré en « essence », de ses conditions philosophiques, c'est-à-dire le capitalisme « universel » en un sens radical du terme, la synthèse du capitalisme et de l'essence de la philosophie sous l'égide, l'un et l'autre, du « Monde ».*» (INM, p.8)

Bref, le premier but est atteint lorsque Laruelle introduit Marx dans la non-philosophie - le « Monde » n'est qu'une autre forme de capitalisme qui est naturellement une force d'« exploitation ».

Le second but est aussi atteint par une transformation des concepts marxistes de « prolétariat » et de « la lutte de classe ». Tout le chapitre VI de ce livre intitulé « *Sujets-en-lutte* » est un effort de confectionner une « lutte » adéquate qui d'une part répond à la découverte non-marxiste de l'infrastructure du Réel et d'autre part qui est capable de résister à l'exploitation a priori du Monde capitaliste.

Dans ce chapitre, tout d'abord, le défenseur du « non-marxisme » récuse à la fois l'idée du « *sujet-sans-lutte* » et de la « *lutte-sans-sujet* » (INM, p. 109). Il faut, selon le porte-parole du « non-marxisme », penser une subjectivité spécifique qui est structurée intrinsèquement comme une « lutte ». D'où l'idée de « *sujet-en-lutte* » :

« *La lutte est radicalement subjective en dernière instance, dépourvue même de l'anonymat sociologico-mondain de la « classe ». Et le sujet est structuré radicalement comme « en-lutte » uni-latérale* » (INM, p.109).

La « lutte » n'est plus un attribut du sujet, mais elle lui est immanente. D'où l'usage de mot d'« en » et le « tiret ».

En d'autres termes, il caractérise l'idée de « sujet-en-lutte » de la manière suivante — évidemment tout est fondé sur le Réel comme l'« infrastructure » :

« *Les traits du sujet-en-lutte ou sans-procès sont les suivants :1. il est non-constitutif du Réel, donc déterminé par un Réel-sans-sujet ; 2. il est distinct par conséquent uni-latéralement de l'Ego ; 3. il existe-en-lutte* ***pour*** *le Monde et le capital-monde ; 4. Il est uni-versel pour toutes les conjonctures mais usant des conjonctures comme d'arguments ; 5. il est par définition structuré comme « en-lutte » et non sujet* ***de*** *la lutte, derrière elle ou son simple effet.*» (INM, p.117)

Autrement dit, le sujet-Étranger doit être structuré comme un a priori (de) lutte : « *Le sujet-existe-en-lutte ou existe-Autre-que-la Capital-monde* » (INM, p.111). C'est cette idée d'un sujet-en-lutte qui est déterminée en dernière instance par l'Un en tant que non-rapport que Laruelle parle d'une « *défense a priori* » contre l'attaque a priori du Monde et de la Philosophie.

Parallèlement, cette idée d'une subjectivité « en » lutte est la solution présentée dans l'article de « *Pour une science non-politique du pouvoir* ». Il y tente de « *prolonger la lutte des sujets le plus loin possible contre le mal-monde* » (PSNP, p.486).

Concrètement, il faut transformer le Mal (le « mal-monde ») en un « mal radical » : « *le seul salut possible de l'Enfer réside dans sa transformation en un mal radical, dans une mise sous condition immanente de la duplicité et de la suffisance dont il est la cause* ». C'est-à-dire « *de le* [le mal-monde] *forcer à recevoir la dualité unilatérale* » (PSNP, p.486). Si bien que le Monde comme le Mal n'est pas un donné objectif, mais il est formé par l'Un en tant qu'Étranger. C'est ce geste d'enraciner le Monde dans l'immanence radicale qui permet une lutte concrète de devenir possible.

Autrement dit, il n'y a pas de « mal en soi », mais il n'y a que le « mal radical » (subjectif) qui est déjà déterminé en dernière instance par l'Un et n'oublions pas que l'Un est radicalement hors du Monde. Le (non-)Un prétendu autonome et auto-suffisant n'est qu'une dénégation de l'Un qui le détermine malgré tout. Pour affronter l'Autorité qui prétend toujours d'un Mal « en-soi » et « absolu », il faut « dualyser » cette prétention et la considérer comme une simple « idéologie » de superstructure déterminée par l'infrastructure qu'est l'homme ordinaire.

C'est la raison pour laquelle Laruelle pense que, pour contester cet « *abus transcendantal* », il faut une « dualyse »:

« *La dualyse n'est pas une simple levée de cet abus mais la transformation des rapports de pouvoir en non-rapports de pouvoir qu'en rapports de non-pouvoir. Le théorème qui résume la science du pouvoir est que la théo-polito-logie comme forme du monde est déterminée en dernière instance par l'Homme générique.*» (PSNP, p.484)

Ainsi procédé, son ultime réponse à ce harcèlement (du) Monde-Capitalisme est que l'« Enfer » est le matériau occasionnel pour la lutte. D'où un « sujet-en-lutte ». C'est pourquoi il considère « ***l'Enfer comme ultra-modèle de***

l'existence des sujets-Etrangers en lutte contre le harcèlement.» (PSNP, p.487)

Autrement exprimé, « *L'Homme est l'être pour qui il y a un accès de droit au monde comme mal et qui, sur la base de cet **a priori**, peut, comme sujet-Etranger, entrer en lutte avec lui et le mal-monde. Il faut le mal radical ou **a priori** pour lutter contre l'ultra-aliénation.*» (PSNP, p.485)

Pour finir cette section, deux dernières remarques peuvent être soulignées.

Premièrement, l'introduction du (non-)marxisme est obligée à cause d'un durcissement de la tension entre la structure de dualité unilatérale et la prétention de LaPhilosophiePolitique. Mais si la non-philosophie nous enseigne qu'il ne faudrait pas présupposer naïvement la « bonne volonté » ou la « bonne foi » de la part de la philosophie, il est aussi dangereux de présupposer une « mauvaise volonté », voire un penchant malsain et criminel de la part de philosophie et du Monde.

Laruelle lui-même reconnaît de plus en plus l'importance et l'autonomie relative de la philosophie. Il faut par conséquent considérer « la pensée-monde » plus comme « neutre » que comme un « mal ». Certes, l'oubli politique de l'essence de l'État est partout constaté et une tendance « agressive » de LaPhilosophiePolitique est indéniable. Mais il ne faut pas trop insister sur cet aspect, si le but est un théorème universel. Or *le non-marxisme n'est qu'un dernier « sauvetage » dans la « situation extrême »* : c'est-à-dire lorque la prétention du pouvoir de LaPhilosophiePolitique se pense comme une omnipotence. Dans ce cas, la non-philosophie a ses moyens - une « *défense a priori* » et un « *sujet-en lutte* »-- - de défaire ce fantasme totalitaire de philosophie.

Si l'on insiste trop sur cet aspect, on oublie vite le véritable esprit de la non-philosophie. Car dans ce cas, la « lutte » deviendrait un « quasi- » attribut de la pratique. La pratique devient une « réaction » contre l'Autorité de la pensée-monde. Ce n'est plus une pratique radicale et l'on introduit ainsi une téléologie (certes sous forme négative) à la pragmatique. Dans un tel cadre, le sujet se trouve dans une situation où il est condamné à tourner sans cesse autour du Monde/Capitalisme.

De surcroît, l'identification entre la philosophie et le capitalisme -- c'est-à-dire l'essence de la philosophie est une tendance de l'« exploitation » -- exige plus d'effort que ce qui se présente dans *Introduction au non-marxisme*. Cette thèse est possible, mais elle nécessite une analyse profonde et nous ne croyons pas un fusionnement facile entre la philosophie et le capitalisme.

Deuxièmement, malgré cette limitation, Marx joue quand même un rôle indispensable. Cet usage laruellien de Marx est encore gravé par l'influence de Nietzsche.

L'interprétation laruellienne de Nietzsche est déterminante à cette introduction de Marx. Son interprétation de la philosophie comme un capitalisme qui exploite est en réalité une description de la « volonté de puissance » des philosophes. C'est grâce à son dialogue critique avec Nietzsche que Laruelle comprend ce que les philosophes veulent et ce qu'ils peuvent à travers divers discours. Heidegger a déjà remarqué qu'il y a une « *mobilisation générale* » du pouvoir philosophique chez Nietzsche. La guerre totale et l'exploitation extrême ne sont pas des simples mots sans effets chez Nietzsche ou chez tous les philosophes tout court. La reconnaissance de ces tendances dans La PhilosophiePolitique oblige Laruelle à recourir à une critique marxiste.

À plus forte raison, il faut admettre que chez Nietzsche, il n'y a pas de place pour quelque chose d'« *anti-politique* », parce que, pour lui, l'anti-politique est *aussi* une politique. C'est à cause de cela que Laruelle est obligé de chercher un autre point d'appui pour garantir la puissance de résistance et de lutte. C'est là le vrai sens de Marx dans la théorie politique de Laruelle. L'élaboration du non-marxisme est en quelque sorte le pendant de « LA » philosophie représentée par Nietzsche. Cette confrontation entre Nizetzsche et Marx se traduit par une « pratique-en-lutte » pour assurer une base solide contre le harcèlement philosophique. De ce point de vue, le non-marxisme n'est pas une simple curiosité personnelle du fondateur de la non-philosophie.

QUATRIÈME SECTION
La psychanalyse et la non-philosophie

Il faut reconnaître sans hésitation que la doctrine de la psychanalyse n'a rien à voir avec la non-philosophie. Il ne vaut pas la peine de chercher un « non-freudisme » dans la pensée laruellienne.

Néanmoins, le non-philosophe emprunte beaucoup de vocabulaire psychanalytique – surtout les termes lacaniens. C'est pourquoi nous devons approfondir ce lien entre la pensée non-philosophique et la psychanalyse.

Tout d'abord, le schéma freudien du conscient et de l'inconscient nous aide à « imaginer » facilement ce que signifie la dualité unilatérale et la détermination en dernière instance. La métaphore psychanalytique – la dualité de « conscience-inconscience » -- a un avantage sur celle de Marx (infrastructure-superstructure), dans la mesure où c'est au sein d'un individu, au lieu d'une structure impersonnelle. Donc, cette métaphore freudienne est très proche de la théorie laruellinne qui est une pensée de singularité individuale.

Le conscient et l'inconscient sont deux causalités qui ne font qu'une au niveau individuel. Un seul acte concret représente en même temps le désir conscient et le désir inconscient. La dualité unilatérale et l'idée de la « superposition » des deux causalités peuvent se comprendre facilement à l'aide de la psychanalyse. De même, il ne faut pas oublier la transformation laruellienne de trois caractères du réel chez Lacan : l'attribut d'« *impossible* » et les deux mécaniques du réel, la « *suture* » et la « *forclusion* ». Il faut comprendre ces concepts lacaniens pour comprendre l'articulation entre l'immanence radicale et la détermination en dernière instance et la dualité unilatérale chez lui.

Hormis ces utilités métaphoriques et la transformation des concepts psychanalytiques, le lien sérieux entre la psychanalyse et la non-philosophie se manifeste par deux points : d'une part la priorité de l'altérité = X et d'autre part la pensée politique chez Freud a un lien intime avec celle de Laruelle.

Laruelle nous rappelle souvent l'importance du « tournant judaïque » inauguré par Freud et développé par Heidegger, Lacan et Derrida. Il nous répète aussi que dans la philosophie, il y a une primauté de savoir « transparent » en donnant l'exemple de Socrate (« Je suis le plus sage dans la mesure où je *sais* que je ne sais rien »). Alors que dans la psychanalyse, il y a une primauté d'un savoir « opaque » ou « irréfléchi » (je *ne sais pas* que je sais - c'est-à-dire la notion lacanienne du « sujet-supposé-savoir »)

En effet, nous pouvons constater l'importance de cette « opacité » ou « obscurité » forclose à la lumière de la philosophie dans la non-philosophie. D'où l'expression très fréquente de l'« expérience irréfléchie » pour caractériser la manifestation (de) l'Un. Ce n'est pas une mythologie, c'est plutôt « ***le** mystique* » (PNP, p. 66) :

« *La vision-en-Un est une expérience (de) soi radicalement irréfléchie* » (PNP, p.67).

Deuxièmement, sans doute le plus important, nous pensons qu'il y a une similarité étonnante entre Laruelle et Freud. Mais *c'est plus une similarité « méthodologique » qu'une ressemblance doctrinale.*

En premier lieu, à cause d'un présupposé de l'inconscient et à cause du fait qu'ils sont des penseurs d'immanence, tous les deux considèrent que la politique est comme un « symptôme » par rapport au Réel.

Pour Freud, la politique est une « formation réactionnaire de l'inconscient ». Et s'il comprend la politique comme un phénomène d'« homosexualité », c'est-à-dire par nature « narcissique », cela veut dire qu'il constate qu'il y a un « non-rapport » dans la relation inter-humaine. En d'autres termes, la politique ou la foule comme une « formation réactionnaire de l'inconscient » signifie que le prochain est en dernière analyse un « double » narcissique du Moi. Lacan radicalise cette thèse en disant d'une manière provocante qu'« *il n'y a pas de rapport sexuel* ».

Or l'importance de Freud pour Laruelle dans le domaine politique est double : d'une part, des idées comme un « non-rapport » immanent à tous les rapports inter-humains et les formations collectives ont une origine individuelle et peuvent être considérées comme les annonciations des axiomes non-philosophiques. Et d'autre part, la théorie sociale de Freud cristallise beaucoup de symptômes de la philosophie politique : la non-identité d'individu (la primauté de l'Autre), la sexualité comme une idéalité transcendante, la guerre « inévitable » entre les hommes…etc., la pensée freudienne est un exemple très parlant de la mécanique de la « Différence anthropo-logique ».

Il faut approfondir un peu cette contribution psychanalytique à la pensée politique de Laruelle.

Freud a raison de préciser qu'il y une détermination subjective et narcissique dans la formation de l'Autorité en apparence objective. Plus radicalement, Freud parle d'une formation pulsionnelle de tous les objets -- c'est la pulsion narcissique qui peut « objectaliser » toutes formes d'« extériorité ». Cette « fonction objectalisante » freudienne a quelque chose de similaire avec l'« unilatéralité » et la « détermination en dernière instance » chez Laruelle. Nous pouvons dire qu'ils parlent « presque » le même language à ce niveau et sur ce point il n'y a pas de différence fondamentale entre ces deux penseurs d'immanence. Pourtant, depuis le point de vue non-philosophique, la psychanalyse est encore un usage « idéaliste » de cet agir premier. Car non seulement Freud impose une idée de Père au cœur de cet agir humain, mais il considère l'« objectalibilité » comme le dernier lien social dans la relation inter-humaine. Si bien que cette idée d'une détermination unilatérale et subjective est prise immédiatement dans une réciprocité et une circularité. L'agir premier n'est qu'une copie du Logos qu'est le complexe d'Œdipe.

De toute façon, si nous voulons comprendre la pensée politique de Laruelle – *surtout l'articulation entre l'individu et le collectif*, la pensée psychanalytique est un passage obligé. Pour saisir l'idée d'une « indivi-dualité » et ses conséquences dans le domaine socio-politique (le phénomène collectif est unilatéralisé et il est tombé dans une immanence individuale), il faut comprendre d'abord ce que la psychanalyse a déjà expliqué tout en gardant un œil critique.

CHAPITRE VI

Une science politique non-moderne – l'individu et l'état de nature

Comment situer la pensée politique de Laruelle dans l'histoire de la philosophie politique occidentale ? Après une analyse généalogique et une analyse comparative, il faut proposer une interprétation synthétique. Pour cela, tout d'abord, le fondateur de la non-philosophie et quelques commentateurs soulignent l'importance de l'idée de la « démocratie réelle ».

Une idée de « démocratie réelle » se présente d'abord en opposition à démocraties philosophiques. Laruelle disait souvent que « *la philosophie peut créer une théorie de la démocratie sans être elle-même démocratique* ». La philosophie est fondamentalement un questionnement par nature « circulaire », « hiérarchique » et « autoritaire » -- l'identité humaine n'est jamais donnée comme réel. Au mieux, le philosophe prononce une idée de démocratie sans le moyen d'y arriver et, au pire, la réalisation de démocratie se fait toujours par les moyens totalitaires (la mécanique de la « Différence anthropo-logique »). De plus, non seulement la démocratie philosophique n'est jamais « directe », mais il y a toujours une place « sur- démocratie » occupée par le philosophe. C'est le philosophe qui octroie en dernier recours le sens et la légitimité de toutes les démocraties. C'est pourquoi le non-philosophe pense que l'esprit philosophique est fondamentalement « anti-démocratique » et « sur-démocratique » :

« *Elle* [la philosophie] *est ainsi à la fois antidémocratique et sur-démocratique et oscille autour d'un concept de la démocratie qu'elle ne parvient pas à fixer en rigueur et en réalité c'est-à-dire dans son identité* » (TE, p.12).

La distinction la plus déterminante dans la théorie philosophique de la démocratie n'est donc pas la distinction entre le régime de la démocratie et celui de la non-démocratie, mais celle entre le « philosophe » et l'« homme ordinaire ». Ce qui implique que pour arriver à une « vraie » démocratie, il faut tailler le « citoyen » démocratique et cela signifie « transformer » l'homme ordinaire selon l'idéal philosophique :

« *L'homme est divisé entre le philosophe qui énonce l'idéal démocratique de l'« égalité » et l'homme qui en est l'objet et qui ne peut prétendre être auteur de ce discours ou se l'approprier que par délégation au philosophe.* » (TE, p.12)

Non seulement il n'y a pas de démocratie « réelle » dans la philosophie, mais toutes les démocraties philosophiques sont par nature « représentatives ». L'homme ordinaire, supposé sans identité, doit fatalement s'engager dans un « devenir-démocratique » pour se justifier devant le tribunal philosophique, s'il veut entrer dans le royaume démocratique. La démocratie philosophique n'est qu'« *un devenir-démocratie illimitée qui continue à poser sur l'homme la barre de l'anti-démocratie et de la non-identité et à lui refuser qu'il puisse de part en part ou en identité accéder à la démocratie.* » (TE, p.12)

Contre tout cela, Laruelle cherche une « *science démocratique de Multitudes humaines* » (TE, p.33) ou plus exactement « *la démocratie non-politique comme l'« ordre transcendantal » de l'Étranger* » (TE, p.17).

Pour être plus exact, la démocratie réelle est une démocratie « non-politique » : elle est en dehors de tous les réseaux des pouvoirs de LaPhilosophiePolitique. Chaque Un individual est donné radicalement et réellement « avant » le jeu des rapports de pouvoir. Ils ne sont pas, au moins dans leur essence, déterminés par les a priori autoritaires de LaPhilosophiePolitique, mais ils sont capables de les utiliser et les unilatéralisent comme simple « matériau occasionnel ». Donc, la démocratie est plus un problème du réel qu'un problème politico-éthique : chaque individu est réellement libre et égal avant la donation philosophique et mondaine. Il faut penser la politique à partir de ce donné humain et non pas l'inverse. La liberté et l'égalité ne sont pas un « but », c'est un « donné réel », à cause du donné (d')identité humaine. L'égalité et la liberté doivent être présupposées (sans opération de présupposition philosophique), au lieu d'être recherchées. Si l'on pose une « démocratie » comme un « but voulu » -- c'est ce que tous les philosophes ont fait, tout serait perdu à l'avance :

« *l'égalité n'est réalisée comme telle, conservée aussi, que si elle est un effet plutôt qu'un principe, effet d'une identité radicale plutôt que principe auto-positionnel. La véritable égalité [...] est l'égalité des identités transcendantales qui se disent de chaque terme d'une autonomie. Ni politique égalitaire de la pensée, ni pragmatique politique ou philosophique de la pensée, l'égalité est ici un concept non-politique parce qu'il est d'abord non-politique.* » (PNP, p. 60).

La démocratie réelle signifie que chaque Un détermine en dernière identité son propre agir, puisque l'égalité des identités humaines est réellement donnée avant l'appropriation par la philosophie politique. C'est là le sens d'un « ordre » démocratique et transcendantal. Le fondateur de la non-philosophie nous donne une description de cet ordre démocratique et non-politique :

« *La non-philosophie est la tentative d'édifier, en deçà des nations et des empires philosophiques, sur la base réelle d'une langue universelle,* ***un nouvel ordre démocratique de la pensée*** *qui exclut la conflictualité entre les philosophies et entres la philosophie et les savoirs régionaux, et qui l'exclut par le procédé d'une démocratie « transcendantale » qui suppose l'irréductibilité de l'****identité réelle*** *et de son type propre de multiplicité et de « multitudes ». [...] elle met entre ces sphères un* ***ordre*** *minimal que nous appelons « unilatéral », qui exclut toute hiérarchie des identités sans pour autant poser leur nivellement unitaire ou bien une multiplicité anarchisante qui est toujours le résidu de la décomposition des formes autoritaires. Elle distingue entre l'ordre et la domination, entre* *la priorité et primauté. De là l'idée d'un ordre transcendantal et non transcendant de la pensée [...] il est en son fond* ***l'ordre démocratique des identités reconnues prioritairement comme telles***. » (PNP, p. 16)

Et il le poursuit en précisant que « *Cet ordre est* ***ordre-pour****... l'Être, la pensée, etc. ; mais ordre immanent qui ne* ***domine*** *plus ce qu'il met en ordre.* » (PNP, p. 49)

Cet « ordre » n'est pas une idéalité soutenue par un discours de philosophie politique. Il est plutôt une « factualité », le donné réel des identités humaines, qui ne peut jamais être un objet de discours philosophique ou un programme politique. Cela signifie que lorsque la « (non-) rencontre » a lieu, l'identité en tant qu'immanence radicale non seulement n'est pas affectée par le « pouvoir du sens » philosophique, mais elle détermine en dernière identité ce « (non-) contact ». Donc, cet ordre se manifeste par un « usage unilatéral » ou une « détermination en dernière instance », au lieu d'une synthèse idéaliste et hiérarchique. Il n'est pas une torsion, un forçage, un pli. Il est un « simple » usage entre l'Un et la pensée-monde.

Notons aussi une chose importante. Il est absurde d'interpréter ces axiomes comme une dénégation de la domination actuelle et de la misère partout présente dans le monde, quand Laruelle parle d'une « paix » réelle ou d'une « démocratie réelle ». Nous insistons sur le fait que la non-philosophie ne vise qu'à la philosophie politique, non pas le phénomène politique dans son actualité. L'idée de la paix et de la démocratie signifie que l'essence (de) homme est ce qui est hors de la portée de « philosophable ». Le « pouvoir du sens » philosophique ne peut pas l'atteindre, sinon par une hallucination typiquement idéaliste. Nous pouvons être détruits physiquement, mais ce n'est pas le cas de notre « identité humaine ». S'il y a des soumissions actuelles partout dans le monde, ce n'est pas la même chose de parler d'un asservissement ou d'une sujétion qui prétend atteindre l'identité individuelle. La prétention transcendantale d'un « crime contre l'humanité » présuppose toujours l'omnipotence du pouvoir de « philosophable ».

Du coup, nous comprenons pourquoi il considère la démocratie réelle comme « *une paix universelle* » (PNP, p. 17). Car l'Homme-en-personne est radicalement antérieur à la gestion du conflit qui est le propre du pouvoir philosophique. L'homme fini est réellement en dehors du jeu de la circularité de la « guerre-paix » infiniment répétée dans LaPhilosophiePolitique. En répondant à la question, pourquoi la non-philosophie est du côté de la paix, il s'explique que :

« *parce qu'elle s'inscrit de* ***l'identité radicale d'une distance ou d'une altérité*** *au mélange de la guerre et de la paix spécifique de la philosophie. Ce que j'appelle l'Homme-en-personne ou le Nom-de-l'Homme est nécessairement paisible plutôt que pacifiste. Il refuse d'entrer dans le circuit de la guerre et de la paix mais il le trait plutôt qu'il ne traite avec lui. [...] La paix vient du fond de l'immanence radicale qui fait l'Homme, et elle vient future aux mélanges de guerre et de paix.* [221] »

Avant que l'on ne propose notre propre interprétation, nous devons mentionner brièvement deux commentateurs importants en ce qui concerne la pensée politique dans la non-philosophie : J.L. Rannou et S.Lesueur.

J.L. Rannou donne une version typiquement française de la pensée laruellienne. Sa démarche consiste à interpréter la non-politique comme une pensée de « liberté, égalité et fraternité ». Les désignations de liberté et d'égalité ne sont pas difficiles à comprendre, dans la mesure où l'Un n'est plus déterminé par aucune finalité extérieure et il n'est pas affecté par aucun discours inégalitaire. Par contre, la signification de « fraternité » nécessite une explication.

Pour le dire en quelques mots, il conçoit l'Un comme une « faiblesse radicale » et cette description implique une « entr(e)-

---

[221] Laruelle, *L'ultime honneur des intellectuels*, *op. cit.* p 38. Il dit aussi qu'« ***il y a point des humains qui doit être forclos au cercle vicieux du PS*** [le « principe de sécurité », la sécurité politique des citoyens chez Hobbes, par exemple], ***à l'insécurité sécuritaire ou à la sécurité insécure***. » Cf., *Du principe de sécurité (PS) à la défense générique*, in *Fabrique de l'insécurité*, dir. F. Laruelle, éd. l'Harmattan, Paris, 2007, p 11.

aide » (non-éthique, bien entendu). D'où la « fraternité ». C'est pourquoi il exprime que :

« *des individus libres et égaux dans la fraternité de leur faiblesse d'Un qui a besoin de l'autre-Étranger que chaque-Un est lui-même dans l'union cosmopolitique.*[222] »

Autrement exprimé : « *Le commerce adéquat à la solitude est la communauté démocratique, où chaque-Un trouve de l'aide à sa faiblesse originaire parmi les autres solitudes. L'Un-seul n'est donc pas le retranché. Le* ***nom du retranché*** *est proprement Dieu, l'Un fantasmatique qui possède déjà tout, et qui s'auto-suffit dans son existence.* [223]»

Par voie de conséquence, la combinaison de « liberté, égalité, fraternité » fait naître une « démocratie non-politique » :

« *La démocratie n'appartient pas au politique, mais elle constitue l'essence du cosmopolitique, c'est-à-dire la société qui correspond à l'homme comme chaque-Un et comme Étranger.* [224]»

Quant à S. Lesueur, elle nous propose de considérer la non-politique comme une « *Comm-Unauté* » :

« *Si l'État est certainement monopole de la violence physique légitime (Weber), il se définit selon moi bien plus profondément encore comme monopole spoliateur de Comm-Unauté. J'appelle de ce nom de l'expérience collective concrète expérimentée par les Étrangers à partir de la découverte de leurs uni(s)-versalité.* [225]»

En termes encore plus nets, elle interprète cette « Comm-Unauté » non-politique comme « *une posture multi-individuelle, à la fois théorique et pratique, de forme 1+1, 1+1*

---

[222] J.L. Rannou, « *François Laruelle et la gnose non-philosophique* », *op.cit.*, p 118-119.

[223] Ibid., p 27.

[224] Ibid., 117-118.

[225] S. Lesueur, *Une généalogie du pouvoir : peut-on parler de non-philosophie politique ?*, *op.cit.*,.

qui, pour une pensée non-philosophique, ne fait pas 2 mais Un. [226]»

Mais en fait, c'est la seule proposition « positive » qu'elle nous a communiquée. Son interprétation est en fait une version « ultra-critique » de la pensée politique de Laruelle, dans la mesure où elle revendique une « *pensée hérétique* » en dénonçant les deux présupposés fondamentaux de philosophie politique : « *une vérité existe qui doit être connue et l'Homme a besoin d'être gouverné* ». Elle tente aussi de nous convaincre qu'« *il existe un rapport inversement proportionnel entre pouvoir et Identité : un pouvoir est autant mieux exercé qu'il étouffe toute perception que l'homme peut avoir de la présence en lui d'une Identité inaliénable, son cœur hérétique, son Un-spiration la plus vitale.* [227]». Dans une telle perspective, la non-politique devient une arme ultra-efficace contre toutes les « décisions » et contre toutes les « prétentions » de la philosophie politique.

Pour notre part, nous considérons que toutes ces analyses sont justes et elles nous aident à comprendre la signification politique dans la non-philosophie. Par définition, les « usages » politiques de cette pensée singulière sont infinis. Néanmoins, dans notre point de vue, il semble que le fait de caractériser la pensée politique de la non-philosophie par la « démocratie réelle » et par la « paix universelle » (ou une version « ultra-critique » ou une version inspirée par la révolution française) ne soit pas un meilleur choix, au moins terminologiquement parlant. Ces expressions sont certes pertinentes au niveau du concept, mais elles donnent une impression d'un air d'une nouvelle « philosophie politique ». C'est ce que l'inventeur de la non-philosophie essaie d'éviter à tout prix. Donc, nous voulons chercher une nouvelle description plus adéquate à sa découverte.

---

[226] S. Lesueur, *Capitalisme et philosophie*, conférence présente le 30.09.2004 au Congrès Marx International IV, également dans son site : uni-s-vers-de-sophie.blogspot.com.

[227]S. Lesueur, *Une généalogie du pouvoir : peut-on parler de non-philosophie politique?*, *op.cit.*.

Nous soulignons souvent le fait que l'Un comme un homme individual « est » réellement et radicalement avant LaPhilosophiePolitique et que sa pensée politique est une élaboration d'un théorème universel pour toutes les théories politiques. À partir de ces caractéristiques, si l'on recherche une expression qui correspond à l'esprit non-philosophique dans l'histoire de la philosophie politique, la notion moderne de l'« état de nature » serait mieux placée que la « démocratie réelle », la « paix universelle » ou la « Cité des Simples ».

Étant donné que, *traditionnellement, l'état de nature est une notion « pré- » ou « anté- » politique, il signifie que la politique n'est pas la détermination première et que les hommes sont égaux et libres avant l'apparition de politique*. Ces deux points conviennent merveilleusement bien à l'esprit non-philosophique. De plus, l'expression de l'« état de nature » n'exige aucune connaissance spécifique et l'on saisit intuitivement ce qu'il signifie (en accord avec l'expression de l'« homme ordinaire » comme un « idiot transcendantal ») : un savoir ou une expérience « irréfléchie ». C'est aussi la raison pour laquelle l'auteur d'*Une biographie de l'homme ordinaire* revendique explicitement un lien étroit avec Rousseau - notamment son anthropologie et son idée de l'état de nature.

En revanche, le mot « démocratie » est tellement chargé de sens, à tel point que si l'on ne précise pas ce que l'on veut dire, ce mot « démocratie » reste vide, puisqu'il y a maintes définitions possibles. De surcroît, la « démocratie » s'associe premièrement et nécessairement à la politique et à la décision de la majorité des citoyens. Cette impression « politique » contredit largement l'esprit de découverte d'une science non-politique chez Laruelle.

Or l'« état de nature », c'est plus qu'un choix terminologique. Le créateur de la non-philosophie a dit que sa pensée n'est ni « moderne » ni « post-moderne », mais « *non-moderne* ». Mais pourquoi revendique-t-il une Modernité transformée ? La découverte majeure de la Modernité se résume par deux notions capitales : l'invention d'« individu » et l'« état de nature ». Ces deux idées ne font qu'une : l'individu non-politique vit dans l'état de nature non-politique avant l'état civil. C'est là l'invention la plus révolutionnaire des Modernes par rapport aux Anciens. Mais les Modernes sont justement accusés par les Contemporains de ne pas arriver à réaliser cet idéal. Non seulement l'individu est donné simultanément avec le Logos - l'individu est donné systématiquement avec un Collectif, mais le primat de la domination de politique revient toujours en écrasant la non-politique. Bien que la modernité ait commencé par l'invention de l'individu et de l'état de nature, elle finit par la « Souveraineté » et la « Terreur ».

C'est peut-être à cause de cet échec que le non-philosophe développe une pensée « non-moderne ». Si les résultats de la Modernité sont terribles, cela ne veut pas dire que l'esprit de Modernité soit une simple idéologie.

C'est à partir de cet échec qu'il va « non-moderniser » l'héritage des Modernes. Il va caractériser l'individu comme une « indivi-dualité » radicalement non-politique. C'est-à-dire que, par l'idée de l'immanence radicale, il radicalise d'une part la notion de l'« anté-politique » incarnée par l'état de nature, et d'autre part, il radicalise la thèse selon laquelle la politique n'est pas une détermination essentielle et première à l'essence de l'homme. En d'autres termes, l'homme est intrinsèquement fini et il est radicalement « suffisant » (ce n'est pas une suffisance absolue ou une auto-suffisance). Il n'attend plus aucune intervention de la part de la politique. C'est là le « vrai » état (de) nature non-moderne.

C'est un « état (de) nature » non seulement « réel », mais « inaliénable » ou « générique ». Du fait que cet état de nature n'est autre chose que l'immanence radicale qui détermine en dernière instance la politique. Il est une « constance » scientifique et générique qui est toujours immanente à toutes les pratiques et tous les discours philosophiques. Pris de ce point de vue, Laruelle suit les pas de Nietzsche et Freud – il est plus radical que les deux — en justifiant que, si l'homme est au départ un être non-politique, il reste toujours un être non-politique.

La comparaison ne s'arrête pas là. On sait que l'homme ordinaire est intrinsèquement fini, mais il n'est que l'Un radical. Il n'est ni un Un-Tout ni un Un Absolu. La détermination en dernière instance de l'Un est non-suffisante. Donc, l'Un a besoin du Monde et de LaPhilosophiePolitique en tant que causalité secondaire pour que l'agir soit possible. Tout cela implique la nécessité et l'autonomie relative (mais indispensable) de l'« état civil ». D'une certaine manière, la non-politique chez Laruelle est aussi une structure duale comme la théorie de contrat social.

Pour le dire autrement, puisque l'homme est donné comme une identité radicale et finie, il n'est pas divisé et il ne s'inscrit pas dans un « devenir-homme », typiquement philosophique. Le « besoin » d'état civil doit donc être compris comme un besoin de cause ou de matériau occasionnel et ce n'est pas une détermination constitutive de l'essence (de) l'homme. L'état civil n'est plus un salut, une réparation ou une complémentarité constitutive pour qu'un homme soit un être humain. Mais l'état civil n'est qu'un matériau à transformer et à utiliser. Bref, nous devons « unilatéraliser » et « occasionnaliser » l'état de société. Si bien que tout se passe comme si nous *aplatissions* la structure entière de la théorie du contrat social. *L'état (de) nature « radical », « réel » et « inaliénable » et l'état civil « occasionnel » et « matériel » se superposent dans une structure de « dualité unilatérale ».*

C'est là le vrai changement de terrain dans l'histoire de la philosophie politique. L'auteur de *Principe de la non-philosophie* élabore un état (de) nature radicalement non-politique *pour* toutes les philosophies politiques à venir. Sa pensée politique n'est ni une « philosophie politique » ni une (méta-) philosophie politique. Elle est une théorie rigoureuse (d') un état (de) nature pour « LA » philosophie politique – elle n'est pas une « méta-politique », mais un état (de) nature en tant qu'« antériorité » radicale et qu'« accompagnement » générique. Bref, c'est une structure d'« aplatir » le dualisme de contrat social

Toute notre interprétation tend à montrer que tout se passe comme si l'on introduisait, plus exactement « superposait », un « état (de) nature » à toutes les philosophies politiques. Et cela change tout le sens de l'état civil. Donc, la dualité d'« état de nature/état civil » est plus significative et plus importante que celle d'« infrastructure/superstructure » et celle d'« inconscience/conscience » si l'on veut comprendre la véritable nouveauté de la pensée politique chez le non-philosophe.

Il faut aussi noter que le mot « pour » dans la formule d'« un état (de) nature pour tous les états civils » signifie aussi une invitation à la pragmatique : pratiquer et transformer ces matériaux. Cette pensée laruellienne n'est pas une élaboration d'un état de nature immobile, éternel et situé nulle part. L'état (de) nature radical et unilatéral doit être imaginé comme une « futuralité », au lieu d'un « âge d'or (perdu) ». Cette théorie (de) l'état (de) nature n'est pas une nostalgie, mais une invitation à la « transformation du monde ». Le seul « problème » est la pratique et l'usage : « pratiquer la politique depuis ou selon la non-politique ». Bref, « *la pratique non-politique du pouvoir.* » (PSNP, p.484)

Avant de terminer cette analyse, revenons à nos deux formules directrices. Avec cet état (de) nature non-philosophique et donc non politique, l'initiateur de non-philosophie donne une ultime réponse aux deux formules fondamentales de la philosophie politique occidentale. L'homme n'est plus un animal politique et il n'entre jamais dans la circularité d'« animal politique / animal apolitique ». L'Essence (de) l'Homme est forclos à tous les usages anthropologiques de LaPhilosophiePolitique : l'Homme-en-personne détermine en dernière instance tous les usages des anthropologies possibles tout en restant l'immanence radicale.

De même, le fondateur de la non-philosophie donne également une réponse radicale à la formule de « penser la politique depuis la non-politique ». La politique (tous les états civils) est pensée à partir d'un état (de) nature radicalement non-politique et le mot « depuis » signifie justement une « détermination en dernière instance » et donc une structure de « dualité unilatérale ». Et cette formule n'est plus inscrite dans une structure triangulaire : c'est-à-dire de penser la politique depuis la non-politique, mais sous le primat de politique. Dès lors, cette formule est littéralement et simplement « penser la politique depuis la non-politique » sans aucun redoublement insidieux. Autrement dit, le « depuis » ne signifie plus un rapport « différentiel » ou « représentatif », mais une identité en dernière instance.

Pour finir, Laruelle disait souvent que l'introduction de l'Un dans la philosophie, « *cela ne change rien et cela change tout* ». Il faut saisir profondément cet « *et* » dans cette formule. Certes, d'une certaine manière, dans le domaine politique, l'introduction d'un état (de) nature dans toutes les élaborations des états civils ne change rien en ce qui concerne l'effectivité de ces théories politiques. Mais plus on saisit le sens de cette pensée, plus on se rend compte de la force tranquille de cette « sous-venue ». Du coup, on comprend au fond pourquoi il dit que « *cela change tout* ».

Conclusion

Dans cette investigation, notre centre d'intérêt est les analyses des trois penseurs d'immanence : Nietzsche, Freud et Laruelle. Et il faut saisir le lien étroit entre ces trois philosophes d'immanence. Nietzsche, d'une certaine manière, parachève la tendance de la « Politique » inhérente à la philosophie. Dans son univers, il y a et il y aura toujours de la non-politique, mais ces altérités seraient invariablement subsumées par la politique. La politique est une puissance de « sur- » qui n'existe qu'en s'appropriant ces non-politiques. C'est un système ouvert et infini. La pensée nietzschéenne est une démonstration de ce que la philosophie (politique) veut et ce qu'elle peut.

Freud est le symbole d'une ambivalence entre la politique et la non-politique et d'une certaine manière, il est le penseur du « rapport » comme tel entre ces deux tendances opposées. Même s'il y a encore un rapport amphibologique entre la politique et la non-politique comme chez Nietzsche, Freud abandonne définitivement le primat de la politique au profit d'un rapport équilibré. Pour lui, toutes sortes de « primat » ne sont que des positions simplificatrices, puisque l'être humain est une créature fondamentalement ambiguë. Il va de soi dans la politique. À bien des égards, Freud pousse jusqu'au bout le mélange entre l'individu et la Collectivité inné dans l'invention moderne tout en le déconstruisant profondément. Non seulement il maintient ce mélange sans céder à la tentation de l'unité, mais il est le penseur des « effets » de ce mélange. C'est pourquoi nous estimons que le père de psychanalyse parachève et clôture le mode de penser proprement moderne.

Après Freud, l'on dépasse forcément cette structure de mélange entre la politique et la non-politique au profit de la non-politique. L'on ne parle plus d'un mélange ou pour être plus exact, il n'y a que des mélanges, mais les mélanges politiques sont conditionnés par une hétérogénéité non-politique. La politique est en dernier recours identique à la non-politique. Chez Laruelle, laPhilosophiePolitique est déterminée en dernière instance par l'Un en tant qu'immanence radicale. Entre l'homme fini et les philosophies politiques, ce n'est plus une « mixité », mais une dualité unilatérale.

Chez Laruelle, il se concentre sur ce problème difficile qui est ce « non-rapport » ou ce « non-mélange » qui coexistent à tous les rapports et à tous les mélanges. Il tente de tracer une ligne de démarcation réelle entre l'immanence radicale et la pensée-monde (la philosophie). L'« articulation » entre la politique et la non-politique n'est plus un rapport différentiel ou une déconstruction, mais une pratique unilatérale de l'homme fini. Ce non-rapport est plutôt une « superposition » ou une « sous-venue ». C'est radicalement une non-mixité. Même s'il y a un usage, mais c'est l'Étranger qui fait usage de la philosophie, non pas l'essence (de) l'homme. Donc, il n'y a pas de rencontre ou de mélange en dernière instance. C'est pourquoi nous jugeons que le créateur de la non-philosophie achève cette tendance de la priorité de la non-politique dans la philosophie contemporaine.

C'est donc un mouvemnt du primat de la politique (Nietzsche) à la primauté de la non-politique (Laruelle), en passant par la différence irreductible entre la politique et la non-politique (Freud). En terme de l'ariculation entre la politique et la non-politique, Nietzsche argue en faveur d'une politique en tant que « (syn-)thèse (syn-)thétisante », qui subsume toutes les possibilités de la non-politique ; Freud argue en faveur d'une « (syn-)thèse impossible » entre la politique et la non-politique ; et finalement Laruelle argue en faveur d'une non-politique en tant qu'« identité réelle avant toutes les synthèses philosophiques ».

En somme, dans notre investigation, de Platon jusqu'à Laruelle, c'est un mouvement des philosophies politiques à LA Politique (Nietzsche) et ensuite, de « Philosophie-Politique » à l'amphibologie de « politique/non-politique » (Freud). Enfin, durant le développement de la non-philosophie, on passe d'un processus de mélange entre la politique et la non-politique à une non-politique (Laruelle).

En second lieu, quant à nos deux formules directrices, s'agissant de « penser la politique depuis la non-politique », nous pouvons dire que, d'une part, l'histoire de la philosophie politique occidentale est une histoire des idées non-politiques. Mais d'autre part, l'histoire de la philosophie politique occidentale n'est qu'une histoire du « rapport » entre la politique et la non-politique. Mais grâce à la théorie non-philosophique, nous pouvons enfin utiliser « simplement » cette formule sans un redoublement et sans un primat de politique. Désormais, cette formule n'est plus comprise comme une structure triangulaire qui est l'unité des contraires, mais plutôt une dualité unilatérale.

Concernant la thèse d'Aristote, nous constatons que cette thèse est présentée d'abord par une modalité « anthropologique » (d'Aristote jusqu'au Freud) et ensuite, elle devient une thèse « philosophique ». Enfin, cette thèse ainsi philosophée subit une transformation « non-philosophique » : l'on cesse de penser l'homme comme un animal. L'Homme-en-personne est un individu fini qui est forclos à tous les usages anthropologiques et philosophiques de cette thèse. Mieux encore : l'individu fini est capable d'utiliser en dernière instance tous les usages anthropologiques et philosophiques de cette thèse. D'une certaine manière, l'homme n'est jamais un animal politique, dans la mesure où l'essence (de) l'homme n'entre jamais dans la société. Freud nous a déjà expliqué que l'entrée dans la société est en réalité une « non-entrée », ou bien, à tout le moins, ce (non-)accès est infiniment plus compliqué qu'une simple antinomie de « dedans/dehors ». Pris de ce point de vue, Laruelle radicalise, conceptualise et unilatéralise cette originalité psychanalytique.

Or le père de la non-philosophie s'interroge en particulier sur le pouvoir propre de théorie politique. Il analyse profondément le « sens » du pouvoir philosophique. C'est une explication du « pouvoir du sens » comme l'ensemble autoritaire des a priori. Ce qu'il propose, ce n'est plus une « philosophie politique » affaiblie, mais une « science non-politique » pour toutes les théories politiques. Autrement dit, il ne fait qu'introduire un état (de) nature radical et unilatéral à toutes les élaborations de l'état civil. Et cela change tout. Cette « introduction » (déjà introduit-sans-l'opération philosophique d'introduction) n'est ni une auto-position ni un geste spontané d'utilisation de pouvoir du sens. Cette limitation est réelle, puisqu'elle vient d'une découverte de l'Un comme une donnée première et non-idéaliste.

De plus, la pensée de Laruelle ne se limite pas à mettre au point un théorème universel. Tous les travaux théoriques dans la non-philosophie sont lancés pour qu'une « pratique » finie et radicale soit enfin possible. C'est cette invitation à « pratiquer » autrement qui est la vraie et la dernière leçon de la « théorie » non-philosophique. Si le fondateur de non-philosophie cherche un théorème universel, c'est toujours une pensée (de) pratique.

D'une certaine manière, le rôle de « théoria » est terminé et ce qu'il faudrait faire, c'est la pratique. Il y a certes encore et toujours des problèmes théoriques dans le domaine de la politique. Mais non seulement, « *le problème théorique se résout dans la pratique* », disait-il, mais le sens de ces problèmes théoriques est toujours ouvert et immanent à une pratique radicalement subjective.

Table des matières

Philosophie aux éditions L'Harmattan

BIOPOLITIQUE (LA) OUTRE-ATLANTIQUE APRÈS FOUCAULT
Kiefer Charles, Risse David
Principe de précaution. Bioéthique. Multiplication et diversification des dispositifs de contrôle des corps. Sexualité. Placement sous surveillance électronique. Ces dispositifs de pouvoir se présentent-ils comme rassurants, novateurs, libéralisateurs ? Ou bien, se posent-ils comme des systèmes insidieux, indéchiffrables, effrayants ou simplement normalisants ? Pour conceptualiser cette gestion du pluriel, cette régulation des flux, ce contrôle des corps, Foucault parlait, non plus de « discipline » mais plutôt, de biopolitique.
(Coll. Esthétiques, série Culture et Politique, 18.00 euros, 170 p.)
ISBN : 978-2-296-96166-1

DE LA QUESTION STRATÉGIQUE EN PHILOSOPHIE POLITIQUE
Essais sur la politique, la culture, l'écologie
Cova Hans
En écho à la crainte de voir «la politique disparaître complètement du monde» (Arendt), ces essais de philosophie politique interrogent les formes actuelles que peut revêtir cette disparition. Trois axes semblent se détacher : la domination du (néo)libéralisme ; le retour du religieux ; la mainmise de l'expertise sur la vie démocratique. Contre une philosophie politique pure, l'idée est ici la suivante : comment articuler stratégiquement, dans le sillage de Bensaïd, philosophie et politique ?
(Coll. Ouverture Philosophique, 14.00 euros, 128 p.) *ISBN : 978-2-296-96066-4*

PHILOSOPHIE DE L'ÉDUCATION
Itinéraires américains
Sous la direction d'Anne-Marie Drouin-Hans
En présentant quelques aspects des philosophies qui, aux États-Unis, s'attachent à penser l'éducation, ce livre prend le risque de s'affronter à deux difficultés : caractériser une philosophie par son appartenance nationale ne va pas de soi ; définir la philosophie par son champ de réflexion pose la question des frontières conceptuelles. A travers six textes, le lecteur est invité à suivre quelques itinéraires de la philosophie américaine de l'éducation, qui est aussi une philosophie de l'éducation américaine.
(Coll. La philosophie en commun, 21.00 euros, 214 p.)
ISBN : 978-2-296-96366-5

SOLIDARITÉ
Chez Hegel, Von Hartmann, Tocqueville et Mill
Haaz Ignace
Il nous semble qu'une éthique et une philosophie sociale idéalistes, bâties sur les principes du droit, aident à former des hypothèses plausibles, notamment celle d'une solidarité inconsciente. L'expérience moniste d'unité entre notre représentation et notre volonté peut plaider pour une compréhension du monde. Réexaminons l'utilité et l'inconvénient d'élargir la reconnaissance réciproque des sujets, vers un don de soi au monde.
(Coll. Commentaires philosophiques, 32.00 euros, 318 p.)
ISBN : 978-2-296-96966-7

PAUL RICOEUR ET LA PROBLÉMATIQUE DE LA MÉTHODE DANS L'HERMÉNEUTIQUE
Interpréter, comprendre et expliquer dans les théories du symbole, du texte, de la métaphore et du récit
Darwish Housamedden
Ce livre se concentre sur la problématique de la méthode dans l'herméneutique ricoeurienne des symboles et du texte. C'est dans cette problématique que résident l'originalité de l'herméneutique ricoeurienne et sa contribution à la constitution d'une herméneutique générale. Cette contribution est liée à sa tentative d'établir une dialectique fine entre la compréhension et l'explication, entre l'herméneutique de la foi et celle du soupçon, entre la téléologie et l'archéologie...
(Coll. Ouverture Philosophique, 23.50 euros, 226 p.) ISBN : 978-2-296-56797-9

PAUL RICOEUR. LA PROBLÉMATIQUE DE LA MÉTHODE ET LE DÉPLACEMENT HERMÉNEUTIQUE DU TEXTE À L'ACTION ET À LA TRADUCTION
Vers une herméneutique du dialogue
Darwish Housamedden
L'auteur analyse ici le déplacement de l'herméneutique ricoeurienne de la théorie du texte à celle de l'action et à celle de la traduction. Tout en analysant la relation dialectique entre comprendre, expliquer et interpréter, le livre propose une herméneutique du discours oral en général et du dialogue en particulier.
(Coll. Ouverture Philosophique, 23.50 euros, 226 p.) ISBN : 978-2-296-56798-6

PRINCIPIA METAPHYSICA
Metaphysica theoria (Tome 1)
Stradda Paul-Emmanuel
On ne peut parler de «métaphysique» que dans la mesure où elle correspond à cette idée que l'homme ne se suffit pas à lui-même, qu'il dépend de principes qui le dépassent. Cet ouvrage est une tentative visant à fonder l'idée de totalité sur les trois grandes réalités fondamentales que sont l'Être, Dieu et l'Homme. La métaphysique n'a de sens qu'au sein du Tout : sans totalité, parler de métaphysique n'a plus de sens.
(Coll. Ouverture Philosophique, 29.00 euros, 278 p.) ISBN : 978-2-296-96959-9

MÉTAPHYSIQUE DE LA RELATION
Metaphysica theoria (Tome 2)
Stradda Paul-Emmanuel
«Dieu existe-t-il ?», question religieuse par excellence, est sans doute également la première question fondamentale de la métaphysique. Peut-on savoir si Dieu existe au moyen de notre intelligence ? Le monde existe, mais peut-on convenir qu'il a pour cause un infini ? Et quelle est alors la voie de passage du fini à l'infini ? Le sens est la figure de l'Être : c'est là le fait primaire et fondamental du réel.
(Coll. Ouverture Philosophique, 18.00 euros, 170 p.) ISBN : 978-2-296-96961-2

PHILOSOPHIE PREMIÈRE
Metaphysica theoria (Tome 3)
Stradda Paul-Emmanuel
Le grand oublié ou impensé de la philosophie de ces dernières décennies, marquées surtout par le nihilisme et l'idéalisme allemands, c'est l'Être. D'où vient que l'homme ait oublié ce primat d'exister ? L'Être est pourtant une vérité universelle, le principe initial des idées et de la connaissance. L'Être est la signification directrice et intelligible du réel. C'est en ce sens que la pensée métaphysique est toujours en quête de l'Être...
(Coll. Ouverture Philosophique, 21.00 euros, 200 p.) ISBN : 978-2-296-96962-9

THÉORIE FONDAMENTALE DE L'ÊTRE ET DE L'UNITÉ
Metaphysica theoria (Tome 4)
Stradda Paul-Emmanuel
L'être se présente comme une valeur fondamentale du réel et de la connaissance. Quant à l'unité, elle est évidemment relation à l'être. Pas d'être sans unité, pas d'unité sans être. D'où cette conséquence majeure que rien n'est intelligible, ontologiquement parlant, sans l'unité. L'exigence de la vérité, moteur de la recherche, demeure, mais c'est l'unité qui s'érige, par sa certitude et son universalité, en principe inconditionné.
(Coll. Ouverture Philosophique, 26.00 euros, 250 p.) ISBN : 978-2-296-96963-6

CAHIERS SIMONDON
Numéro 4 – Sous la direction de Jean-Hugues Barthelemy
Ce numéro 4 des *Cahiers Simondon* est ambitieux sur le plan proprement exégétique : il s'agit de proposer des articles de fond apportant un éclairage nouveau sur l'oeuvre de Simondon, dont la redécouverte est encore récente.
(Coll. Esthétiques série Philosophie, 14.50 euros, 146 p.) ISBN : 978-2-296-96718-2

L'HARMATTAN, ITALIA
Via Degli Artisti 15; 10124 Torino

L'HARMATTAN HONGRIE
Könyvesbolt ; Kossuth L. u. 14-16
1053 Budapest

ESPACE L'HARMATTAN KINSHASA
Faculté des Sciences sociales,
politiques et administratives
BP243, KIN XI
Université de Kinshasa

L'HARMATTAN CONGO
67, av. E. P. Lumumba
Bât. – Congo Pharmacie (Bib. Nat.)
BP2874 Brazzaville
harmattan.congo@yahoo.fr

L'HARMATTAN GUINÉE
Almamya Rue KA 028, en face du restaurant Le Cèdre
OKB agency BP 3470 Conakry
(00224) 60 20 85 08
harmattanguinee@yahoo.fr

L'HARMATTAN CAMEROUN
BP 11486
Face à la SNI, immeuble Don Bosco
Yaoundé
(00237) 99 76 61 66
harmattancam@yahoo.fr

L'HARMATTAN CÔTE D'IVOIRE
Résidence Karl / cité des arts
Abidjan-Cocody 03 BP 1588 Abidjan 03
(00225) 05 77 87 31
etien_nda@yahoo.fr

L'HARMATTAN MAURITANIE
Espace El Kettab du livre francophone
N° 472 avenue du Palais des Congrès
BP 316 Nouakchott
(00222) 63 25 980

L'HARMATTAN SÉNÉGAL
« Villa Rose », rue de Diourbel X G, Point E
BP 45034 Dakar FANN
(00221) 33 825 98 58 / 77 242 25 08
senharmattan@gmail.com

L'HARMATTAN TOGO
1771, Bd du 13 janvier
BP 414 Lomé
Tél : 00 228 2201792
gerry@taama.net

Achevé d'imprimer par Corlet Numérique - 14110 Condé-sur-Noireau
N° d'Imprimeur : 89183 - Dépôt légal : juin 2012 - *Imprimé en France*